U0365777

Excel行业应用经典教程系列

Excel在市场营销与销售管理中的应用

朱 俊 吴松松 陈 健 编著

清华大学出版社

北 京

内 容 简 介

本书由国内办公软件专家组织编写,从现代广大办公人员的需求出发,采用四维立体教学的方式,精选经典应用实例,重点标注学习内容,使读者能够在较短时间内掌握软件的使用方法和技巧,真正实现"工欲善其事,必先利其器"。

本书共分为 12 章,详细地介绍了 Excel 基础知识入门、管理客户信息、管理产品库存情况、管理产品销售情况、管理销售提成情况、管理商品应收账款、贷款情况分析、利润预测分析、营销决策分析、投资风险分析、预测筹资分析、长期投资决策分析等内容。

本书及配套的光盘面向 Excel 初级和中级用户,适于需要使用 Excel 进行市场营销与销售管理的各类人员和爱好者使用,也可以作为大中专院校相关专业、公司岗位培训或电脑培训班的指导教材。

本书封面贴有清华大学出版社防伪标签,无标签者不得销售。

版权所有,侵权必究。举报:010-62782989,beiqinquan@tup.tsinghua.edu.cn。

图书在版编目(CIP)数据

Excel 在市场营销与销售管理中的应用/朱俊,吴松松,陈健编著. --北京:清华大学出版社,2015
(2023.9重印)

(Excel 行业应用经典教程系列)

ISBN 978-7-302-38684-1

Ⅰ. ①E… Ⅱ. ①朱… ②吴… ③陈… Ⅲ. ①表处理软件—应用—企业管理—市场营销学—教材
Ⅳ. ①F274-39

中国版本图书馆 CIP 数据核字(2014)第 283779 号

责任编辑:章忆文　郑期彤
装帧设计:刘孝琼
责任校对:马素伟
责任印制:宋　林

出版发行:清华大学出版社
　　　　网　　址:http://www.tup.com.cn, http://www.wqbook.com
　　　　地　　址:北京清华大学学研大厦 A 座　　　　邮　　编:100084
　　　　社 总 机:010-83470000　　　　邮　　购:010-62786544
　　　　投稿与读者服务:010-62776969, c-service@tup.tsinghua.edu.cn
　　　　质量反馈:010-62772015, zhiliang@tup.tsinghua.edu.cn

印 装 者:三河市龙大印装有限公司
经　　销:全国新华书店
开　　本:185mm×260mm　　　印　张:24.25　　　　字　数:590 千字
　　　　　(附 CD 1 张)
版　　次:2015 年 3 月第 1 版　　　　　印　次:2023 年 9 月第 7 次印刷
定　　价:49.00 元

产品编号:048608-01

前　言

计算机作为一种工具，正在悄然改变着各行各业的生产方式和人们的生活方式，它既向我们展示了美好的前景，也带来了深刻的影响。在全面推进素质教育的今天，本着厚基础、重能力、求创新的总体思想，着眼于国家培养应用型、创新型人才的需求，清华大学出版社出版了"Excel 行业应用经典教程系列"丛书，本书即为其中之一。

1．关于 Excel 在市场营销与销售管理中的应用

在现代企业的销售管理活动中，如何有效管理大量的销售信息已成为十分重要的问题。面对浩瀚的销售数据和资料，企业的销售经理必须以最简便、快捷的方法获取必要的数据，并对其进行相应的处理和分析，从而做出最优的决策。与传统的销售管理方式相比，Excel 软件具有功能强大、界面友好、操作简单等众多优势，在处理数据、分析数据方面表现十分出色，能够便于管理人员快速发现企业在销售管理中存在的实际问题，帮助管理人员增强工作能力、提高工作效率。

2．本书阅读指南

本书由浅入深、系统全面地介绍了电子表格处理软件——Excel 2010 在市场营销与销售管理中的应用和操作技巧。全书共分 12 章，内容分别如下。

第 1 章主要介绍 Excel 基础知识，包括 Excel 概述、输入与编辑数据、公式的使用、函数的使用、数据图表的使用，以及专家指导技巧等内容。

第 2 章主要介绍如何管理客户信息，包括要点分析、制作客户信息登记表、制作客户加盟表、发货与回款的汇总统计、创建客户信息的导航界面，以及专家指导技巧等内容。

第 3 章主要介绍如何管理产品库存情况，包括要点分析、制作库存产品信息表、制作产品资料表，以及专家指导技巧等内容。

第 4 章主要介绍如何管理产品销售情况，包括要点分析、制作产品销售日记录表、制作产品销售统计表、分类汇总销售数据、多工作表数据的合并汇总，以及专家指导技巧等内容。

第 5 章主要介绍如何管理销售提成情况，包括要点分析、建立产品销售的基本数据表、销售数据统计汇总与图表制作、销售员本月业绩与提成的计算、销售员的提成汇总与图表分析、季度销售奖评比及奖金核算，以及专家指导技巧等内容。

第 6 章主要介绍如何管理商品应收账款，包括要点分析、制作应收账款记录表、管理应收账款记录表、分析应收账款金额的账龄、统计分析客户坏账准备金，以及专家指导技巧等内容。

第 7 章主要介绍如何进行贷款情况分析，包括要点分析、模拟还贷情况、长期借款筹资分析、利用规划求解制订最佳生产方案、计算净现值、单变量求解、利用方案对比分析银行贷款情况，以及专家指导技巧等内容。

第 8 章主要介绍如何进行利润预测分析，包括要点分析、图表趋势预测法、时间序列预

测法、相关函数预测法，以及专家指导技巧等内容。

第 9 章主要介绍如何进行营销决策分析，包括要点分析、通过建立决策模型进行营销决策、数据表在净利润敏感度分析中的应用、单变量求解在销售利润目标确定中的应用、利用"规划求解"工具分析营销决策，以及专家指导技巧等内容。

第 10 章主要介绍如何进行投资风险分析，包括要点分析、投资风险的衡量、公司特有风险的分析方法、市场风险的分析方法、风险条件下的投资决策、通货膨胀风险条件下的投资决策，以及专家指导技巧等内容。

第 11 章主要介绍如何进行预测筹资分析，包括要点分析、资金需要量预测分析、资本成本预测分析、杠杆作用分析、筹资方法选择、筹资风险分析，以及专家指导技巧等内容。

第 12 章主要介绍如何进行长期投资决策分析，包括要点分析、投资项目的现金流量构成与计算方法、长期投资决策方法选择、特殊长期投资决策方法选择、长期投资决策的几种不同类型，以及专家指导技巧等内容。

3．本书特色与优点

(1) 经典实例，即学即用：精选行业中最实用、最常见的应用实例，可复制性强，方便读者快速即时应用到工作中。

(2) 立体教学，全面指导：采用"要点分析+实例操作+专家指导+实战演练"的四维立体教学方式，全方位陪学陪练。

(3) 最新软件，技术新颖：选用当前最新的软件版本进行讲解，紧跟时代和社会发展需求，技术和资讯最潮、最流行。

(4) 重点明确，内容丰富：覆盖内容广泛，并用醒目的标注对重点要点进行提示，帮助读者明确学习重点，省时贴心。

(5) 配有光盘，保障教学：本书配有光盘，其中提供电子教案，便于老师教学使用；并提供源代码及素材，便于学生上机调试。

4．本书读者定位

本书既可作为大中专院校的教材，也可作为各类培训班的培训教程。此外，本书也非常适于需要使用 Excel 进行市场营销与销售管理的各类人员、自学人员以及 Excel 爱好者参考阅读。

本书由科教工作室组织编写，朱俊、吴松松、陈健编著，全书框架结构由刘菁拟定。陈杰英、陈瑞瑞、崔浩、费容容、高尚兵、韩春、何璐、黄纬、刘兴、钱建军、孙美玲、谭彩燕、王红、杨柳、杨章静、俞娟、张蓉、张芸露等同志(按姓名拼音顺序)参与了创作和编排等事务。

限于作者水平，书中难免存在不当之处，恳请广大读者批评指正。任何批评和建议请发至：kejiaostudio@126.com。

编　者

目　　录

第 1 章

Excel 基础知识入门

【本章学习重点】

◆ 熟悉 Excel
◆ 输入与编辑数据
◆ 公式与函数的使用
◆ 数据图表的使用

Excel 是微软公司的办公软件之一，是一款非常优秀的电子表格处理软件，使用该软件可以快速地绘制需要的表格，完成数据计算。本章将先来熟悉一下 Excel 的工作环境和基础知识。

【本章实例展示】

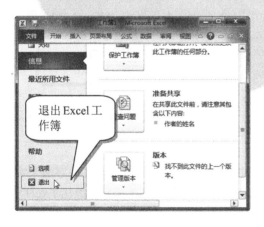

1.1 Excel 概述

Excel 是一种电子表格软件，能进行表格操作、绘图、文档处理、数据库管理、立体商业统计图形、宏命令、决策支持分析工具、数据库交叉分析表、单变量求解、方案求解、规划求解及一些功能很强的统计与工程分析工具。

1.1.1 认识 Excel 的新功能

本书中使用的 Excel 版本是 2010 版，Excel 2010 在以往版本的基础上增添了许多工具，新增了以下功能及优点。

- 迷你图。这是一种快速突出重要数据趋势的简便方法，可以为用户节省大量时间。
- 切片功能。它在数据透视图中提供了丰富的可视化功能。
- 在线截图功能。单击相应按钮后既可以看到截图窗口又可以看到 Excel 界面。

1.1.2 启动与退出 Excel

1. 启动 Excel 2010

启动 Excel 2010 的方法很多，主要有以下几种。

- 在电脑桌面上选择"开始"|"所有程序"| Microsoft Office | Microsoft Excel 2010 命令，启动 Excel 2010 程序。
- 在电脑桌面上双击 Excel 2010 程序的快捷方式图标，如图 1-1 所示，快速启动该程序。
- 双击已经存在的 Excel 2010 文档，如图 1-2 所示，也可以启动 Excel 2010 程序。

图 1-1　双击快捷方式图标启动 Excel　　　　图 1-2　双击已有 Excel 文档启动 Excel

2. 退出 Excel 2010

退出 Excel 2010，也就是要关闭所有打开的窗口，用户可以通过下述几种方法来实现。

- 在 Excel 2010 窗口中选择"文件"|"退出"命令，如图 1-3 所示，退出 Excel 程序。
- 在任务栏中右击 Excel 2010 程序图标，从弹出的快捷菜单中选择"关闭窗口"命令 (若打开多个 Excel 窗口，则选择"关闭所有窗口"命令)，如图 1-4 所示，退出 Excel 程序。

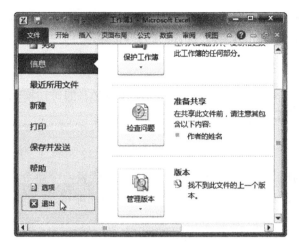

图 1-3　从 Excel 2010 窗口中退出　　　　图 1-4　在任务栏中退出 Excel 程序

- 如果只有一个 Excel 窗口，可以单击窗口左上角的"控制菜单"图标 ⟦X⟧，从弹出的菜单中选择"关闭"命令，或是双击"控制菜单"图标，退出 Excel 程序。
- 按 Alt+F4 组合键，退出 Excel 程序。

1.1.3　熟悉 Excel 窗口结构

在默认情况下，启动 Excel 2010 程序后，可以看到标题栏、选项卡、组、数据编辑栏、名称框、滚动条、工作表标签和状态栏，如图 1-5 所示。

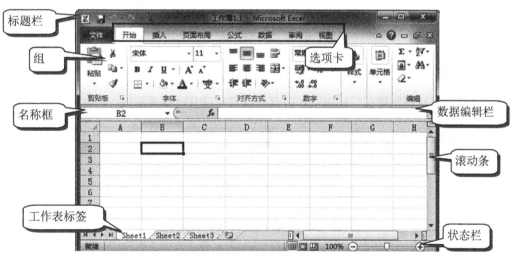

图 1-5　Excel 2010 窗口

1．标题栏

标题栏位于窗口顶部，在其中间位置显示了当前打开的 Excel 文件名称。在标题栏左侧是"控制菜单"图标和快速访问工具栏(包括"保存" ⟦💾⟧、"撤销" ⟦↩⟧、"恢复" ⟦↪⟧等常用命令按钮);在标题栏右侧是三个控制窗口的命令按钮,分别是"最小化" ▬、"最大化" ▢ (窗口最大化情况下该按钮变成"还原"按钮▢)和"关闭"按钮 ✕ 。

2.选项卡

选项卡位于标题栏下方,其中集合了各种命令。只要单击某选项卡标签,即可切换到对应的选项卡。

3.组

每个选项卡中都包含若干组,组中列出了一系列图标按钮,每个图标代表一个命令。想要执行哪个命令时,只需要先切换到对应的选项卡,然后再单击对应的按钮即可。

4.数据编辑栏

数据编辑栏用于输入数据、编辑公式、进行计算、进行引用查询、统计数据。

5.名称框

名称框用于显示单元格的名称。

6.滚动条

滚动条分为水平滚动条和垂直滚动条,使用滚动条可以快速移动到工作表中的不同数据区域。

7.工作表标签

工作表标签显示了当前工作簿中包含的工作表。当前工作表以白底显示,其他的以浅蓝色底纹显示。

8.状态栏

状态栏位于应用程序窗口的下端,各部分的功能如图 1-6 所示。

图 1-6 Excel 2010 窗口的状态栏

1.1.4 新建 Excel 工作簿

启动 Excel 的同时会自动创建一个空白的工作簿。如果当前已经打开了一个工作簿,但还需要创建新的工作簿,那么可以使用以下几种方法。

● 单击快速访问工具栏右侧的下三角按钮,从弹出的菜单中选择"新建"选项,如

图 1-7 所示，然后单击快速访问工具栏中的"新建"按钮。

- 按 Ctrl+N 组合键。
- 选择"文件"|"新建"命令，然后在右侧双击"空白工作簿"按钮，如图 1-8 所示。

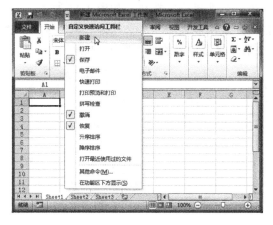

图 1-7　选择"新建"选项

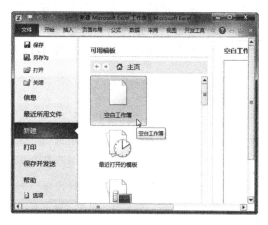

图 1-8　双击"空白工作簿"按钮

1.1.5　管理 Excel 窗口

1. 新建窗口

如果要在一个工作簿中同时查看多个工作表，可以用多个窗口来显示同一个工作簿，具体操作步骤如下。

步骤 1　在"视图"选项卡下的"窗口"组中单击"新建窗口"按钮，如图 1-9 所示。

步骤 2　这时原 Excel 文件名将由"工作簿 1"变成"工作簿 1:1"，同时出现另一个名称为"工作簿 1:2"的 Excel 窗口，如图 1-10 所示。

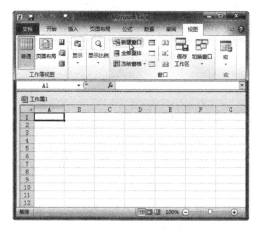

图 1-9　单击"新建窗口"按钮

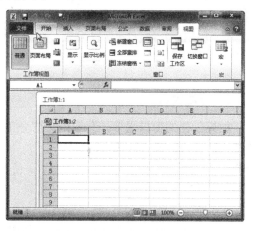

图 1-10　显示两个窗口

2．排列、切换窗口

若想对新创建的窗口进行重新排列及切换，可执行以下操作步骤。

步骤1　在"视图"选项卡下的"窗口"组中单击"全部重排"按钮，如图1-11所示。

步骤2　弹出"重排窗口"对话框，选择一种排列方式，如选中"水平并排"单选按钮，再单击"确定"按钮，如图1-12所示。水平并排窗口的效果如图1-13所示。

图1-11　单击"全部重排"按钮　　　　　　图1-12　"重排窗口"对话框

步骤3　在"视图"选项卡下的"窗口"组中单击"切换窗口"按钮，从弹出的菜单中选择需要切换的窗口名称即可切换到相应窗口，如图1-14所示。

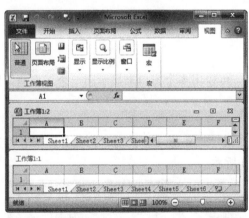

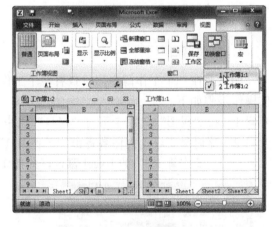

图1-13　水平并排　　　　　　　　　　　图1-14　切换窗口

3．隐藏窗口

如果创建的窗口太多，会占用一部分工作区。为此，用户可以通过隐藏窗口的操作来释放工作区，具体操作步骤如下。

步骤1　切换到需要隐藏的Excel窗口，使其变成活动窗口。然后在"视图"选项卡下的"窗口"组中单击"隐藏窗口"按钮，如图1-15所示。此时活动窗口被隐藏，如图1-16所示。

步骤2　如果要取消窗口隐藏，可在"视图"选项卡下的"窗口"组中单击"取消隐藏窗口"按钮，如图1-17所示。

步骤3　弹出"取消隐藏"对话框，在列表框中选择要显示的工作簿窗口，再单击"确定"按钮，如图1-18所示。

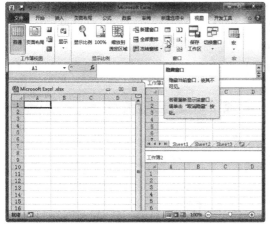

图 1-15　单击"隐藏窗口"按钮　　　　　图 1-16　活动窗口被隐藏

图 1-17　单击"取消隐藏"按钮　　　　　图 1-18　"取消隐藏"对话框

1.2　输入与编辑数据

本节介绍在 Excel 中选中单元格、输入数据、修改与删除数据、快速填充数据的具体方法。

1.2.1　选中单元格

在输入与编辑数据之前，必须先选中工作表单元格或者对象，下面将介绍具体的操作步骤。

1. 选中单个单元格

若想选中单个单元格，可以使用鼠标或名称框。

● 使用鼠标选中单元格：这是最常用、最快捷的方法，只需要单击要选中的单元格即可，此时单元格的边框以黑色粗线标识，单元格所在的行号和列号变成黄色，如图 1-19 所示。

- 使用名称框选中单元格：在名称框中输入需要选中的单元格位置标识，如图 1-20 所示，再按 Enter 键确认即可选中单元格。

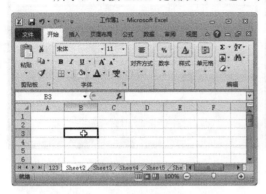

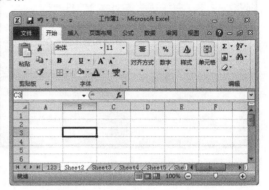

图 1-19　使用鼠标选中单元格　　　　　图 1-20　使用名称框选中单元格

2. 选中连续单元格

(1) 通过鼠标拖动法选中连续单元格的具体操作步骤如下。

步骤 1　将鼠标指针指向 A2 单元格，如图 1-21 所示，然后按住鼠标左键不放，向右下方拖动鼠标。

步骤 2　移动到目标位置后松开鼠标左键，即可选中连续的单元格区域，如图 1-22 所示。

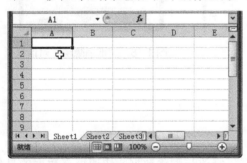

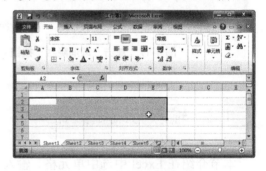

图 1-21　鼠标指针指向 A2 单元格　　　　图 1-22　选中连续单元格(1)

(2) 通过名称框选中连续单元格的具体操作步骤如下。

步骤 1　在名称框中输入 "A2:C4"，如图 1-23 所示。

步骤 2　按 Enter 键即可选中 A2 至 C4 的连续单元格区域，如图 1-24 所示。

3. 选中不连续单元格

选中不连续单元格的操作方法如下。

步骤 1　使用鼠标选取第 1 个单元格(或单元格区域)，然后按住 Ctrl 键不放，使用鼠标选取第 2 个单元格(或单元格区域)，如图 1-25 所示。

步骤 2　按住 Ctrl 键不放，再使用鼠标选取第 3 个、第 4 个及更多单元格(或单元格区域)。

选择完毕后，松开 Ctrl 键，效果如图 1-26 所示。

图 1-23　在名称框中输入单元格地址

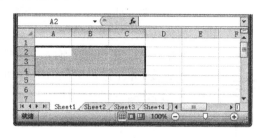

图 1-24　选中连续单元格(2)

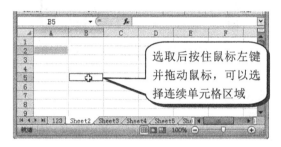

图 1-25　选取第 2 个单元格

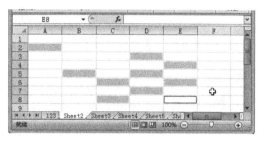

图 1-26　选中不连续单元格

　通过名称框也可以快速选中不连续单元格，方法是在名称框中输入要选取单元格的位置标识，连续单元格区域用冒号隔开，不连续单元格区域用逗号隔开即可。

4．选中所有单元格

选中所有单元格的操作方法较为简单，只需要单击工作表左上角行号与列号相交处的"选定全部"按钮 或按 Ctrl+A 组合键，即可选中所有单元格，如图 1-27 所示。

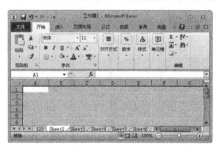

图 1-27　选中所有单元格

1.2.2　输入常见类型的数据

1．输入文本型数字

向单元格中输入文本型数字的方法非常简单，通常有以下两种。

- 在数据编辑栏中输入：选择需要输入文本的单元格，将鼠标指针移至数据编辑栏并单击，插入文本插入点，输入需要输入的文本，如图 1-28 所示。输入完成后按 Enter键，黑色边框自动移至下方单元格。
- 在单元格输入：单击需要输入文本的单元格，直接输入文本，如图 1-29 所示。输入完成后按 Enter 键，黑色边框自动移至下方单元格。

图 1-28　在数据编辑栏中输入　　　　　　　图 1-29　在单元格中输入

也可以用下面的方法将黑色边框移出当前单元格。
- 用鼠标单击其他的任一单元格。
- 按 Tab 键转向右侧的单元格。
- 按方向键向任意方向移动。

2．输入日期和时间

输入日期时可以使用斜线(/)、连字符(-)、文字或者它们的组合来隔开年、月、日，默认格式是以"/"来分隔。输入日期有很多方法，如果输入的日期格式与默认的格式不一致，系统会把它转换成默认日期格式。下面将介绍如何准确输入日期和时间，具体操作步骤如下。

步骤 1　选中需要输入数据的单元格，比如选择 C4 单元格，然后在"开始"选项卡下的"数字"组中单击"数字格式"下拉列表框右侧的下拉按钮，从弹出的下拉列表中选择一种日期格式，这里选择"长日期"选项，如图 1-30 所示。

步骤 2　选择完成后，输入的日期显示的效果如图 1-31 所示。

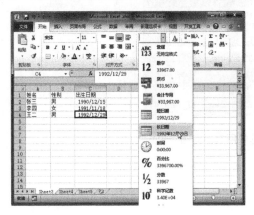 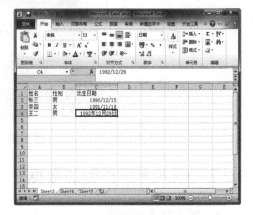

图 1-30　选择"长日期"选项　　　　　　　图 1-31　使用"长日期"格式显示的效果

如果要使用其他的日期格式，可以单击"数字"组中的对话框启动按钮，会弹出"设置单元格格式"对话框，切换到"数字"选项卡，在"分类"列表框中选择"日期"选项，即可在"类型"列表框中看到更多日期格式，如图 1-32 所示。

图 1-32　"设置单元格格式"对话框

时间的输入与我们平时书写类似，按时、分、秒顺序向单元格中输入时间数值，并用"："将时、分、秒数值隔开即可。

- 如果要输入当前机器的时间，可以使用 Ctrl+Shift+：组合键。
- 如果要输入当前机器的日期，可以使用 Ctrl+；组合键。
- 如果没有输入年份，Excel 会自动输入当前的年份。
- 在单元格中输入公式"=NOW()"，可以得到当前日期和时间；输入公式"=TODAY()"，可以得到当前日期。

3．输入分数

Excel 非常强大，但也有一些不尽如人意的地方，比如输入分数不是十分方便。下面就让我们利用一些小工具来实现轻松的输入吧。

步骤 1　选中需要输入分数的单元格，在"开始"选项卡下的"单元格"组中单击"格式"按钮，从弹出的菜单中选择"设置单元格格式"选项，如图 1-33 所示。

步骤 2　弹出"设置单元格格式"对话框，切换到"数字"选项卡，在"分类"列表框中选择"分数"选项，在"类型"列表框中选择需要的类型，单击"确定"按钮，如图 1-34 所示。

4．输入多位数数字

在 Excel 中，当我们向单元格中输入数值型数字时，如果数字位数多于 11 位，软件会自动将其转换成科学记数格式，如图 1-35 所示。但是，有时候需要将身份证等多位数的数字完全显示出来，该怎么做呢？下面就来解决这个问题。

步骤 1　右击需要输入多位数数字的单元格，从弹出的快捷菜单中选择"设置单元格格式"

命令，如图 1-36 所示。

步骤 2 弹出"设置单元格格式"对话框，切换到"数字"选项卡，在"分类"列表框中选
择"文本"选项，再单击"确定"按钮，以后即可向单元格中输入多位数数字了，
如图 1-37 所示。

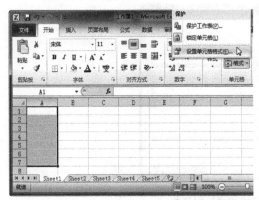

图 1-33 选择"设置单元格格式"选项

图 1-34 选择分数的类型

图 1-35 数字没有完全显示出来

图 1-36 选择"设置单元格格式"命令

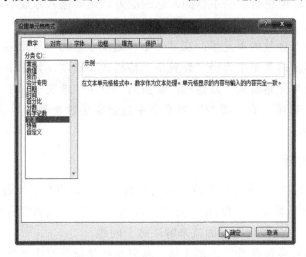

图 1-37 选择"文本"选项

5. 输入"0"开头的数字

在 Excel 单元格里经常需要输入以"0"开头的数字，这时经常会遇到开头的"0"被自动消除的问题，那应该怎么解决呢？最简单的方法是像输入多位数数字时一样设置单元格的数字格式为"文本"，然后再向单元格中输入以"0"开头的数字。除此之外，还可以先在英文状态下输入单引号"'"，再输入数据，按 Enter 键后单引号消失，数字前面的"0"则可以保留，如图 1-38 所示。但是，使用这种方法输入的数据是被作为文本格式看待的，不能使用"自动填充"功能进行填充。

图 1-38　输入英文单引号

1.2.3　修改与删除数据

如果发现前面录入的数据有错误，那么就需要对其进行修正。数据的修正主要有以下几种方式。

1. 修改单个数据

修改单个数据的方法是选择需要修改的单元格，直接输入正确数据，或者将鼠标指针定位到数据编辑栏中错误数据的前方，然后按 Delete 键删除错误数值，再输入正确的内容，最后按 Enter 键确认即可。

2. 修改大量数据

修改大量数据的操作步骤如下。

步骤 1　在"开始"选项卡下的"编辑"组中单击"查找和选择"按钮，从弹出的菜单中选择"替换"选项，如图 1-39 所示。

步骤 2　弹出"查找和替换"对话框，并切换到"替换"选项卡，在"查找内容"下拉列表框中输入要查找的内容，在"替换为"下拉列表框中输入要替换的内容，再单击"全部替换"按钮，如图 1-40 所示。

图 1-39　选择"替换"选项

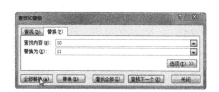

图 1-40　"查找和替换"对话框

步骤 3　系统在工作表中查找、替换所有符合条件的内容，并弹出如图 1-41 所示的对话框，提示已经完成的替换次数，单击"确定"按钮。

图 1-41　替换完成

3．删除数据

删除数据的操作步骤如下。

步骤 1　右击需要删除的单元格，从弹出的快捷菜单中选择"删除"命令，如图 1-42 所示。

步骤 2　弹出"删除"对话框，选择合适的选项。例如，选中"右侧单元格左移"单选按钮，并单击"确定"按钮，如图 1-43 所示。这样，在删除当前单元格后，其右侧的单元格将向左移动一个单元格位置。

图 1-42　选择"删除"命令

图 1-43　选中"右侧单元格左移"单选按钮

1.2.4　快速填充数据

有时候输入数据时会发现很多单元格内的数据是一样的，或者是有规律的，这种情况就不需要在每个单元格中一一输入数据了，可以通过以下技巧快速填充数据。

步骤 1　单击某个存放有纯数值的单元格，并将鼠标指针放在单元格右下角，如图 1-44 所示。按下 Ctrl 键，此时鼠标指针变成带小"+"号的黑色小十字。

步骤 2　在按住 Ctrl 键的同时，按住鼠标左键并向下拖动，在拖动的过程中，鼠标指针右下方会显示当前单元格的内容，如图 1-45 所示。

图 1-44　选中单元格

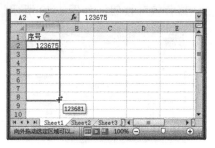

图 1-45　拖动鼠标

步骤 3　当填充到所需要的数字时释放鼠标左键，这样 A3:A8 就被填充了，效果如图 1-46 所示。

由于拖动鼠标的同时也按住了 Ctrl 键，所以得到的数据是递增的。如果拖动鼠标的时候没有按住 Ctrl 键，那么填充的结果则不会递增，而是与第 1 个单元格中的数据相同，如图 1-47 所示。

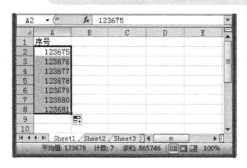

图 1-46　快速填充有序数字

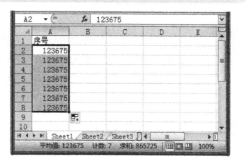

图 1-47　快速填充同一个数字

1.3　公式的使用

本节将具体介绍 Excel 中公式的使用方法。

1.3.1　公式的运算符及其优先级

Excel 公式中的各种运算符及其运算时的优先级顺序如表 1-1 所示。

表 1-1　Excel 公式中的运算符及其优先级

运算类型	运算符	运算功能	优先级
引用运算符	:(冒号)	区域运算符：用于引用单元格区域，例如 A1:B2。注意，C:C 用来引用整个 C 列，4:4 用来引用整个第 4 行	1
	(空格)	交叉运算符：用于引用两个单元格区域的相交部分	2
	,(逗号)	联合运算符：用于把两个单元格区域合并在一起	3
算术运算符	–	负号	4
	%	百分号	5
	^	求幂：公式"=x^y"的含义就是求数值 x 的 y 次幂。例如，公式"=2^4"的结果为 16(2×2×2×2=16)	6
	*和/	乘和除	7
	+和–	加和减	8

续表

运算类型	运算符	运算功能	优先级
文本运算符	&	文本连接：用于将两个文本连接在一起。例如，A1 中是"新年"，A2 中是"快乐"，那么输入公式"=A1&A2"后，返回的就是"新年快乐"	9
比较运算符	=、<、>、<=、>=、<>	等于、小于、大于、小于等于、大于等于、不等于	10

 若要更改求值的顺序，请将公式中要先计算的部分用括号括起来。例如，公式"=5+2*3"的值为 11。若想先计算 5 加 2 之和，再用结果乘以 3，需要使用括号将"5+2"括起来，这时公式变为"=(5+2)*3"，其值为 21。

1.3.2 单元格的引用

在公式中使用引用共有 3 种情况，即相对引用、绝对引用和混合引用。此外，有时还需要跨表格引用单元格。

1．相对引用

在公式中，相对引用是指基于包含公式的单元格与被引用的单元格之间的相对位置的单元格地址。在 H3 单元格中输入公式"=B3+C3+D3+E3+F3+G3"，表示 Excel 将在 H3 单元格的左侧查找 B3、C3、D3、E3、F3、G3 单元格中的数据，并把找到的数值相加，把结果存放在 H3 单元格中，如图 1-48 所示。此处的 B3、C3、D3、E3、F3、G3 就是相对于公式所在的单元格 H3 数据的相对位置。

如果公式所在的单元格的位置改变，引用也随之改变。如果多行或多列地填充公式，引用会自动调整。

2．绝对引用

绝对引用和相对引用的不同之处在于：复制公式时使用绝对引用，单元格引用不会发生变化。使用绝对引用的方法是，在列号和行号前分别加上符号"$"。例如，在 H4 单元格中输入公式"=$B$4+$C$4+$D$4+$E$4+$F$4+$G$4"，表示对 B4、C4、D4、E4、F4、G4 单元格的绝对引用，如图 1-49 所示。填充公式时，绝对引用的单元格引用不会发生变化，无法得到填充公式效果。

图 1-48　相对引用单元格

图 1-49　绝对引用单元格

3. 混合引用

混合引用包含相对引用和绝对引用，即具有绝对引用列和相对引用行，或者绝对引用行和相对引用列。绝对引用列采用"$B7"等形式，绝对引用行采用"C$6"等形式，如图 1-50 所示。如果公式所在的单元格的位置改变，则相对引用改变，而绝对引用不变。

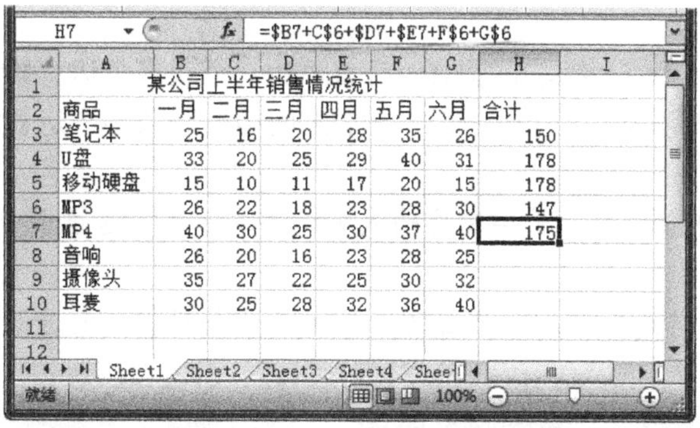

图 1-50　混合引用单元格

使用 F4 功能键可实现绝对引用、相对引用和混合引用之间的快速切换。方法为：选中要改变引用方式的单元格引用后，循环地按 F4 键，能够依照"相对引用→绝对引用→列相对、行绝对→列绝对、行相对→相对引用→……"的顺序循环下去。

4. 跨表格引用单元格

(1) 引用同一工作簿的其他工作表中的单元格或区域。在 Excel 公式中，可以对当前工作簿内其他工作表中的单元格进行引用，其格式为：

工作表标签名!单元格地址

例如，公式"=Sheet2!B2*0.5"就表示用 Sheet2 工作表中 B2 单元格的数值与 0.5 相乘。

(2) 引用同一工作簿中多张工作表的相同单元格或区域。在 Excel 公式中，可直接引用同一工作簿中多张工作表的相同单元格地址，其格式为：

第一个工作表名:最后一个工作表名!单元格地址

例如，想要引用同一工作簿中 Sheet1 到 Sheet3 工作表里所有 C2 单元格中数据之和，可输入公式"=SUM(Sheet1:Sheet3!C2)"，通过该公式，三个工作表中 C2 单元格的内容就全被引用。

(3) 不同工作簿之间的数据引用。在 Excel 公式中，可以直接引用其他工作簿中相关工作表的单元格地址，其格式为：

[工作簿名]工作表标签名!单元格地址

例如，在 Book1 工作簿的 Sheet1 工作表的 A3 单元格中输入公式"=[Book2]Sheet2!C6*80"，就表示将 Book2 工作簿的 Sheet2 工作表中 C6 单元格的数值与 80 相乘。

1.3.3 公式的输入及修改

掌握 Excel 中公式的使用可以帮助初学者更好地发挥 Excel 的强大功能。

1．输入公式

Excel 中公式的基本结构是在等号(=)后面跟随一个或多个运算码，运算码可以是数值、单元格引用、单元格区域、名称或函数，它们之间用一个或多个运算符连接。输入公式的过程如下。

步骤 1 打开 Sheet1 工作表，选中需要输入公式的单元格，这里选中 F2 单元格，如图 1-51 所示。

步骤 2 直接输入参与运算的数据或数据所在的单元格地址，这里输入 "=B2"，如图 1-52 所示。

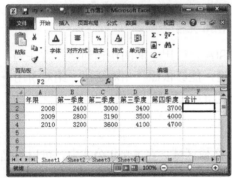

图 1-51 选中单元格

图 1-52 输入参与运算的数据

  在步骤 2 中，也可以先输入 "+" 符号或 "−" 符号，以 "+" 或 "−" 开头输入公式。

步骤 3 输入运算符 "+"，接着单击 C2 单元格，再连续输入 "+D2+E2"，如图 1-53 所示。

步骤 4 公式输入完毕后，按 Enter 键，即可计算出结果了，如图 1-54 所示。

图 1-53 选择所有参与运算的数据

图 1-54 计算结果

2．修改公式

在确认输入的公式时，如果发现公式设置有误，该如何操作呢？这时可以选择下述方法来重新编辑公式。

- 鼠标双击法。双击含有需要重新编辑公式的单元格，这时会显示出公式，并进入公式编辑状态，接着修改公式，最后按 Enter 键确认修改后的公式即可。
- 利用数据编辑栏。选中含有需要重新编辑公式的单元格，这时会在数据编辑栏中显示出公式，单击数据编辑栏，进入公式编辑状态，接着修改公式，最后按 Enter 键确认修改后的公式即可。
- 按 F2 功能键。选中含有需要重新编辑公式的单元格，按 F2 键，显示出单元格中的公式，并进入公式编辑状态，接着修改公式，最后按 Enter 键确认修改后的公式即可。
- 智能标签。如果含有公式的单元格返回一个错误，Excel 会在单元格的左上角显示一个小三角。激活单元格，可以看到一个智能标签 ⬦。单击该标签，可通过从弹出的菜单中选择相应的选项来更正错误。

1.3.4　公式的复制与移动

在通过剪切和粘贴操作来移动公式，或者通过复制和粘贴操作来复制公式时，无论单元格是绝对引用还是相对引用，都要注意它们所发生的变化。在移动公式时，无论使用哪种单元格引用，公式内的单元格引用都不会更改。而在复制公式时，单元格引用会根据所用单元格引用的类型而变化。下面先来介绍如何复制公式。

步骤 1　选择包含需要复制公式的单元格，单击"开始"选项卡下的"剪贴板"组中的"复制"按钮，如图 1-55 所示。

步骤 2　选择需要粘贴公式的单元格，然后单击"粘贴"按钮下的下拉按钮，从弹出的菜单中选择"选择性粘贴"选项，如图 1-56 所示。

图 1-55　单击"复制"按钮

图 1-56　选择"选择性粘贴"选项

步骤 3　弹出"选择性粘贴"对话框，在"粘贴"选项组中选中"公式"单选按钮，再单击

"确定"按钮,如图 1-57 所示。

步骤 4　返回到工作表中,可以看到已经完成复制,如图 1-58 所示。

移动公式的操作步骤与复制公式的步骤类似,只要将上述步骤中的单击"复制"按钮 改为单击"剪切"按钮 即可。另外,也可通过拖动所选单元格的边框至目标区域来移动公式,如图 1-59 所示。

图 1-57　"选择性粘贴"对话框

图 1-58　查看复制的公式

图 1-59　拖动边框移动公式

1.4　函数的使用

函数是 Excel 中的一项重要功能,利用函数可以解决非常复杂的手工运算,甚至是无法通过手工完成的运算。

1.4.1　函数的基础知识

函数是 Excel 预先定义好的特殊公式,它们通过使用一些被称为参数的特定数值来以特定的顺序或结构执行计算,如 SUM 函数、MAX 函数、ROUND 函数、LEN 函数和 LOOKUP

函数等。

对于使用 Excel 2010 的用户来说，通常都是直接调用其中的内置函数，通过这些内置函数将复杂的数据运算简单化。函数是由函数名、"("、函数参数、")"组成的，如果加上"="号，就是计算公式。

函数参数是函数进行计算所必须的初始值。用户把参数传递给函数，函数按特定的指令对参数进行计算，然后把计算的结果返回给用户。函数参数可以是数字、文本、逻辑值或者单元格的引用，也可以是常量。

具体的函数类型与功能如下。

- 财务函数：进行财务运算，如确定债券价值、固定资产年折旧额等。
- 日期与时间函数：可以实现日期和时间的自动更新，或者在公式中分析处理日期与时间值。
- 数学与三角函数：进行数学计算，包括取整、求和、求平均数以及计算角度的正/余弦值等。
- 统计函数：对选中的单元格区域进行统计分析。
- 查找与引用函数：在指定区域中查找指定数值或查找一个单元格引用。
- 数据库函数：按照特定条件分析数据清单。
- 文本函数：用于对字符串进行提取、转换等。
- 逻辑函数：用于逻辑判断或者复合检验。
- 信息函数：用于确定存储在单元格中的数据类型。
- 工程函数：用于工程分析。
- 多位数据集函数：用于联机分析处理数据库。
- 加载宏和自动化函数：用于加载宏、自定义函数等。

1.4.2　函数的调用

使用功能区中的函数命令插入函数的方法如下。

步骤 1　选中工作表中需要输入公式的单元格，这里选择 F4 单元格，然后在"公式"选项卡下的"函数库"组中单击"自动求和"按钮，如图 1-60 所示。

步骤 2　这时，F4 单元格中插入了 SUM 函数，默认参数为 A4:E4，如图 1-61 所示。

图 1-60　单击"自动求和"按钮

图 1-61　插入函数

步骤 3　由于 A4 单元格中存放的是年限，不是销售数据，因此拖动鼠标，选中 B4:E4 单元格区域，如图 1-62 所示。

步骤 4   按 Enter 键，即可计算出结果，如图 1-63 所示。

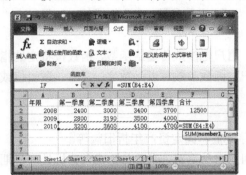

图 1-62　设置函数参数

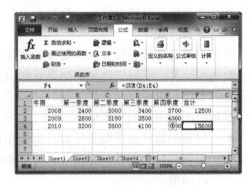

图 1-63　计算结果

1.4.3　嵌套函数的使用

下面以在公式中嵌套 IF 函数为例介绍嵌套函数的使用方法。IF 函数用于判断指定条件的真假，并根据判断结果返回相应的值，其语法格式为：

```
IF(logical_test,value_if_true,value_if_false)
```

其中：

- logical_test 表示计算结果为 TRUE 或 FALSE 的任意值或表达式。本参数可使用任何比较运算符。
- value_if_true 表示在 logical_test 为 TRUE 时返回的值，value_if_true 也可以是其他公式。
- value_if_false 表示在 logical_test 为 FALSE 时返回的值，value_if_false 也可以是其他公式。

在公式中嵌套 IF 函数的操作步骤如下。

步骤 1   新建一张工作表，并输入相关数据，如图 1-64 所示。

步骤 2   选中 B10 单元格，然后单击"公式"选项卡下的"函数库"组中的"插入函数"按钮，如图 1-65 所示。

步骤 3   弹出"插入函数"对话框，选择 AVERAGE 函数，再单击"确定"按钮，如图 1-66 所示。

步骤 4   弹出"函数参数"对话框，在 Number1 文本框中输入"B3:B9"，再单击"确定"按钮，如图 1-67 所示。

步骤 5   在 B10 单元格中显示公式计算结果，如图 1-68 所示。

步骤 6   将鼠标指针移动到 B10 单元格右下角，当鼠标指针变为黑色十字交叉状时，拖动鼠标至 H10 单元格，如图 1-69 所示。

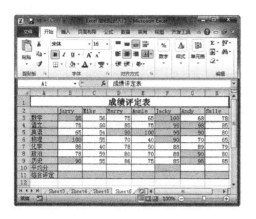

图 1-64　设置表格

图 1-65　单击"插入函数"按钮

图 1-66　"插入函数"对话框

图 1-67　"函数参数"对话框

图 1-68　得到结果

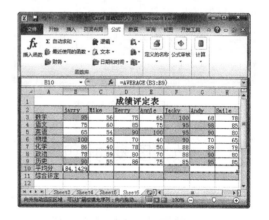

图 1-69　复制公式

步骤 7　得到结果之后，打开"设置单元格格式"对话框，在"分类"列表框中选择"数值"
　　　　选项，再设置"小数位数"为 0，单击"确定"按钮，如图 1-70 所示。

步骤 8　返回工作表中，此时"平均分"行中就得到整数，如图 1-71 所示。

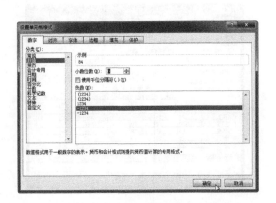

图 1-70 "设置单元格格式"对话框

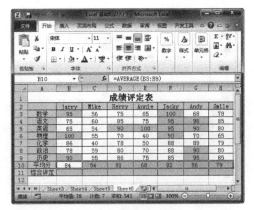

图 1-71 得到整数

步骤 9 选中 B11 单元格，在其中输入公式 "=IF(B10>60,IF(AND(B10>90),"优秀","合格"),"不合格")"，如图 1-72 所示，按 Enter 键得到评定结果。

步骤 10 将鼠标指针移动到 B11 单元格右下角，当鼠标指针变为黑色十字交叉状时，拖动鼠标至 H11 单元格，得到其他人的评定结果，如图 1-73 所示。

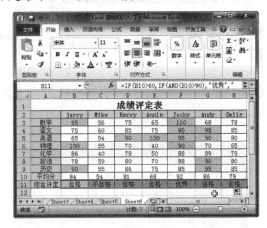

图 1-72 输入公式　　　　　　　图 1-73 得到其他人的评定结果

1.5 数据图表的使用

图表用于以图形形式显示数值数据系列，可以更形象地表示数据的变化趋势，使用户更容易理解大量数据以及不同数据系列之间的关系。

1.5.1 了解数据图表的类型

创建图表后，会形成一个绘图层，也称为图表区。图表区中一般包括绘图区、标题区、图例区和坐标轴，如图 1-74 所示。

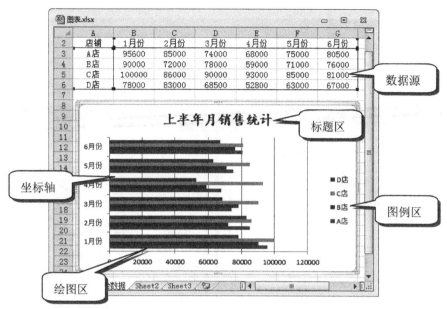

图 1-74　图表区

Excel 2010 为用户提供了 11 类图表，每种图表类型又包含若干个子图表类型，并且用户还可以自定义图表模板。不同的图表类型具有各自表现数据的特点，表 1-2 列出了图表类型及其典型用途。

表 1-2　Excel 2010 的图表类型及其用途

图表类型	用　　途
柱形图	在竖直方向上比较不同类型的数据
折线图	按类别显示一段时间内数据的变化趋势
饼图	在单组中描述部分与整体的关系
条形图	在水平方向上比较不同类型的数据
面积图	强调一段时间内数值的相对重要性
XY 散点图	描绘两种相关数据的关系
股价图	综合了柱形图和折线图，专门设计用来跟踪股票价格
曲面图	当第三个变量改变时，跟踪另两个变量的变化轨迹，是一个三维图
圆环图	以一个或多个数据类别来对比部分与整体的关系
气泡图	突出显示值的聚合，类似于散点图
雷达图	表明数据或数据频率相对于中心点的变化

1.5.2　创建数据图表

下面将介绍使用 Excel 2010 软件创建图表的三种方法。

1. 使用一次按键创建图表

使用一次按键创建图表的操作步骤如下。

步骤 1　新建一个工作簿，输入相关数据，如图 1-75 所示。

步骤 2　选择合适的数据区域，这里选择 A2:D7 单元格区域，如图 1-76 所示。

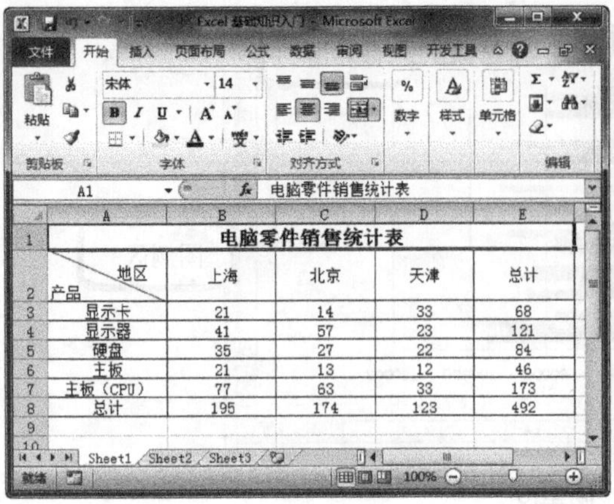

图 1-75　新建一个工作表 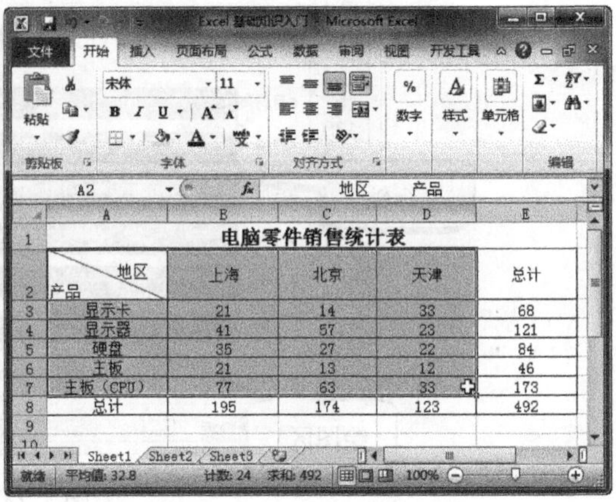　　　　　　　图 1-76　选择合适的数据区域

步骤 3　按 F11 键，Excel 会根据选择的数据创建一个新的图表，如图 1-77 所示。

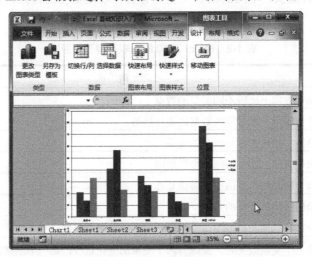

图 1-77　创建图表

2. 使用图表命令创建图表

使用图表命令可以创建一些简单的图表，具体操作步骤如下。

步骤 1　在原有的工作表中，选择要包含在图表中的数据单元格，如图 1-78 所示。

步骤 2　在"插入"选项卡下的"图表"组中单击"柱形图"按钮，从弹出的菜单中选择"簇状柱形图"选项，如图 1-79 所示。

步骤 3　此时就创建了一个二维簇状柱形图表，如图 1-80 所示。

图 1-78　选择数据区域

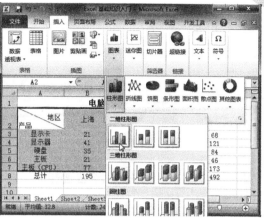

图 1-79　选择"簇状柱形图"选项

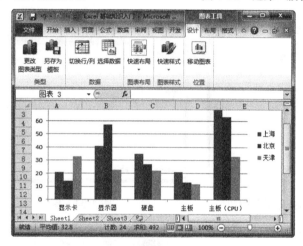

图 1-80　创建的簇状柱形图表

3. 使用图表向导创建图表

在没有事先选择数据的情况下创建图表，将建立一个空白绘图区，此时可以使用图表向导向图表中添加数据，具体操作步骤如下。

步骤 1　以原有的工作表为基础，在"插入"选项卡下的"图表"组中单击"柱形图"按钮，从弹出的菜单中选择"簇状柱形图"选项，如图 1-81 所示。

步骤 2　在工作表中插入图表区和图表工具，如图 1-82 所示。

步骤 3　在"设计"选项卡下的"数据"组中单击"选择数据"按钮，如图 1-83 所示。

步骤 4　弹出"选择数据源"对话框，单击"添加"按钮，如图 1-84 所示。

步骤 5　弹出"编辑数据系列"对话框，在"系列名称"文本框中输入图表名称"上海"，在"系列值"文本框中输入"=Sheet1!$B$3:$B$7"，并单击"确定"按钮，如图 1-85 所示。

步骤 6　此时，绘图区中已添加了相关的簇状柱形图，如图 1-86 所示。

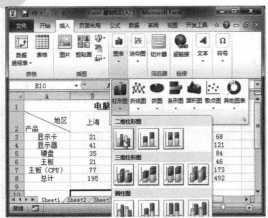

图 1-81　选择图表类型

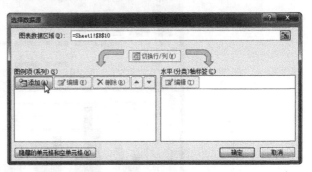

图 1-82　插入图表区和图表工具

图 1-83　单击"选择数据"按钮

图 1-84　单击"添加"按钮

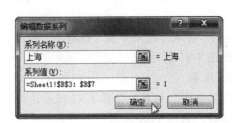

图 1-85　"编辑数据系列"对话框

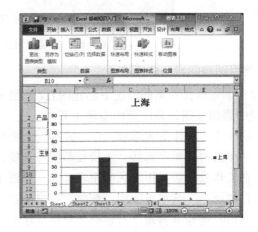

图 1-86　添加了相关的簇状柱形图

步骤 7　返回"选择数据源"对话框，在"水平(分类)轴标签"列表框中单击"编辑"按钮，如图 1-87 所示。

步骤 8　弹出"轴标签"对话框，在"轴标签区域"文本框中输入"=Sheet1!$A$3:$A$7"，并单击"确定"按钮，如图 1-88 所示。

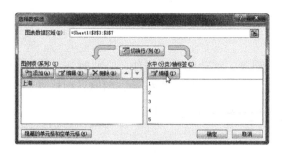

图 1-87　单击"编辑"按钮　　　　　　　图 1-88　　"轴标签"对话框

步骤 9　此时就会发现绘图区的分类轴由原来的数字变成了产品名称，如图 1-89 所示。

步骤 10　参照前面的方法，在"选择数据源"对话框的"图例项(系列)"列表框中添加"北京"和"天津"图例，如图 1-90 所示。

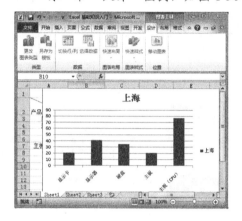

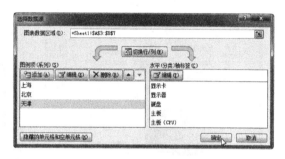

图 1-89　改变分类轴名称　　　　　　　图 1-90　添加其他图例

步骤 11　这样，用图表向导创建的图表就制作完成了，如图 1-91 所示。

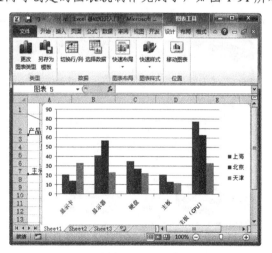

图 1-91　使用图表向导创建的图表

1.5.3 编辑与设置图表

对于创建好的图表，用户可以进行复制、删除、移动和缩放操作，必要时还可以更改图表的类型。图表中包含各式各样的元素，主要有数据、标题、坐标轴、图例、网格线、数据标签等，可以对它们进行设置。下面将对以上内容进行详细介绍。

1. 复制和删除图表

在 Excel 中，可以将现有的图表复制到另一个工作表、工作簿或同一工作表的另一个位置上。若要在同一工作表中复制图表，可以使用鼠标来拖动图表，具体操作步骤如下。

步骤 1　创建一张图表，并右击该图表，从弹出的快捷菜单中选择"复制"命令，如图 1-92 所示。

步骤 2　在目标位置处右击，从弹出的快捷菜单中选择"保留源格式"命令，如图 1-93 所示。

图 1-92　选择"复制"命令　　　　图 1-93　选择"保留源格式"命令

步骤 3　此时，在同一个工作表中就复制了一张图表，如图 1-94 所示。

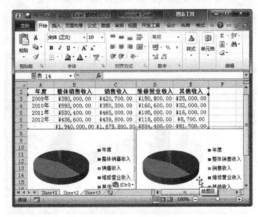

图 1-94　复制图表

步骤 4　要想删除错误或多余的图表，只要选中该图表，然后按 Delete 键即可。

2．移动和缩放图表

有时插入的图表妨碍查看工作表中的数据，这时就需要移动或缩放图表。

移动图表包括对图表区的移动，以及对各个图表对象的移动。图表区就是整个图表所在的区域。要移动图表区，只需单击该图表，当图表边框出现 8 个控制点时，按住鼠标左键拖动图表区，至目的位置后释放鼠标左键，便可将图表区移动到需要的位置上。此时，图表区中的各个图表对象会随着图表区一起移动，在图表区内部，各对象之间保持相对位置不变。

如果要移动图表区中的某个图表对象，例如要移动图例区至图表区的右下方，具体操作步骤如下。

步骤 1　单击图表区中的图例区，其周围边框会显示出 8 个控制点，如图 1-95 所示。

步骤 2　按住鼠标左键不放，拖动鼠标，将图例区拖动到图表区的右下方，如图 1-96 所示。

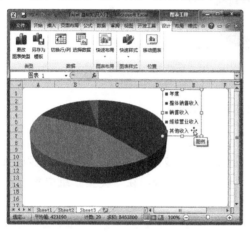

图 1-95　单击图例区

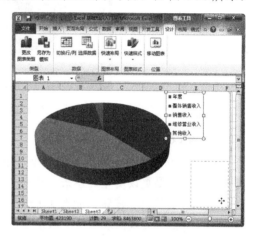

图 1-96　按住鼠标左键并拖动鼠标

步骤 3　释放鼠标左键即可将图例区移动到图表区的右下方，如图 1-97 所示。

缩放图表的具体操作步骤如下。

步骤 1　单击图表区，显示出 8 个控制点，将鼠标指针移动到边框的右下角，指针变为双向箭头，如图 1-98 所示。

图 1-97　图例区移动到右下方

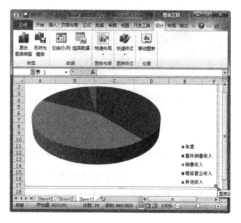

图 1-98　鼠标指针变为双向箭头

步骤 2 拖动鼠标，同时调整图表的高度和宽度，当图表缩放到合适大小后，释放鼠标左键，如图 1-99 所示。

图 1-99 缩放图表后的效果

3. 更改图表类型

Excel 中有 11 种不同的图表类型，下面将介绍如何更改图表类型，具体操作步骤如下。

步骤 1 选中要更改类型的图表，然后切换到"设计"选项卡，在"类型"组中单击"更改图表类型"按钮，如图 1-100 所示。

步骤 2 弹出"更改图表类型"对话框，切换到"条形图"选项卡，选择"堆积水平圆柱图"选项，再单击"确定"按钮，如图 1-101 所示。

图 1-100 单击"更改图表类型"按钮

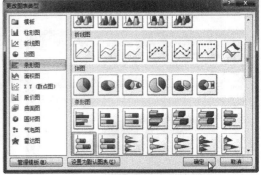

图 1-101 "更改图表类型"对话框

步骤 3 此时，"堆积水平圆柱图"类型的图表制作完成，如图 1-102 所示。

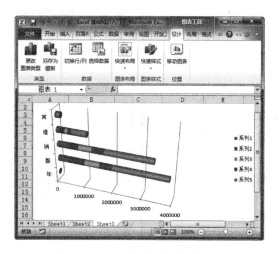

图 1-102　更改图表类型后的效果

4．修改图表数据

图表与生成它们的工作表数据是链接的，当更改工作表中的数据时，图表中的数据会自动更新，具体操作步骤如下。

步骤 1　选中需要修改的数据，这里选择 D5 单元格，如图 1-103 所示。

步骤 2　将数据修改为 1000，按 Enter 键确定，即可看到柱形图发生了变化，如图 1-104 所示。

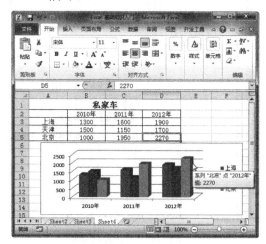

图 1-103　选中要修改的数据

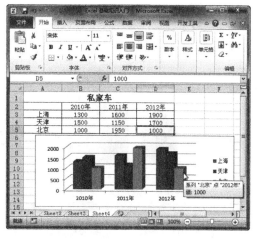

图 1-104　柱形图发生改变

5．设置图表标题

下面介绍如何在图表中添加图表标题，具体操作步骤如下。

步骤 1　选中图表，在"图表工具"下的"布局"选项卡中，单击"标签"组中的"图表标题"按钮，从弹出的菜单中选择"图表上方"选项，如图 1-105 所示。

步骤 2　单击图表标题，设置图表标题的文本，这里输入的是"私家车"，如图 1-106 所示。

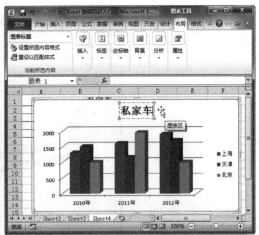

Excel 在市场营销与销售管理中的应用

图 1-105　选择"图表上方"选项　　　　　　　图 1-106　输入标题名称

步骤 3　右击图表标题，从弹出的快捷菜单中选择"设置图表标题格式"命令，如图 1-107 所示。

步骤 4　弹出"设置图表标题格式"对话框，切换到"填充"选项卡，选中"纯色填充"单选按钮，再在"颜色"下拉列表框中选择合适的颜色，如图 1-108 所示。

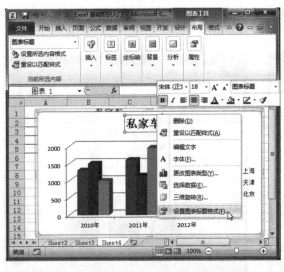

图 1-107　选择"设置图表标题格式"命令　　　　图 1-108　设置填充色

步骤 5　切换到"阴影"选项卡，设置"预设"为"内部居中"，如图 1-109 所示。

步骤 6　图表标题格式设置完成后，单击"关闭"按钮即可，此时，图表的标题格式就发生了变化，如图 1-110 所示。

6. 设置坐标轴

在图表中设置坐标轴的操作步骤如下。

步骤 1　右击要设置的坐标轴，从弹出的快捷菜单中选择"设置坐标轴格式"命令，如图 1-111

所示。

步骤 2　弹出"设置坐标轴格式"对话框，切换到"坐标轴选项"选项卡，设置坐标轴选项
　　　　的参数，如图 1-112 所示。

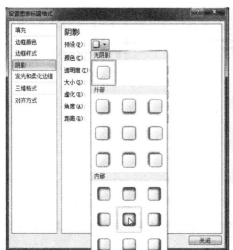

图 1-109　设置阴影效果

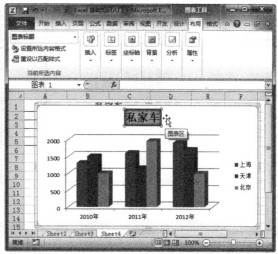

图 1-110　设置标题后的最终效果

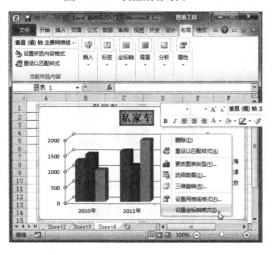

图 1-111　选择"设置坐标轴格式"命令

图 1-112　设置相关参数

步骤 3　切换到"填充"选项卡，选中"纯色填充"单选按钮，再在"颜色"下拉列表框中
　　　　选择填充颜色，如图 1-113 所示。

步骤 4　切换到"线条颜色"选项卡，选中"实线"单选按钮，再在"颜色"下拉列表框中
　　　　选择填充颜色，如图 1-114 所示。

步骤 5　切换到"线型"选项卡，单击"宽度"微调框右侧的微调按钮，设置线型的宽度，
　　　　如图 1-115 所示。

步骤 6　设置完毕后，单击"关闭"按钮，此时坐标轴填充了颜色，如图 1-116 所示。

图 1-113　设置填充颜色

图 1-114　设置线条颜色

图 1-115　设置线型宽度

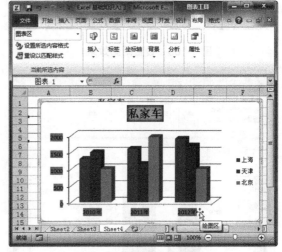

图 1-116　设置后的效果

步骤 7　在"开始"选项卡下的"字体"组中单击"字体颜色"按钮右侧的下拉按钮，从弹出的菜单中选择字体的颜色，如图 1-117 所示。

步骤 8　最终效果如图 1-118 所示。

7．设置图例

图例是一个方框，用于标识为图表中的数据系列或分类指定的图案或颜色。设置图例的具体操作步骤如下。

步骤 1　在图表中右击图例，从弹出的快捷菜单中选择"设置图例格式"命令，如图 1-119 所示。

步骤 2　弹出"设置图例格式"对话框，切换到"填充"选项卡，选中"渐变填充"单选按钮，设置填充参数，如图 1-120 所示。

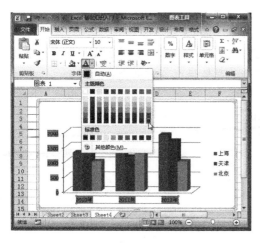

图 1-117　设置字体颜色

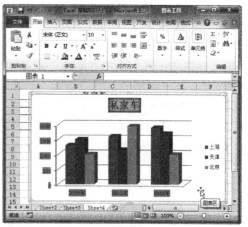

图 1-118　坐标轴的最终效果

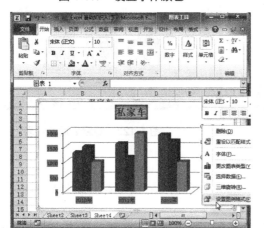

图 1-119　选择"设置图例格式"命令

图 1-120　设置渐变填充

步骤 3　单击"关闭"按钮，应用图例格式，最终效果如图 1-121 所示。

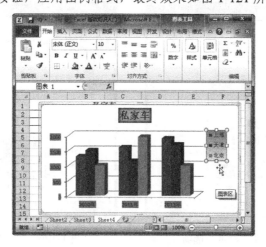

图 1-121　图例的最终效果

8．设置网格线

为了便于阅读图表中的数据，可以在图表的绘图区中显示水平网格线和垂直网格线。如果不需要网格线，还可以将其隐藏。隐藏网格线的具体操作步骤如下。

步骤1　选中水平网格线，在"布局"选项卡下的"坐标轴"组中单击"网格线"按钮，从弹出的菜单中选择"主要横网格线"|"无"选项，如图 1-122 所示。

步骤2　此时，网格线就被隐藏了，效果如图 1-123 所示。

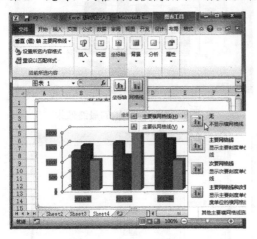

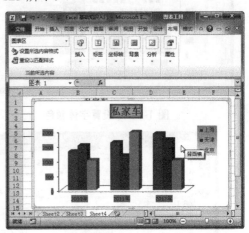

图 1-122　选择"无"选项　　　　　　　　　图 1-123　隐藏之后的效果

9．设置数据标签

数据标签用于显示数据系列或其单个数据点的详细信息，使图表更易于理解。设置数据标签的具体操作步骤如下。

步骤1　在"布局"选项卡下的"标签"组中单击"数据标签"按钮，从弹出的菜单中选择"显示"选项，如图 1-124 所示。

步骤2　此时就为图表添加了数据标签，如图 1-125 所示。

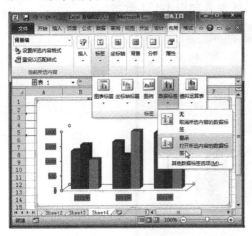

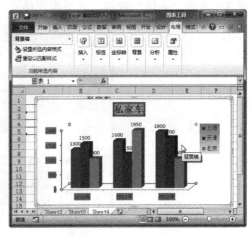

图 1-124　选择"显示"选项　　　　　　　　　图 1-125　添加数据标签后的效果

10. 设置图表区格式

图表区是指整个图表及其全部元素，设置图表区格式的具体操作步骤如下。

步骤 1 在"格式"选项卡下的"形状样式"组中单击"其他"按钮，如图 1-126 所示。

步骤 2 从弹出的菜单中选择一种合适的样式，这里选择"细微效果-紫色，强调颜色 4"选项，如图 1-127 所示。

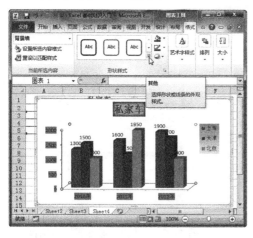
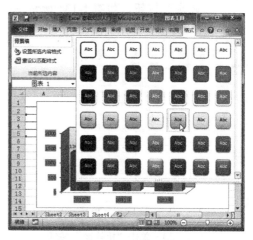

图 1-126　单击"其他"按钮　　　　　图 1-127　选择形状样式

步骤 3 设置图表中所有文本的格式。在"格式"选项卡下，单击"艺术字样式"按钮，从弹出的菜单中选择一种艺术字样式，这里选择"渐变填充-橙色，强调文字颜色 6，内部阴影"选项，如图 1-128 所示。

步骤 4 此时整个图表就设置完成了，最终效果如图 1-129 所示。

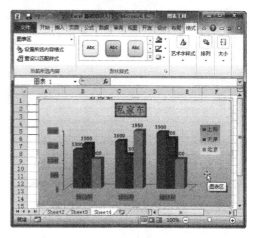

图 1-128　设置艺术字　　　　　　　图 1-129　最终效果

1.5.4　迷你图的使用

在 Excel 2010 中可以通过迷你图来快速得到一系列数据的图表，而这些图表是在单元格内部显示的袖珍图表，非常适合对数据进行快速对比或观察发展趋势。下面就来介绍使用迷你图快速创建简易的单元格图表的方法。

步骤 1 选择 H2:H10 单元格区域，然后单击"插入"选项卡下的"迷你图"组中的"折线图"按钮，如图 1-130 所示。

步骤 2 弹出"创建迷你图"对话框，在"数据范围"文本框中输入"B2:G10"，然后单击"确定"按钮，如图 1-131 所示。

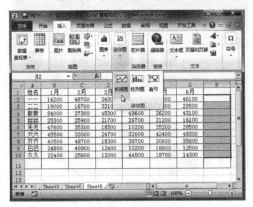

图 1-130 单击"折线图"按钮

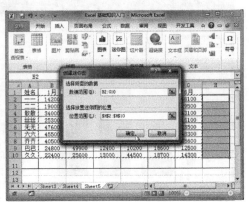

图 1-131 "创建迷你图"对话框

步骤 3 此时将在选区的每个单元格中自动插入一个折线图，用以显示每个员工在 1 至 6 月间的销售额趋势，如图 1-132 所示。

步骤 4 选择 B11:G11 单元格区域，然后单击"插入"选项卡下的"迷你图"组中的"柱形图"按钮，如图 1-133 所示。

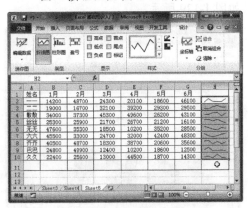

图 1-132 得到折线迷你图

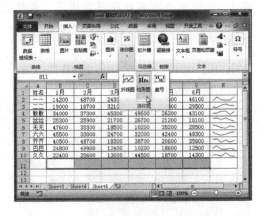

图 1-133 单击"柱形图"按钮

步骤 5 弹出"创建迷你图"对话框，在"数据范围"文本框中输入"B2:G10"，然后单击"确定"按钮，如图 1-134 所示。

步骤 6 此时将在选区的每个单元格中创建用以显示每个月所有员工销售额对比的柱形图，如图 1-135 所示。

步骤 7 单击"设计"选项卡下的"样式"组中的"其他"按钮，从弹出的菜单中选择一种样式，如图 1-136 所示。

步骤 8 此时柱形图的样式发生了改变，如图 1-137 所示。

图 1-134 "创建迷你图"对话框(2)

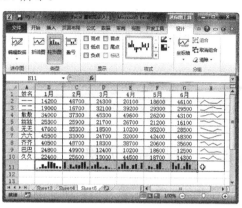

图 1-135 得到柱形迷你图

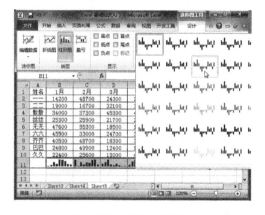

图 1-136 选择一种样式

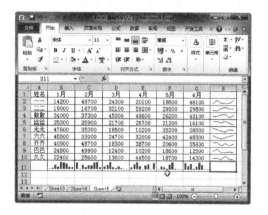

图 1-137 柱形图样式发生了改变

步骤 9 选中 H2:H10 单元格区域，然后再选中"设计"选项卡下的"显示"组中的"高点"复选框，如图 1-138 所示。此时将在迷你图中以不同于其他数据点的颜色来显示数据中具有最大值的数据点。

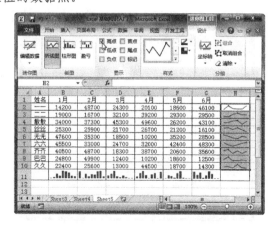

图 1-138 选中"高点"复选框

步骤 10　要删除迷你图，只需要单击迷你图所在单元格，然后单击"设计"选项卡下的"分组"组中的"清除"按钮，这样将删除当前选中的单元格中的迷你图。如果想要删除一组迷你图，那么可以单击"清除"按钮右侧的下拉按钮，从弹出的菜单中选择"清除所选的迷你图组"选项即可。

1.6　专家指导

1.6.1　重命名单元格

在默认情况下，单元格名称是由它所在的引用位置决定的。除此之外，用户也可以重命名单元格，具体操作步骤如下。

步骤 1　选择要重命名的单元格或单元格区域并右击，从弹出的快捷菜单中选择"定义名称"命令，如图 1-139 所示。

步骤 2　弹出"新建名称"对话框，在"名称"文本框中输入新名称，再单击"确定"按钮，如图 1-140 所示。

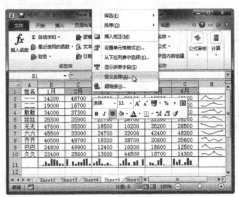

图 1-139　选择"定义名称"命令

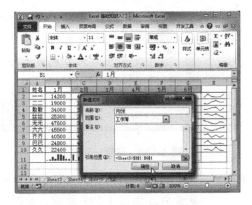

图 1-140　"新建名称"对话框

步骤 3　返回到工作表中，即可看到名称框中已显示新的名称，如图 1-141 所示。

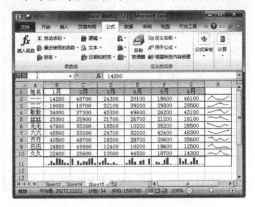

图 1-141　名称框中显示新名称

还可以单击"公式"选项卡下的"定义的名称"组中的"定义名称"按钮来重命名单元格,如图 1-142 所示。

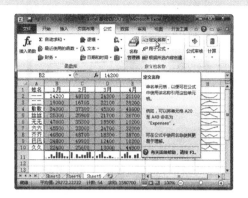

图 1-142　单击"定义名称"按钮

1.6.2　显示单元格中的公式

如果工作表中的数据多数是由公式生成的,若想要快速知道每个单元格中的公式形式,可以先将公式显示出来,方法是在"公式"选项卡下的"公式审核"组中单击"显示公式"按钮。如果想恢复公式计算结果的显示,再次单击"显示公式"按钮即可。

1.6.3　巧用 Excel 帮助理解函数

对函数不了解时,可以通过 Excel 帮助来理解函数,具体操作步骤如下。

步骤 1　选择"文件"|"帮助"命令,然后在右侧选择"Microsoft Office 帮助"选项,如图 1-143 所示。

步骤 2　弹出"Excel 帮助"窗口,单击"函数参考"超链接,如图 1-144 所示。

图 1-143　选择"Microsoft Office 帮助"选项

图 1-144　"Excel 帮助"窗口

步骤 3　此时会打开"函数参考"页面,如图 1-145 所示。在此单击要查看的函数帮助主题,然后在打开的页面中查看帮助信息即可。

图 1-145　"函数参考"页面

1.6.4　分析公式返回的错误信息

下面将对公式返回的错误信息进行具体介绍。

1．#DIV/0!

常见原因：在公式中有除数为零，或者有除数为空白的单元格。
处理方法：把除数改为非零的数值，或者用 IF 函数进行控制。

2．#N/A

常见原因：在公式中进行查找操作时，找不到匹配的值。
处理方法：检查被查找的值，如果找不到匹配项，请尝试更改查找函数的参数值。

3．#NAME?

常见原因：在公式中使用了 Excel 无法识别的文本，例如函数的名称拼写错误，使用了没有被定义的区域或单元格名称，引用文本时没有加引号等。
处理方法：根据具体的公式，逐一分析出现该错误的可能原因，并加以改正。

4．#NUM!

常见原因：当公式需要数字型参数时，却获得了一个非数字型参数；给了公式一个无效的参数；公式返回的值太大或者太小。
处理方法：根据具体的公式，逐一分析出现该错误的可能原因，并加以改正。

5．#VALUE

常见原因：文本类型的数据参与了数值运算，函数参数的数值类型不正确；函数的参数本应该是单一值，却提供了一个区域作为参数；输入一个数组公式时，忘记按 Ctrl+Shift+Enter 组合键。
处理方法：更正相关的数据类型或参数类型；提供正确的参数；输入数组公式时，按 Ctrl+Shift+Enter 组合键确定。

6．#REF!

常见原因：公式中使用了无效的单元格引用。通常如下操作会导致公式引用无效的单元格：删除了被公式引用的单元格；把公式复制到含有引用自身的单元格中。

处理方法：避免导致引用无效的操作，如果已经出现错误，先撤销，然后用正确的方法操作。

7．#NULL!

常见原因：使用了不正确的区域运算符或引用的单元格区域的交集为空。

处理方法：改正区域运算符使之正确；更改引用使之相交。

1.7　实战演练

一、选择题

1．按(　　)组合键可以插入当前日期。
    A．Ctrl+C　　　　　　　　　　　　　B．Ctrl+V
    C．Ctrl+;　　　　　　　　　　　　　D．Ctrl+A

2．关闭 Excel 窗口有(　　)种方法。
    A．1　　　　　　　　　　　　　　　B．2
    C．3　　　　　　　　　　　　　　　D．4

3．修改工作表名称有(　　)种方法。
    A．1　　　　　　　　　　　　　　　B．2
    C．3　　　　　　　　　　　　　　　D．4

4．Excel 工作簿文件的默认类型是(　　)。
    A．TXT　　　　　　　　　　　　　　B．XLSX
    C．DOCX　　　　　　　　　　　　　D．WKS

5．在 Excel 工作表中，在单元格中输入数值 123，不正确的是(　　)。
    A．.123　　　　　　　　　　　　　　B．=123
    C．+123　　　　　　　　　　　　　　D．123

二、实训题

1．制作每月支出统计表。

2．在上题制作的表格中根据实际情况录入数据，计算每月总支出金额。

第2章

经典实例：管理客户信息

【本章学习重点】

◆ 制作客户信息登记表
◆ 制作客户加盟表
◆ 发货与回款的汇总统计
◆ 创建客户信息的导航界面

客户是公司发展的重要动力，为了与公司客户保持良好的人际关系，要维护好公司客户的信息，常与之联系。为此，本章将介绍如何使用 Excel 管理客户信息。

【本章实例展示】

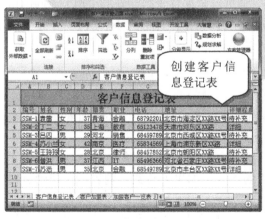

创建客户信息登记表

创建发货记录登记表

2.1 要点分析

本章将以制作"客户信息登记簿.xlsx"为例,介绍使用 Excel 管理企业客户信息的方法。在制作过程中,将会用到 REPLACE、ISERROR 和 OFFSET 等函数,其含义如下。

1. REPLACE 函数

REPLACE 函数用于使用指定字符替换指定位置上的内容。如果知道要替换文本的位置,但还不知道具体要替换哪些内容,那么可以使用 REPLACE 函数,其语法格式如下:

```
REPLACE(old_text,start_num,num_chars,new_text)
```

其中:

- old_text 表示要在其中替换字符的文本。
- start_num 表示要开始替换的起始位置。
- num_chars 表示要替换掉的字符个数。
- new_text 表示要用于替换的文本。

2. ISERROR 函数

ISERROR 函数用于判断值是否为错误值,如果是则返回 TRUE,否则返回 FALSE。ISERROR 函数的语法格式如下:

```
ISERROR(value)
```

其中:参数 value 表示要判断是否为错误值的值。

3. OFFSET 函数

OFFSET 函数用于以指定的引用为参照系,通过给定偏移量得到新的引用。返回的引用可以是一个单元格,也可以是一个单元格区域,还可以指定区域的大小。OFFSET 函数的语法格式如下:

```
OFFSET(reference,rows,cols,height,width)
```

其中:

- reference 表示作为偏移量参照系的引用区域。reference 必须为对单元格或相连单元格区域的引用;否则,函数 OFFSET 返回错误值"#VALUE!"。
- rows 表示相对于偏移量参照系的左上角单元格向上(下)偏移的行数。rows 可正可负,如果为正数,则表示在起始引用的下方;如果为负数,则表示在起始引用的上方。
- cols 表示相对于偏移量参照系的左上角单元格向左(右)偏移的列数。cols 可正可负,如果为正数,则表示在起始引用的右侧;如果为负数,则表示在起始引用的左侧。
- height 表示要返回的引用区域的行数。height 可正可负,如果为正数,则表示新区域的行数向下延伸;如果为负数,则表示新区域的行数向上延伸。

- width 表示要返回的引用区域的列数。width 可正可负，如果为正数，则表示新区域的列数向右延伸；如果为负数，则表示新区域的列数向左延伸。

OFFSET 函数的语法比较复杂，但是 OFFSET 函数对单元格区域的引用总是遵循下面的过程来完成的：先对原始基点进行偏移操作，偏移的方向和距离由 OFFSET 函数中的 rows 和 cols 两个参数决定。进行第一次偏移后，基点移动到了新的位置。在确定了新基点位置后，利用 height 和 width 两个参数来决定返回区域的人小。如果省略这两个参数，则仅返回基点所在的单元格。

2.2 制作客户信息登记表

客户是公司业务的重要来源，制作客户信息登记表是至关重要的，下面将进行具体介绍。

2.2.1 设置客户信息登记表的格式

客户信息登记表中包括编号、姓名、性别、年龄、籍贯、职业、电话、地址和详细程度等基本信息，为了使客户信息登记表更加规范，并且达到美观的效果，还需要对其格式进行相应的设置，具体操作步骤如下。

步骤 1　新建空白工作簿，将其保存为"客户信息登记簿.xlsx"，将 Sheet1 工作表重命名为"客户信息登记表"。

步骤 2　在"客户信息登记表"工作表中，输入表格标题"客户信息登记表"，以及编号、姓名、性别、年龄、籍贯等内容，如图 2-1 所示。

步骤 3　选中 A1:I1 单元格区域，单击"开始"选项卡下的"对齐方式"组中的"合并后居中"按钮，将其合并，在"字体"组中设置其字体为"华文中宋"、字号为 22，效果如图 2-2 所示。

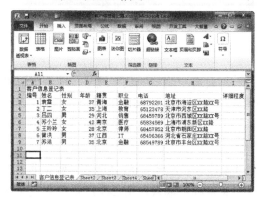

图 2-1　输入标题和内容

图 2-2　设置 A1:I1 单元格区域格式

步骤 4　选中 A2:I9 单元格区域，在"开始"选项卡下的"字体"组中，为客户信息登记表内容设置所需要的字体格式，在此设置其字体为"幼圆"、字号为 12，如图 2-3

所示。

步骤 5 选中 A1:I1 单元格区域，在"开始"选项卡下的"数字"组中，单击右下角的对话框启动器按钮，如图 2-4 所示。

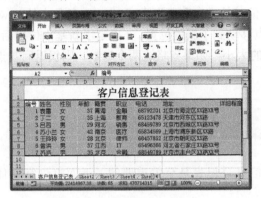

图 2-3　设置 A2:I9 单元格区域字体格式

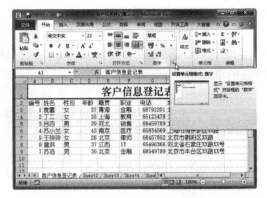

图 2-4　单击对话框启动器按钮

步骤 6 弹出"设置单元格格式"对话框，切换到"填充"选项卡，在"背景色"选项组中选择"橙色"选项，如图 2-5 所示。

步骤 7 单击"确定"按钮，最终效果如图 2-6 所示。

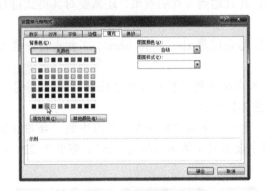

图 2-5　设置背景色

图 2-6　最终效果

2.2.2　自定义客户编号

很多时候，在输入客户信息资料或其他资料时，不只需要简单的数字编号，还希望编号中带有一些特殊字符。如何在数字前面加上一些特殊字符呢？具体操作步骤如下。

步骤 1 选择客户编号所在的 A3:A9 单元格区域，在"开始"选项卡下的"数字"组中，单击右下角的对话框启动器按钮，如图 2-7 所示。

步骤 2 弹出"设置单元格格式"对话框，切换到"数字"选项卡，在"分类"列表框中选择"自定义"选项，接着在右侧的"类型"文本框中输入如图 2-8 所示的自定义格式代码，即""SSM"-#"。

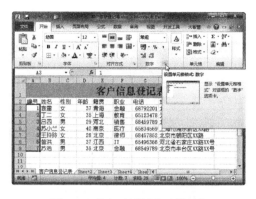

图2-7　单击对话框启动器按钮

图2-8　设置自定义格式代码

步骤3　单击"确定"按钮，选区中的每个编号之前将自动添加"SSM-"，如图2-9所示。

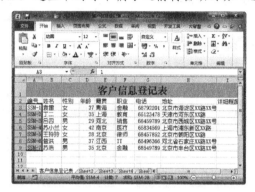

图2-9　成功自定义客户编号

2.2.3　禁止录入无效的客户名称

每个公司都拥有许多客户，其中会有几个重要的固定客户，为了在编辑客户信息时确保正确输入客户的名称，可以使用Excel的"数据有效性"对话框来限制用户可输入的客户名称，当用户输入无效的客户名称时，Excel就会对用户进行警告并自动删除无效内容，具体操作步骤如下。

步骤1　选择B3:B9单元格区域，然后切换到"数据"选项卡，在"数据工具"组中单击"数据有效性"按钮，从弹出的菜单中选择"数据有效性"选项，如图2-10所示。

步骤2　弹出"数据有效性"对话框，切换到"设置"选项卡，在"允许"下拉列表框中选择"序列"选项，然后在"来源"文本框中输入所有客户的名称，之间以英文逗号分隔，如图2-11所示。

步骤3　切换到"出错警告"选项卡，在"样式"下拉列表框中选择"停止"选项，然后根据需要在"标题"文本框和"错误信息"列表框中分别输入出错时警告信息的标题和内容，如图2-12所示。

步骤4　单击"确定"按钮，关闭"数据有效性"对话框。当单击B3:B9中的任意一个单元格时，会在单元格右侧显示一个下拉按钮，单击该按钮将弹出一个下拉列表，其中显示了预先设置好的客户名称，如图2-13所示。从下拉列表中选择某个客户名称即可将其输入到单元格中。

图 2-10 选择"数据有效性"选项

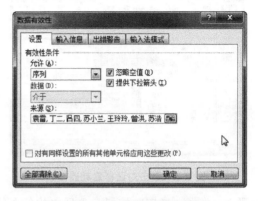

图 2-11 "数据有效性"对话框

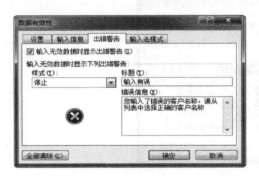

图 2-12 设置出错时的警告信息

图 2-13 从下拉列表中选择要输入的内容

步骤 5 若在包含数据有效性的单元格中输入了列表中不包含的客户名称,将会弹出如图 2-14 所示的警告信息。此时只有两个选择:单击"重试"按钮重新输入正确的内容,或者单击"取消"按钮放弃本次输入。

图 2-14 输入错误内容时的警告信息

2.2.4 为客户信息登记表设置隔行底纹效果

密密麻麻的数据不便于查看和修改。如果可以在表格中设置隔行的底纹效果,那么整个表格看上去就会显得交错有致,数据也变得易于浏览和查找,具体操作步骤如下。

步骤 1 选中 A2:I9 单元格区域,切换到"开始"选项卡,在"样式"组中单击"条件格式"按钮,从弹出的菜单中选择"新建规则"选项,如图 2-15 所示。

步骤 2　弹出"新建格式规则"对话框，在"选择规则类型"列表框中选择"使用公式确定要设置格式的单元格"选项，然后在下方的文本框中输入"=MOD(ROW(),2)=0"，如图 2-16 所示。

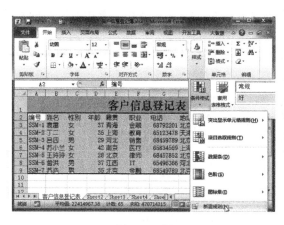

图 2-15　选择"新建规则"选项

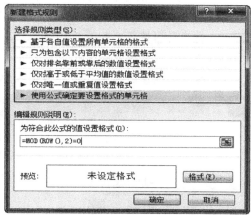

图 2-16　设置自定义条件格式

技巧

　　步骤 2 中输入的公式用于判断当前单元格的行号是否可以被 2 整除，如果可以整除，那么就对当前行应用格式。通俗地讲，就是判断当前行是否是偶数行，如果是偶数行则设置底纹效果。如果是奇数行，则其行号不会被 2 整除，公式将返回逻辑值 FALSE。

步骤 3　单击"格式"按钮，在弹出的"设置单元格格式"对话框的"填充"选项卡中选择一种灰色作为单元格底纹颜色，如图 2-17 所示。

步骤 4　单击"确定"按钮，返回"新建格式规则"对话框。再次单击"确定"按钮，Excel将为整个工作表的偶数行自动设置底纹效果，如图 2-18 所示。

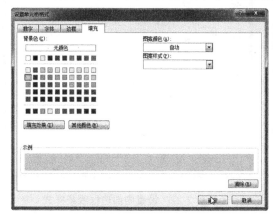

图 2-17　设置底纹颜色

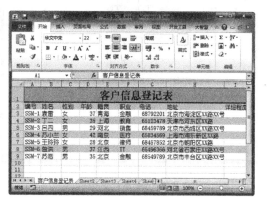

图 2-18　成功设置隔行底纹效果

2.2.5 为客户信息登记表设置表格边框

下面来为客户信息登记表设置表格边框，具体操作步骤如下。

步骤 1 选中 A2:I9 单元格区域，在"开始"选项卡下的"数字"组中，单击右下角的对话框启动器按钮，如图 2-19 所示。

步骤 2 弹出"设置单元格格式"对话框，切换到"边框"选项卡，在"样式"列表框中选择双实线型的线条，如图 2-20 所示。

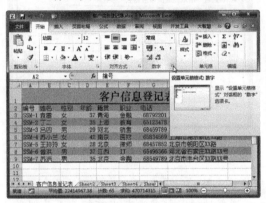

图 2-19 单击对话框启动器按钮

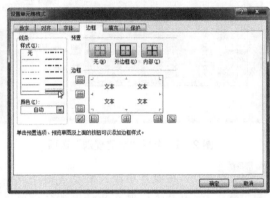

图 2-20 设置外边框线条样式

步骤 3 单击"预置"选项组中的"外边框"按钮，此时在"边框"选项组中可以看到应用外边框样式后的效果，如图 2-21 所示。

步骤 4 在"样式"列表框中选择所需要的内部边框线条样式，然后单击"预置"选项组中的"内部"按钮，此时即可看到应用内部边框样式后的效果，如图 2-22 所示。

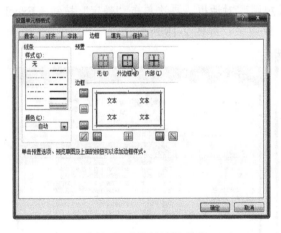

图 2-21 应用外边框样式

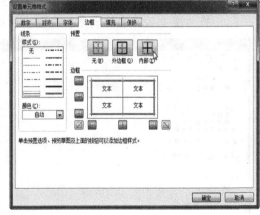

图 2-22 设置内部边框线条样式

步骤 5 单击"确定"按钮，返回工作表，可以看到工作表中已经应用了所设置的边框效果，如图 2-23 所示。

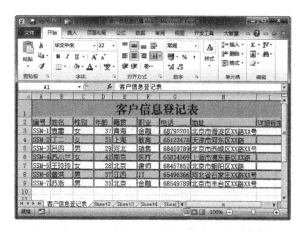

图 2-23　成功为客户信息登记表设置表格边框

2.2.6　检查客户信息的详细程度

在整理客户信息时，为了确保能够准确地给客户寄送信件或礼品，应该检查客户联系地址是否详细。使用 Excel 内置函数可以简单地对客户地址的详细程度进行检测，具体操作步骤如下。

步骤 1　单击 I3 单元格，然后输入公式 "=IF(ISERROR(FIND("号",H3)),"待补充","详细")"，如图 2-24 所示。

> 步骤 1 中输入的公式先使用 FIND 函数在单元格 H3 中查找 "号" 字，如果没找到，则 FIND 函数会返回错误值，而 ISERROR 函数将返回 TRUE，最后 IF 函数就会返回 TURE 的值，即 "待补充"；否则，如果在地址中找到了 "号" 字位置的数字，可以将非 0 值看成是 TRUE，因此 ISERROR 函数使用 TRUE 作为参数将会返回逻辑值 FALSE，最后使用 IF 函数返回 FALSE 的值，即 "详细"。

步骤 2　按 Enter 键，判断出第一个客户地址的详细程度，如图 2-25 所示。

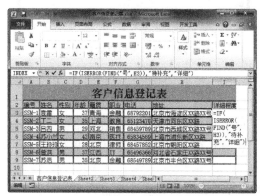

图 2-24　在 I3 单元格内输入公式　　　　图 2-25　判断出第一个客户地址的详细程度

步骤 3　拖动 I3 单元格右下角的填充柄，向下复制公式到 I9 单元格，自动判断出其他客户地址的详细程度，如图 2-26 所示。

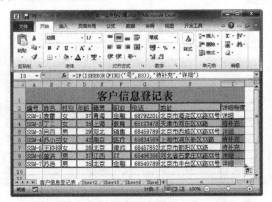

图 2-26　通过复制公式自动判断出其他客户地址的详细程度

2.2.7　使用表格样式美化表格

在 Excel 中可以为某个单元格或单元格区域添加特有的样式，具体操作步骤如下。

步骤 1　选中 A2:I2 单元格区域，在"开始"选项卡下的"样式"组中单击"单元格样式"按钮，从弹出的菜单中选择一种样式，如图 2-27 所示。

步骤 2　套用表格样式后的效果如图 2-28 所示。

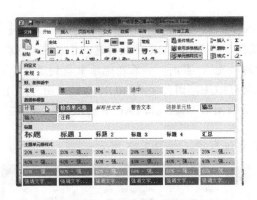

图 2-27　选择一种单元格样式

图 2-28　套用表格样式后的效果

2.2.8　禁止他人随意修改客户资料

客户资料是一个公司最为宝贵的资源之一，如果客户资料丢失，公司可能会因此而遭受很大损失。因此，用户有时需要锁定客户资料，以禁止他人随意修改，具体操作步骤如下。

步骤 1　选中 A1:I9 单元格区域，如图 2-29 所示。

步骤 2　右击选中的单元格区域，从弹出的快捷菜单中选择"设置单元格格式"命令，弹出"设置单元格格式"对话框，在"保护"选项卡中取消选中"锁定"复选框，并单击"确定"按钮，如图 2-30 所示。

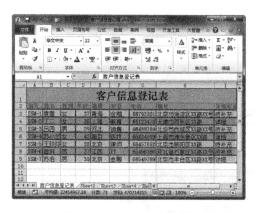

图 2-29　选中单元格区域

图 2-30　取消选中"锁定"复选框

步骤 3　在"审阅"选项卡下的"更改"组中单击"保护工作表"按钮，弹出"保护工作表"对话框，输入工作表密码，例如输入"123"，如图 2-31 所示。

步骤 4　单击"确定"按钮，再次输入相同的密码，如图 2-32 所示。单击"确定"按钮，如果两次密码输入相同，则成功为工作表设置了密码保护，此时客户数据所在单元格将无法进行编辑。

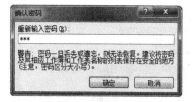

图 2-31　输入工作表密码

图 2-32　再次输入密码(1)

步骤 5　在"审阅"选项卡下的"更改"组中单击"保护工作簿"按钮，弹出如图 2-33 所示的"保护结构和窗口"对话框，选中"结构"复选框，然后输入一个密码。

步骤 6　单击"确定"按钮，再次输入相同的密码，如图 2-34 所示，单击"确定"按钮后将对当前工作簿中的工作表进行保护。

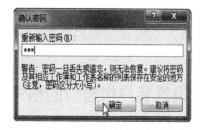

图 2-33　"保护结构和窗口"对话框

图 2-34　再次输入密码(2)

步骤7 选择"文件"|"信息"命令，然后单击"保护工作簿"按钮，从弹出的菜单中选择"用密码进行加密"选项，弹出"加密文档"对话框，输入工作簿密码，再单击"确定"按钮，如图 2-35 所示。

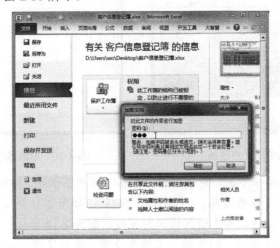

图 2-35 设置工作簿密码

步骤8 弹出"确认密码"对话框，再次输入相同的密码，并单击"确定"按钮，如图 2-36 所示。

步骤9 单击快速访问工具栏中的"保存"按钮保存所做的设置。在以后打开加密的工作簿时，就会看到如图 2-37 所示的对话框，只有输入正确密码才能打开该工作簿。

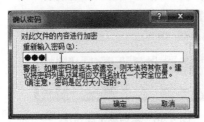

图 2-36 再次输入密码(3)

图 2-37 打开工作簿时需要输入密码

2.3 制作客户加盟表

企业为了扩大市场份额，通常会在全国甚至世界各地发展自己的客户，并稳步建立自己的销售网络。但是，对客户加盟要进行严格的筛选，要从实力、位置、信用等多个方面进行综合考查。为此，需要先设计好客户加盟表，供有意向的潜在客户来填写。

2.3.1 设置客户加盟表的格式

设置客户加盟表的操作步骤如下。

步骤 1　在"客户信息登记簿"工作簿中将 Sheet2 重命名为"客户加盟表"。

步骤 2　在"客户加盟表"工作表中的适当位置输入需要的文字，如图 2-38 所示。

步骤 3　合并相关单元格，并为表格添加边框，内部用细框线，外边框用粗匣框线，制作出如图 2-39 所示的效果，其中表格最后四行的单元格合并后，需要重新设置对齐方式为顶端对齐、文本左对齐。

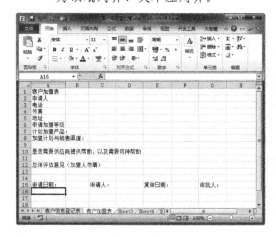

图 2-38　在适当位置输入文字内容后的客户加盟表框架

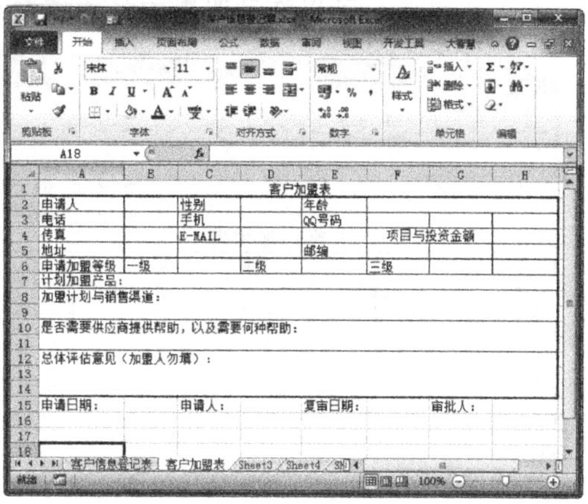

图 2-39　对单元格进行合并处理并添加边框线

步骤 4　设置字体格式。使用"字体"组中的命令设置 A1 单元格的字体效果为"黑体、20 号字、加粗"，A2:H14 单元格区域的字体效果为"宋体、11 号字"，A15:H15 单元格区域的字体效果为"楷体、12 号字"，并适当调整第 9、11、14 行的高度，最终效果如图 2-40 所示。

图 2-40　客户加盟表的最终表格样式

2.3.2　使用批注标注客户详细地址

为单元格里的内容添加批注有很多好处：自己使用时，可以作为提醒；其他人使用时，可以作为参照注释。添加批注的具体操作步骤如下。

步骤 1 选中需要添加批注的单元格，如 B5 单元格。

步骤 2 在"审阅"选项卡下的"批注"组中单击"新建批注"按钮，一个指向激活单元格的批注框就出现了，如图 2-41 所示。

步骤 3 在批注框里输入批注，如"此处地址指现居住处的地址"，如图 2-42 所示。如果文本很多，可以拖动四周的尺寸控制点调整批注框的大小。

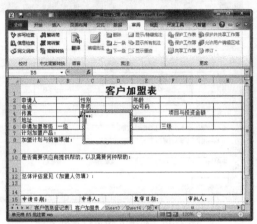　　　　

　　　图 2-41　新建批注　　　　　　　　　　　　　图 2-42　输入批注

步骤 4 选中批注框并右击，从弹出的快捷菜单中选择"设置批注格式"命令，如图 2-43 所示。

步骤 5 弹出"设置批注格式"对话框，可以设置批注的各种格式，这里设置批注的字体为"宋体"、字形为"加粗"、字号为 12，如图 2-44 所示。

　图 2-43　选择"设置批注格式"命令　　　　　图 2-44　"设置批注格式"对话框

步骤 6 单击"确定"按钮，批注设置后的效果如图 2-45 所示。

步骤 7 单击工作表中的其他任何地方，隐藏批注框，添加了批注的单元格的右上角会出现红色的小三角，如图 2-46 所示。

 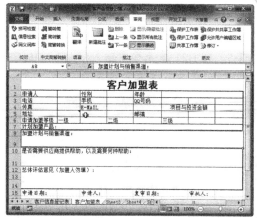

图 2-45　批注设置后的效果　　　　　图 2-46　隐藏批注框

2.3.3　对加盟客户进行分级并统计各级客户的数量

将各个加盟客户的基本信息登记在一起，形成加盟客户档案表，不仅便于对加盟客户的基本信息进行管理，也方便对加盟客户进行分级并统计各级客户的数量。制作加盟客户一览表的操作步骤如下。

步骤 1　在"客户信息登记簿"工作簿中将 Sheet3 重命名为"加盟客户一览表"，接着在该工作表中制作如图 2-47 所示的加盟客户一览表。

步骤 2　选中 A2:E17 单元格区域，然后在"公式"选项卡下的"定义的名称"组中单击"定义名称"按钮，弹出"新建名称"对话框，接着在"名称"文本框中输入"加盟客户一览表"，再单击"确定"按钮，如图 2-48 所示。使用同样的方法，定义 A3:A17 单元格区域的名称为"加盟商编码"。

步骤 3　选中 B19 单元格，输入"=SUMIF(C3:C17,"1",E3:E17)"，如图 2-49 所示，按 Enter 键计算出一级客户的数量。

图 2-47　加盟客户一览表　　　　　图 2-48　"新建名称"对话框

步骤 4 在 B20 单元格中输入 "=SUMIF(C3:C17,"2",E3:E17)"，按 Enter 键计算出二级客户的数量。

步骤 5 在 B21 单元格中输入 "=SUMIF(C3:C17,"3",E3:E17)"，如图 2-50 所示，按 Enter 键计算出三级客户的数量。

图 2-49 计算出一级客户的数量

图 2-50 计算出三级客户的数量

2.4 发货与回款的汇总统计

2.4.1 制作发货记录登记表

在制作发货记录登记表之前首先制作一张如图 2-51 所示的产品明细表，并将 A2:E17 单元格区域的名称定义为 "产品明细表"，将 A3:A17 单元格区域的名称定义为 "产品编码" 以便在后面的相关表格中应用。

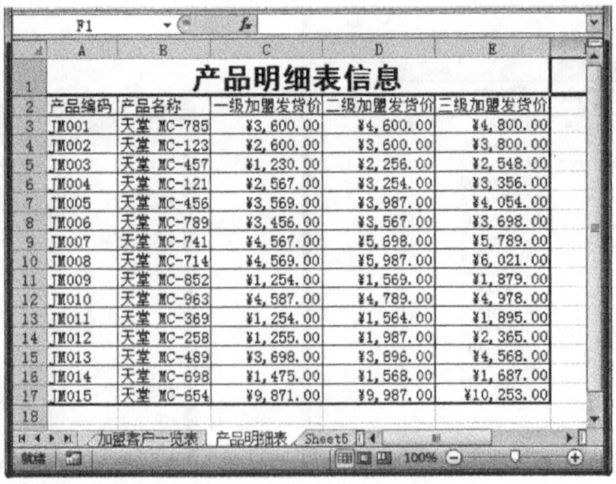

图 2-51 产品明细表

发货记录登记表用于记录公司向各个加盟客户的发货数据记录，内容包括发货日期、加盟客户信息(编码、名称、级别)、发货产品信息(编码、名称、价格、数量)和应收货款金额。制作发货记录登记表的操作步骤如下。

步骤 1　在"客户信息登记簿"工作簿中新插入一个工作表，然后将其标签更名为"发货记录登记表"。

步骤 2　在"发货记录登记表"工作表中，首先输入发货记录登记表的标题和各个字段名称，并进行一定的格式设置，效果如图 2-52 所示。

步骤 3　选中 A3:A17 单元格区域并右击，从弹出的快捷菜单中选择"设置单元格格式"命令，弹出"设置单元格格式"对话框，切换到"数字"选项卡，在"分类"列表框中选择"自定义"选项，在右侧的"类型"列表框中选择"yyyy/m/d"选项，并在文本框中将其修改为"yyyy/mm/dd"，如图 2-53 所示。

图 2-52　输入标题和字段名称

图 2-53　设置长日期格式

步骤 4　选中 B3:B17 单元格区域，在"数据"选项卡下的"数据工具"组中单击"数据有效性"按钮，从弹出的菜单中选择"数据有效性"选项，弹出"数据有效性"对话框，在"允许"下拉列表框中选择"序列"选项，在"来源"文本框中输入"=加盟商编码"，如图 2-54 所示，最后单击"确定"按钮。这样就将"加盟商编码"名称包括的内容设置为本表中的有效性序列范围。

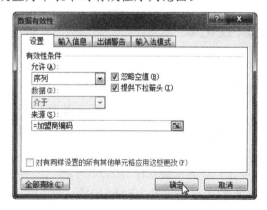

图 2-54　设置数据有效性

步骤 5　按照与步骤 4 类似的方法，为“产品编码”列也设置数据有效性。

步骤 6　为相关列设置计算公式。在 C3 单元格中输入公式“=IF(B3="","",VLOOKUP(B3,加盟客户一览表,2,FALSE))”；在 D3 单元格中输入公式“=IF(B3="","",VLOOKUP(B3,加盟客户一览表,3,FALSE))”；在 F3 单元格中输入公式“=IF(B3="","",VLOOKUP(E3,产品明细表,2,FALSE))”；在 G3 单元格中输入公式“=IF(B3="","",IF(D3=1,VLOOKUP(E3,产品明细表,3,FALSE),IF(D3=2,VLOOKUP(E3,产品明细表,4,FALSE),VLOOKUP(E3,产品明细表,5,FALSE))))”；在 I3 单元格中输入公式“=IF(B3="","",G3*H3)”。

步骤 7　分别选中 C3:D3 单元格区域、F3:G3 单元格区域以及 I3 单元格，然后采用拖动填充柄的方法，将其中的公式向下复制到所需要的行(此处复制到第 17 行)。

步骤 8　根据需要为表格的相关区域设置边框。至此，发货记录登记表制作完成，以后就可以利用该表来记录发货数据了。其中，“日期”和“数量”两项需要操作者自行输入，“加盟商编码”和“产品编码”两项从下拉列表中选择即可，其余的项目会自动生成，输入数据后的最终效果如图 2-55 所示。

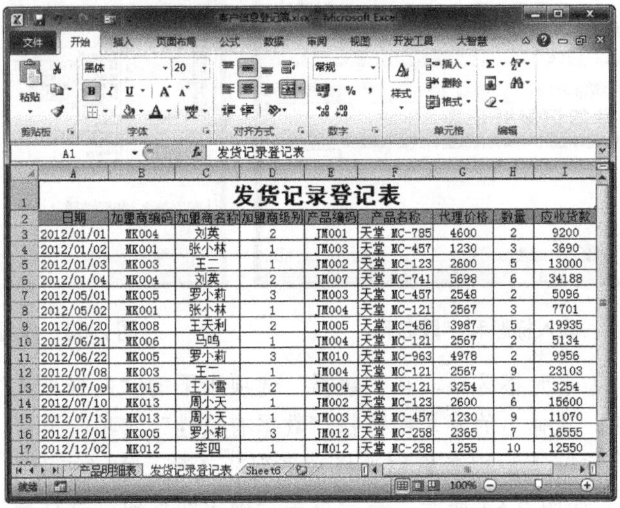

发货记录登记表

日期	加盟商编码	加盟商名称	加盟商级别	产品编码	产品名称	代理价格	数量	应收货款
2012/01/01	MK004	刘英	2	JM001	天堂 MC-785	4600	2	9200
2012/01/02	MK001	张小林	1	JM003	天堂 MC-457	1230	3	3690
2012/01/03	MK003	王二	1	JM002	天堂 MC-123	2600	5	13000
2012/01/04	MK004	刘英	2	JM007	天堂 MC-741	5698	6	34188
2012/05/01	MK005	罗小莉	3	JM003	天堂 MC-457	2548	2	5096
2012/05/02	MK001	张小林	1	JM004	天堂 MC-121	2567	3	7701
2012/06/20	MK008	王天利	2	JM005	天堂 MC-456	3987	5	19935
2012/06/21	MK006	马鸣	1	JM004	天堂 MC-121	2567	2	5134
2012/06/22	MK005	罗小莉	3	JM010	天堂 MC-963	4978	2	9956
2012/07/08	MK003	王二	1	JM004	天堂 MC-121	2567	9	23103
2012/07/09	MK015	王小雪	2	JM004	天堂 MC-121	3254	1	3254
2012/07/10	MK013	周小天	1	JM002	天堂 MC-123	2600	6	15600
2012/07/13	MK013	周小天	1	JM003	天堂 MC-457	1230	9	11070
2012/12/01	MK005	罗小莉	3	JM012	天堂 MC-258	2365	7	16555
2012/12/02	MK012	李四	1	JM012	天堂 MC-258	1255	10	12550

图 2-55　最终完成的发货记录登记表

2.4.2　制作回款记录登记表

与发货记录登记表相比，回款记录登记表相对比较简单，这里不再详细介绍其制作步骤。制作好的回款记录登记表如图 2-56 所示，在表格制作中只要注意以下几点即可。

- “收款日期”和“收款金额”两列分别需要设置为表格中所显示的特定格式。
- “加盟商编码”一列需要设置数据有效性(“序列”)，以便建立用于选择输入的下拉列表。
- “加盟商名称”一列中要事先输入计算公式，其中 C3 单元格的公式为“=IF(B3="","",VLOOKUP(B3,加盟客户一览表,2,FALSE))”。

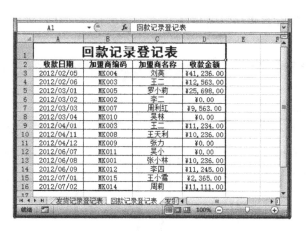

图 2-56　回款记录登记表

2.4.3　使用数据透视表统计发货情况

到了年终，需要对全年各加盟商的发货和回款情况进行统计汇总，这时可以利用数据透视表来汇总发货数据，操作步骤如下。

步骤 1　在"客户信息登记簿"工作簿中新插入一个工作表，并将其重命名为"发货数据统计"。

步骤 2　选中 A2 单元格，在"插入"选项卡下的"表格"组中单击"数据透视表"按钮右侧的下拉按钮，从弹出的菜单中选择"数据透视表"选项，弹出"创建数据透视表"对话框，接着在该对话框中设置要分析的数据和放置数据透视表的位置，如图 2-57所示，最后单击"确定"按钮。

步骤 3　当前工作表中将出现"数据透视表字段列表"任务窗格，按照图 2-58 所示的样式进行相关字段的位置排列。

图 2-57　"创建数据透视表"对话框　　　　　图 2-58　数据透视表初始效果

步骤 4　选中数据透视表中某一个日期数据所在的单元格，如 A3 单元格，右击选中的单元格，从弹出的快捷菜单中选择"创建组"命令，如图 2-59 所示。

步骤 5　弹出"分组"对话框，设置"步长"为"月"，然后单击"确定"按钮。这时数据透视表中的日期数据将按照月份进行组合，显示出一年的发货汇总统计，如图 2-60 所示。

图 2-59 选择"创建组"命令

图 2-60 汇总出一年的发货统计

读者还可以使用 SUMIF 函数统计出货款回收情况的统计汇总，具体操作步骤如下。

步骤 1 在"客户信息登记簿"工作簿中新建一个工作表，并将其重命名为"货款回收统计"。

步骤 2 在"货款回收统计"工作表中，建立如图 2-61 所示的表格框架。

步骤 3 选中 A3 单元格，输入公式"=加盟客户一览表!$B4"，然后向下填充公式，得到所有的加盟商名称；最下面的"合计"文字需要自己输入，如图 2-62 所示。

图 2-61 建立表格框架

图 2-62 得到所有的加盟商名称

步骤 4 计算各个加盟商的全年应收货款。在 B3 单元格中输入公式"=SUMIF(发货记录登记表!$C$3:$C$17,A3,发货记录登记表!$I$3:$I$17)"，按 Enter 键求出第一个加盟商的全年应收货款。然后向下填充公式至 B16 单元格，计算出所有加盟商的全年应收货款，如图 2-63 所示。

步骤 5　计算各个加盟商的全年实收货款。在 C3 单元格中输入公式 "=SUMIF(回款记录登记表!\$C\$3:\$C\$17,A3,回款记录登记表!\$D\$3:\$D\$17)"，然后向下填充公式至 C16 单元格，计算出所有加盟商的全年实收货款，如图 2-64 所示。

图 2-63　计算出加盟商的全年应收货款

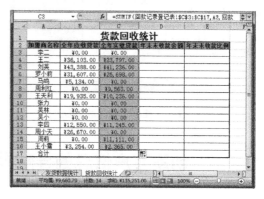

图 2-64　计算出加盟商的全年实收货款

步骤 6　计算各个加盟商的年末未收款金额。在 D3 单元格中输入公式 "=B3-C3"，然后向下填充公式至 D16 单元格，计算出所有加盟商的年末未收款金额，如图 2-65 所示。

步骤 7　计算所有加盟商的全年应收货款、全年实收货款和年末未收款金额的合计值。在 B17 单元格中输入公式 "=SUM(B3:B16)"，然后向右填充公式至 D17 单元格，如图 2-66 所示。

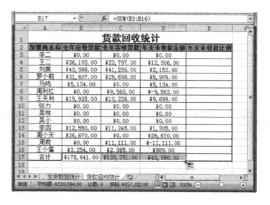

图 2-65　计算出加盟商的
　　　　　年末未收款金额

图 2-66　计算出合计值

步骤 8　计算各个加盟商以及合计值的年末未收款比例。在 E3 单元格中输入公式 "=IF(ISERROR (D3/C3),"", D3/C3)"，然后向下填充公式，计算出所有加盟商以及合计值的年末未收款比例，如图 2-67 所示。

步骤 9　将 E3:E17 单元格区域设置为带两位小数的百分比数字格式，年终货款回收统计表的最终效果如图 2-68 所示。

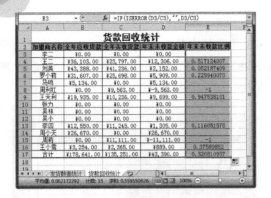

图 2-67　计算出年末未收款比例　　　　图 2-68　年终货款回收统计表最终效果

2.5　创建客户信息的导航界面

导航工作表在整个加盟商销售管理系统中，类似于一般管理软件的主界面，它上面有许多不同的类似命令按钮的图形对象，通过超链接，与相关的工作表建立双向的链接关系。创建导航界面的操作步骤如下。

步骤 1　在"客户信息登记簿"工作簿最前面插入一个新的工作表，将其标签重命名为"系统导航"。

步骤 2　在"系统导航"工作表中，添加如图 2-69 所示的文字、图片，并进行格式设置。

步骤 3　在"插入"选项卡下的"插图"组中单击"形状"按钮，在弹出的菜单中单击"圆角矩形"按钮，在工作表中绘制一个圆角矩形；然后，右击圆角矩形，从弹出的快捷菜单中选择"编辑文字"命令，在圆角矩形上输入提示文字"客户信息登记表"，并设置字体格式；最后，设置圆角矩形的填充颜色、边框颜色和阴影效果，得到如图 2-70 所示的效果。

图 2-69　添加系统导航中的文字和图片　　　　图 2-70　制作好的第一个图形按钮

步骤 4　选中制作好的"客户信息登记表"图形按钮，然后快速复制出 7 个相同形状的图形按钮，对这些复制后的图形按钮进行位置调整，编辑各自上面的显示文字，并设置图形按钮的三维格式，最终效果如图 2-71 所示。

步骤 5 为相关单元格添加紫色边框线和淡紫色填充色，并合并 A11:J11 单元格区域，输入相关内容，最终效果如图 2-72 所示。

图 2-71　复制出所需要的各个图形按钮　　　图 2-72　最终效果

步骤 6 选中"客户信息登记表"图形按钮，在"插入"选项卡下的"链接"组中单击"超链接"按钮，弹出如图 2-73 所示的"插入超链接"对话框。

步骤 7 在"链接到"列表框中选择"本文档中的位置"选项，在中间的工作表名称列表框中选择当前图形按钮需要链接到的"客户信息登记表"工作表，指向的单元格引用使用默认的 A1 即可，如图 2-74 所示。

图 2-73　"插入超链接"对话框　　　图 2-74　建立指向本文档中特定位置的超链接

步骤 8 单击"插入超链接"对话框中的"屏幕提示"按钮，弹出"设置超链接屏幕提示"对话框，在其中输入将来选中该图形按钮时会自动显示的相关提示文字，如图 2-75 所示。

图 2-75　"设置超链接屏幕提示"对话框

步骤 9　单击"确定"按钮，返回"插入超链接"对话框，单击"确定"按钮，超链接就建立完成。之后，当鼠标指针指向"客户信息登记表"图形按钮时，就会出现如图 2-76 所示的提示文字，并且鼠标指针变为手形鼠标形状，单击该图形按钮后，就会转向指定的工作表。

步骤 10　按照步骤 6～步骤 9，为其他图形按钮建立指向相应工作表的超链接。

步骤 11　因为超链接都要求是双向的，因此下面为"客户信息登记表"工作表建立返回导航界面的图形超链接。操作时，首先插入一个空心箭头，并在其中编辑好文字"返回导航"，然后按照步骤 6～步骤 9，建立该箭头图形指向"系统导航"工作表的超链接。之后，当鼠标指针指向该箭头时，将显示出如图 2-77 所示的提示文字，并且鼠标变为手形鼠标形状，单击该箭头图形后，就会转向"系统导航"工作表。

图 2-76　指向"客户信息登记表"按钮时
出现提示文字

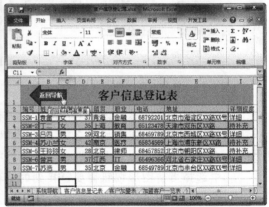

图 2-77　建立返回"系统导航"工作表的
图形超链接

步骤 12　把步骤 11 中建立好的带有超链接效果的"返回导航"箭头按钮复制到本工作簿的其他工作表中。至此，导航工作表与相关工作表间的超链接建立完成。

2.6　专家指导

2.6.1　快速完成电话号码升位

由于某市原来的 7 位电话号码的用户数已经达到上限，因此全市需要对电话号码升位，由原来的 7 位升级到 8 位(不包括区号)。由于这一改动，该市某公司内部原来存储的客户信息中的电话号码也需要随之调整，具体操作步骤如下。

步骤 1　在"客户信息登记簿"工作簿中插入一个工作表，制作出如图 2-78 所示的表格。

步骤 2　单击 C2 单元格，输入公式"=TEXT(REPLACE(B2,4,0,6),″000-00000000″)"，按 Enter 键，得到第一个客户升级后的电话号码，如图 2-79 所示。

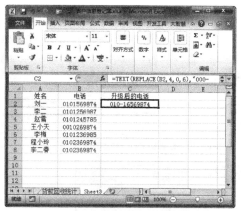

图 2-78　未升级的客户电话　　　　图 2-79　第一个客户升级后的电话号码

　　　　步骤 2 中输入的公式先使用 REPLACE 函数在单元格 B2 的电话号码中使用数字 6 从第 4 位数开始进行替换，但是由于 REPLACE 函数的第三个参数为 0，因此相当于在单元格 B2 的第 4 位数之后插入由第四个参数指定的数字 6，这样就由 7 位数字升级到了 8 位。然后使用 TEXT 函数格式化电话号码，在前 3 位数字和后 8 位数字之间插入 "–" 分隔符。

步骤 3　选中 C2 单元格，拖动右下角的填充柄，将公式向下复制到 C8 单元格，得到其他客户升级后的电话号码，最终效果如图 2-80 所示。

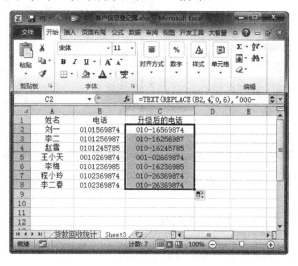

图 2-80　通过复制公式得到其他客户升级后的电话号码

2.6.2　去除套用的表格格式

　　在图 2-81 所示的工作表中，工作表套用了一种表格格式，如何去除套用的表格格式呢？具体操作步骤如下。

步骤 1 选中 A1:C9 单元格区域，在"设计"选项卡下的"工具"组中单击"转换为区域"
　　　　按钮，弹出如图 2-82 所示的对话框，单击"是"按钮。

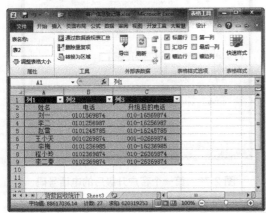

图 2-81 套用表格格式的工作表

图 2-82 Microsoft Excel 对话框

步骤 2 在"开始"选项卡下的"编辑"组中单击"清除"按钮，从弹出的菜单中选择"清
　　　　除格式"选项，如图 2-83 所示。
步骤 3 这时工作表中套用的表格格式已经去除掉了，最终效果如图 2-84 所示。

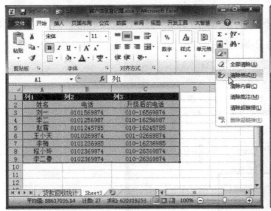

图 2-83 选择"清除格式"选项　　　　　　　　图 2-84 去除套用的表格格式效果

2.6.3 删除所有未保存的工作簿

在 Excel 2010 中删除所有未保存的工作簿的操作步骤如下。

步骤 1 打开一个 Excel 工作簿，选择"文件"|"信息"命令，然后在右侧单击"管理版本"
　　　　按钮，从弹出的菜单中选择"删除所有未保存的工作簿"选项，如图 2-85 所示。
步骤 2 弹出如图 2-86 所示的对话框，单击"是"按钮，这时所有未保存的工作簿就全部删
　　　　除掉了。

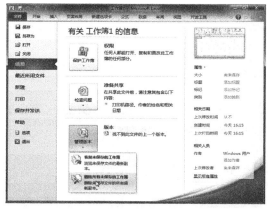

图 2-85　选择"删除所有未保存的工作簿"选项

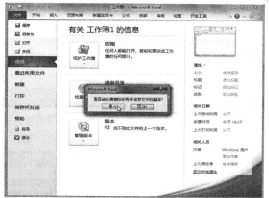

图 2-86　Microsoft Excel 对话框

2.6.4　监视窗口

在 Excel 2010 中，可以通过"监视窗口"来监视单元格中的公式。使用"监视窗口"可以方便地在大型的工作中检查、审核或确认公式计算及其结果。使用"监视窗口"的操作步骤如下。

步骤 1　选择要监视的单元格，如选择 C3 单元格，然后在"公式"选项卡下，单击"公式审核"组中的"监视窗口"按钮，如图 2-87 所示。

步骤 2　弹出"监视窗口"对话框，单击"添加监视"按钮，弹出"添加监视点"对话框，这时要监视的单元格已经显示出来，如图 2-88 所示，也可以重新选择想监视其值的其他单元格。

图 2-87　单击"监视窗口"按钮

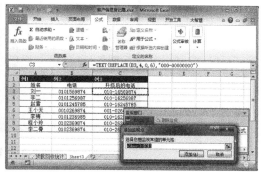

图 2-88　"添加监视点"对话框

步骤 3　单击"添加"按钮，这时"监视窗口"对话框中已经显示出 C3 单元格中的公式和计算结果，如图 2-89 所示。如果想要删除这条监视，可以选择这条监视，然后单击"删除监视"按钮。

步骤 4　使用鼠标可以随意拖动"监视窗口"对话框的位置，这里我们把"监视窗口"对话框放在表格上方，如图 2-90 所示，这样可以很清楚地看到 C3 单元格的公式及其计算结果，方便我们检查和审核。

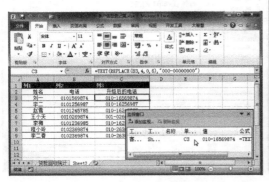

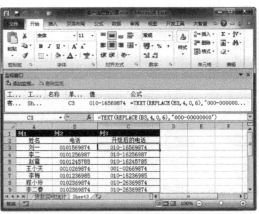

图 2-89　显示监视的单元格　　　　　图 2-90　拖动"监视窗口"对话框到固定的位置

2.6.5　禁止输入无效的手机号码

手机号码都是 11 位的，在填写客户资料时为了避免输入无效的手机号码(比如由于操作失误而导致输入的位数不足 11 位，如图 2-91 所示)，应该对输入到表格中的手机号码的位数进行检测，以便确保输入的是 11 位数字，具体操作步骤如下。

图 2-91　客户资料表

步骤 1　选中 E2:E8 单元格区域，在"数据"选项卡下的"数据工具"组中单击"数据有效性"按钮，从弹出的菜单中选择"数据有效性"选项，打开"数据有效性"对话框，如图 2-92 所示。

步骤 2　切换到"设置"选项卡，在"允许"下拉列表框中选择"文本长度"选项，在"数据"下拉列表框中选择"等于"选项，在"长度"文本框中输入"11"，如图 2-93 所示。

步骤 3　单击"确定"按钮，以后在 E2:E8 单元格区域中只能输入 11 位的数字，输入其他位数的数字都将被禁止并收到警告信息。

图 2-92　"数据有效性"对话框

图 2-93　设置数据的有效性

前面介绍的方法只能检测数字的位数，而无法验证输入的 11 个数字是如何组成的。假设公司为员工配了手机，而公司内部员工的手机号都是以"132"开头的，那么还可以在数据有效性中加入更多条件来限制只能输入以"132"开头的 11 位手机号，具体操作步骤为：打开"数据有效性"对话框并切换到"设置"选项卡，在"允许"下拉列表框中选择"自定义"选项，然后在"公式"文本框中输入"=AND(LEN(E2)=11,LEFT(E2,3)= "132""，如图 2-94 所示。

图 2-94　设置自定义的数据有效性

2.7　实战演练

一、选择题

1. 在 Excel 中，如果要在同一行或同一列的连续单元格中使用相同的计算公式，可以先在第一个单元格内输入公式，然后用鼠标拖动单元格的(　　)来实现公式复制。

    A. 列标　　　　　　　　　　　　　　B. 行标

    C. 填充柄　　　　　　　　　　　　　D. 框

2. 在 Excel 中，为单元格区域设置边框的正确操作是(　　)，最后单击"确定"按钮。

    A. 在"视图"选项卡下的"显示"组中选择所需要的格式类型

    B. 在"开始"选项卡下的"单元格"组中单击"格式"按钮，从弹出的菜单中选择"单元格"选项，然后在弹出的对话框中切换到"边框"选项卡，在其中选择所

需的选项

C. 在"插入"选项卡下的"表格"组中单击"表格"按钮，然后在弹出的对话框中选择数据来源

D. 以上操作都不正确

3. 在( )下可以找到"数据透视表"命令。

A. "开始"选项卡   B. "加载项"选项卡

C. "插入"选项卡   D. "视图"选项卡

4. 在单元格中输入公式后，需要( )进行确认。

A. 按 Enter 键   B. 按 Tab 键

C. 单击鼠标   D. 按 Ctrl 键

二、实训题

1. 创建"客户信息表"工作簿，具体内容如图 2-95 所示。

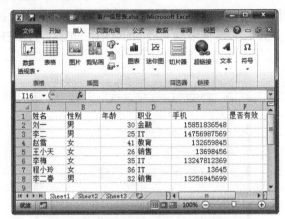

图 2-95   "客户信息表"工作簿

2. 对上题新建的工作簿完成以下操作。

(1) 为表格设置隔行底纹效果。

(2) 为工作表套用表格格式，并将套用表格格式后的表转化为普通的单元格区域。

(3) 判断表格中的手机号是否有效(有效条件：手机号码是 11 位数字)。

第3章

经典实例：管理产品库存情况

【本章学习重点】

◆ 制作库存产品信息表

◆ 制作产品资料表

◆ 在页眉/页脚中插入图片

◆ 在工作表中添加水印

库存管理是物流管理的重要组成部分，良好的库存管理能大幅降低物流成本，提升客户服务水平，有效地规避因产品更新换代带来的各种风险。在多品种小批量的商品流通时代，现代化的库存管理办法能带你走向真正的"零"库存。

【本章实例展示】

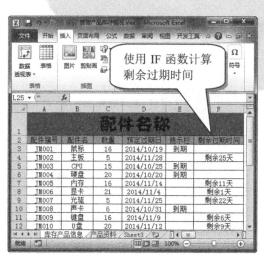

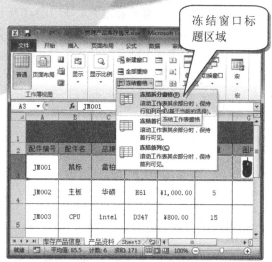

3.1 要点分析

库存商品是指企业已完成全部生产过程并已验收入库，合乎标准规格和技术条件，可以按照合同规定送交订货单位，或可以作为商品对外销售的产品，以及外购或委托加工完成并已验收入库、用于销售的各种商品。本章将以制作"管理产品库存情况.xlsx"为例，介绍如何使用 IF 函数和 TODAY 函数来判断产品是否到期，计算剩余到期时间。为了产品管理的形象化，会在工作表中插入产品的相关图片并进行编辑，再使用艺术字为工作表添加水印效果。艺术字是一个文字样式库，用户可以将艺术字添加到 Office 文档中以制作出装饰性效果，如带阴影的文字、镜像文字等。

3.2 制作库存产品信息表

为了规范管理库存产品，需要对入库产品进行信息登记，以便对所有的库存产品有一个全面的了解和统计。

3.2.1 设置库存产品信息表的格式

库存产品信息表中应该含有产品名称、编号和数量等信息，其格式设置的具体操作步骤如下。

步骤 1　新建一个 Excel 工作簿，并将其保存为"管理产品库存情况.xlsx"。

步骤 2　将 Sheet1 工作表命名为"库存产品信息"，然后在 A1 单元格中输入"产品库存登记表"，在 A2、B2、C2 单元格中分别输入"商品编号"、"商品名"和"数量(箱)"，接着登记库存产品信息，如图 3-1 所示。

步骤 3　选中 A1:C11 单元格区域并右击，从弹出的快捷菜单中选择"设置单元格格式"命令，如图 3-2 所示。

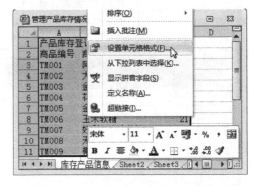

图 3-1　制作库存产品信息表　　　　图 3-2　选择"设置单元格格式"命令

步骤 4　弹出"设置单元格格式"对话框，切换到"边框"选项卡，设置线条样式和颜色，再在"预置"选项组中单击"外边框"和"内部"按钮，添加表格边框线，如图 3-3

所示。

步骤 5 切换到"对齐"选项卡，在"文本对齐方式"选项组中设置"水平对齐"和"垂直对齐"均为"居中"，如图 3-4 所示。

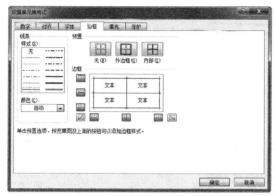

图 3-3　为工作表添加边框线

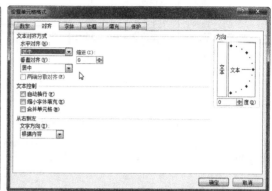

图 3-4　设置文本对齐方式

步骤 6 单击"确定"按钮，效果如图 3-5 所示。

步骤 7 选中 A1:C1 单元格区域并右击，从弹出的快捷菜单中选择"设置单元格格式"命令，打开"设置单元格格式"对话框，切换到"填充"选项卡，在"背景色"选项组中选择"深绿"选项，再单击"确定"按钮，如图 3-6 所示。

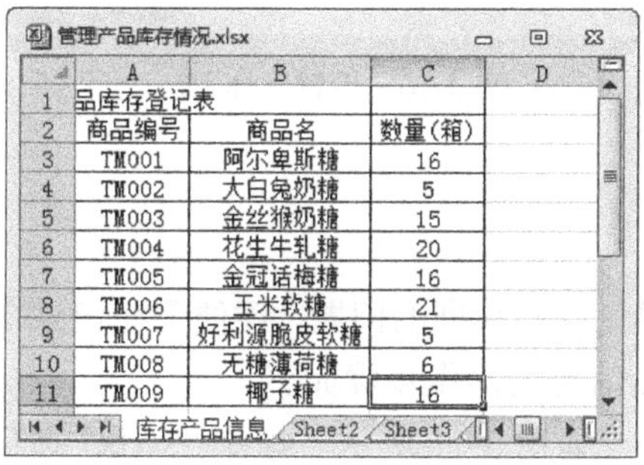

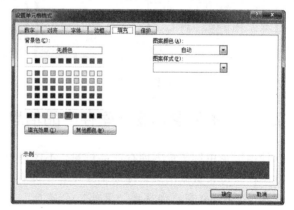

图 3-5　设置边框和对齐方式后的效果

图 3-6　设置单元格填充颜色

步骤 8 参考步骤 7，将 A2:C2 单元格区域的填充颜色设置为淡绿色，效果如图 3-7 所示。

步骤 9 选中 A1:C1 单元格区域，然后打开"设置单元格格式"对话框，切换到"对齐"选项卡，在"文本控制"选项组中选中"合并单元格"复选框，再单击"确定"按钮，如图 3-8 所示。

步骤 10 在"开始"选项卡下的"字体"组中，从"字号"下拉列表框中选择"28"选项，设置字号大小，如图 3-9 所示。

步骤 11 在"开始"选项卡下的"字体"组中，从"字体"下拉列表框中选择"方正剪纸简体"选项，设置字体，如图 3-10 所示。

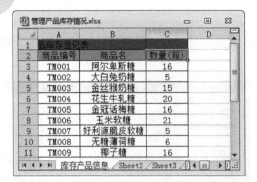

图 3-7 为 A2:C2 单元格区域设置填充颜色

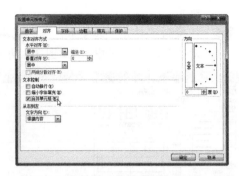

图 3-8 选中"合并单元格"复选框

图 3-9 设置字号大小

图 3-10 设置字体

3.2.2 使用记录单登记库存产品信息

使用记录单逐条录入库存产品信息，不仅可以避免遗漏数据的问题，还便于在记录单对话框中检查每条数据信息。使用记录单登记库存产品信息的操作步骤如下。

步骤 1 在 Excel 窗口中选择"文件"|"选项"命令，如图 3-11 所示，打开"Excel 选项"对话框。

步骤 2 在左侧窗格中选择"自定义功能区"选项，然后在右侧窗格的"从下列位置选择命令"下拉列表框中选择"所有命令"选项，如图 3-12 所示。

步骤 3 在列表框中选择"记录单"选项，接着在右侧的"自定义功能区"列表框中选择要添加按钮的位置，这里选择"数据"选项，再单击"新建组"按钮，如图 3-13所示。

步骤 4 单击"添加"按钮，将"记录单"按钮添加到新建组中，如图 3-14 所示。

经典实例：管理产品库存情况　经典实例：管理

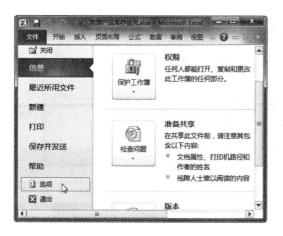

图 3-11　选择"选项"命令

图 3-12　选择"所有命令"选项

图 3-13　单击"新建组"按钮

图 3-14　添加"记录单"按钮

步骤 5　选择"新建组"选项，然后单击"重命名"按钮，弹出"重命名"对话框，接着在"显示名称"文本框中输入组的新名称，如图 3-15 所示，再依次单击"确定"按钮。

步骤 6　选中 A2 单元格，然后在"数据"选项卡下的"录入"组中单击"记录单"按钮，如图 3-16 所示。

步骤 7　弹出"库存产品信息"记录单对话框，可以发现工作表的列标题都反映在该记录单对话框中了，在对话框右侧显示的"1/9"信息表示此工作表中共有 9 条数据记录，当前显示的是第一条记录，如图 3-17 所示。

步骤 8　单击"下一条"按钮，可以查看下一条记录信息，如图 3-18 所示。若要查看上一条信息，只需要单击"上一条"按钮即可。

步骤 9　单击"新建"按钮，记录单对话框会自动清空文本框，接着按字段输入记录信息，并按 Tab 键或按 Shift+Tab 组合键在字段之间切换，如图 3-19 所示。

步骤 10　输完一条记录，单击"新建"按钮，将新记录写入工作表的末尾处，最后单击"关闭"按钮，返回工作表，可以看到新添加的记录，如图 3-20 所示。

图 3-15 重命名组

图 3-16 单击"记录单"按钮

图 3-17 记录单对话框

图 3-18 查看下一条记录信息

图 3-19 录入新记录

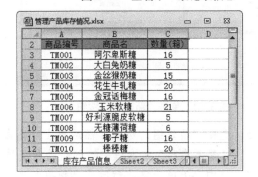

图 3-20 查看新添加的记录

3.2.3 判断产品是否到期

借助 IF 函数和 TODAY 函数能够便利地判断产品是否已经到期，具体操作步骤如下。

步骤 1 在表格中添加"保质期到期日"和"提示栏"列，并输入日期，如图 3-21 所示。

步骤 2 选中 E3 单元格，然后单击数据编辑栏左侧的"插入函数"按钮 f_x，打开"插入函数"对话框，接着在"选择函数"列表框中选择 IF 函数，再单击"确定"按钮，如图 3-22 所示。

图 3-21　添加"保质期到期日"和"提示栏"列 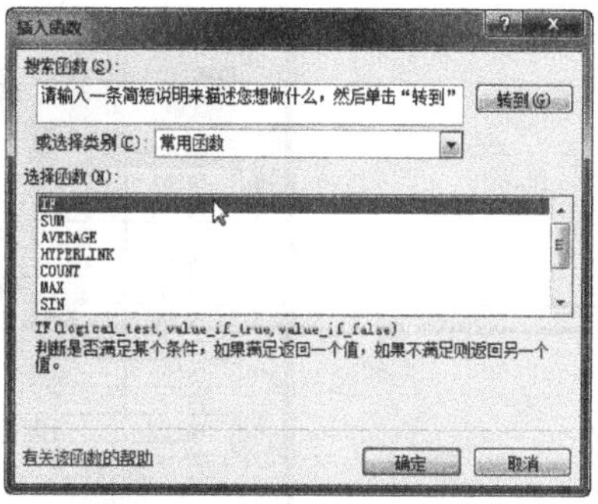　　　图 3-22　"插入函数"对话框

步骤 3　弹出"函数参数"对话框，在 Logical_test 文本框中输入 "TODAY()-D3>=0"，在 Value_if_true 文本框中输入 ""到期""，在 Value_if_false 文本框中输入 """"，如图 3-23 所示。

图 3-23　"函数参数"对话框

　　输入的""是英文输入状态下的双引号，是 Excel 定义显示值为字符串的标识符号。

步骤 4　单击"确定"按钮，返回工作表，然后向下填充公式，结果如图 3-24 所示。

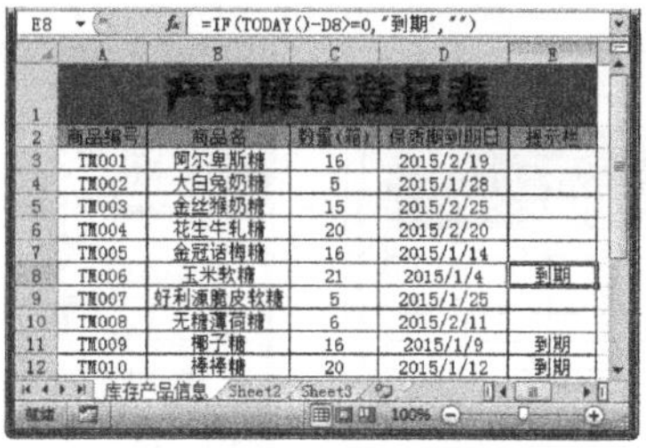

图 3-24　判断产品是否到期

3.2.4　更新产品的剩余到期时间

在表格中添加"剩余到期时间"列，在列中更新产品的剩余到期时间，具体操作步骤与上一节设定"提示栏"列类似，只需要在 F3 单元格中输入 "=IF(TODAY()-D3<0,"剩余"&D3-TODAY()&"天","")"，按 Enter 键确认，再向下填充公式即可，如图 3-25 所示。

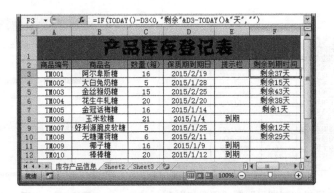

图 3-25　成功更新产品的剩余到期时间

3.3　制作产品资料表

为了更加方便地了解每个产品的品牌、型号和价格等，有必要制作一个产品资料表，以便在以后查询库存中是否有某种产品。

3.3.1　设置产品资料表的格式

下面先来制作"产品资料"工作表，然后再设置表格的格式，具体操作步骤如下。

步骤 1　将 Sheet2 工作表重命名为"产品资料"，然后在该工作表中制作如图 3-26 所示的表格，并输入库存产品的相关信息。

步骤 2　为了显示数据时仍保持列标题位置不变，将第 2 行以上的窗口进行冻结。方法是选中第 3 行，然后在"视图"选项卡下的"窗口"组中单击"冻结窗格"按钮，从弹出的菜单中选择"冻结拆分窗格"选项，如图 3-27 所示，此时拖动垂直滚动条，表格列标题的位置不变。

图 3-26　制作"产品资料"工作表

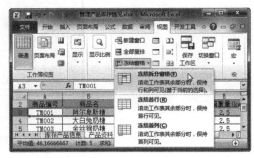

图 3-27　选择"冻结拆分窗格"选项

步骤 3　选中 C3:C12 单元格区域，然后在"开始"选项卡下的"字体"组中单击对话框启动器按钮 ，如图 3-28 所示，打开"设置单元格格式"对话框。

步骤 4　切换到"数字"选项卡，在"分类"列表框中选择"货币"选项，接着在右侧设置货币的小数位数、货币符号和负数等参数，如图 3-29 所示。

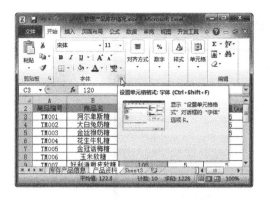

图 3-28　单击对话框启动器按钮

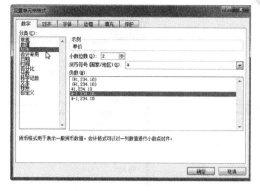

图 3-29　“数字”选项卡

步骤 5　单击“确定”按钮，完成设置的“产品资料”工作表如图 3-30 所示。

商品编号	商品名	单价(元/箱)	数量(箱)	每箱重量(kg)
TM001	阿尔卑斯糖	¥120.00	16	2.5
TM002	大白兔奶糖	¥150.00	5	2.5
TM003	金丝猴奶糖	¥148.00	15	2.5
TM004	花生牛轧糖	¥175.00	20	3
TM005	金冠话梅糖	¥150.00	16	3
TM006	玉米软糖	¥80.00	21	5
TM007	好利源脆皮软糖	¥105.00	5	5
TM008	无糖薄荷糖	¥100.00	6	2.5
TM009	椰子糖	¥110.00	16	2.5
TM010	棒棒糖	¥90.00	20	4

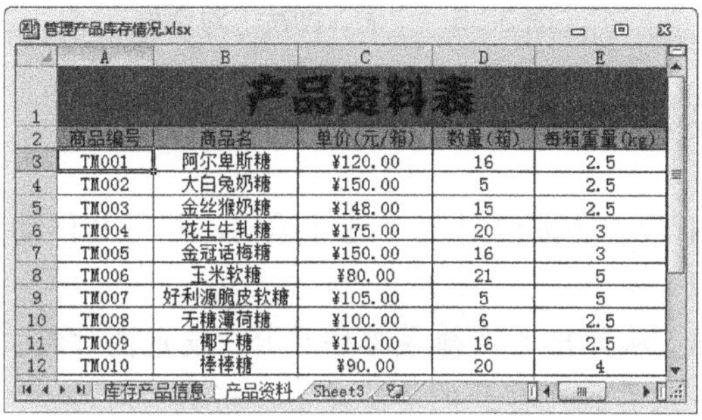

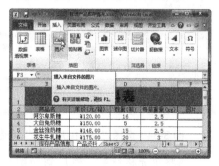

图 3-30　完成设置的“产品资料”工作表

3.3.2　在产品资料表中插入相关图片

为了明朗化产品形象，使产品资料表看起来更加生动活泼，下面给产品配上图片，具体操作步骤如下。

步骤 1　在“产品资料”工作表中插入“图片”列，如图 3-31 所示。

步骤 2　在“插入”选项卡下的“插图”组中单击“图片”按钮，如图 3-32 所示。

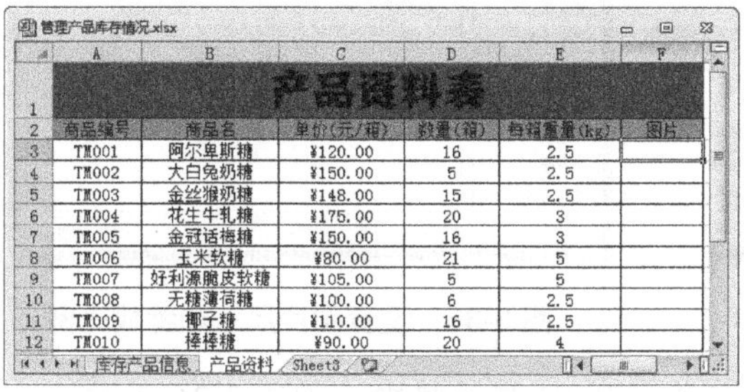

图 3-31　插入“图片”列

图 3-32　单击“图片”按钮

步骤 3　弹出“插入图片”对话框，选择需要插入到 Excel 中的图片后，单击“插入”按钮，如图 3-33 所示。

图 3-33   "插入图片"对话框

3.3.3   编辑产品资料表中的图片

图片插入到工作表中后，还需要对图片进行编辑，并将其移动到"图片"列对应的单元格中，具体操作步骤如下。

步骤 1   选择图片并右击，从弹出的快捷菜单中选择"设置图片格式"命令，如图 3-34 所示。

步骤 2   精确设置图片的尺寸。在打开的"设置图片格式"对话框的左侧窗格中选择"大小"选项，然后在右侧窗格中设置图片尺寸、缩放比例等参数，如图 3-35 所示。图片的所有格式都可以通过"设置图片格式"对话框来设置。

步骤 3   在左侧窗格中选择其他选项可以设置图片的其他参数，最后单击"关闭"按钮。

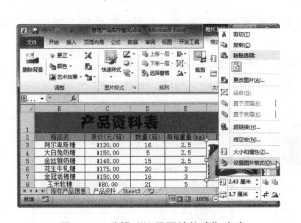

图 3-34   选择"设置图片格式"命令

图 3-35   设置图片尺寸和缩放比例

步骤 4   调整单元格行高，然后拖动图片，将其移动到 F3 单元格中，如图 3-36 所示。

图 3-36　移动图片

3.4　专家指导

3.4.1　在页眉/页脚中插入图片

与 Word 文档相似，在 Excel 工作表中的页眉和页脚区域也可以添加文本、图片等对象。下面以在页眉中插入图片为例进行介绍，具体操作步骤如下。

步骤1　切换到"库存产品信息"工作表，然后在"视图"选项卡下的"工作簿视图"组中单击"页面布局"按钮，如图 3-37 所示。

步骤2　进入页面布局视图模式，然后选择图片位置，这里单击中间位置处的"单击可添加页眉"区域，插入光标，如图 3-38 所示。

图 3-37　单击"页面布局"按钮

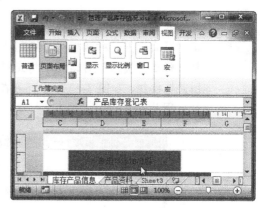

图 3-38　单击"单击可添加页眉"区域

步骤3　在"页眉和页脚工具"下的"设计"选项卡中，单击"页眉和页脚元素"组中的"图片"按钮，如图 3-39 所示。

步骤4　弹出"插入图片"对话框，选择需要插入的图片，再单击"插入"按钮，如图 3-40所示。

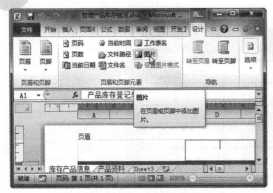

图 3-39　单击"图片"按钮

图 3-40　"插入图片"对话框

步骤 5　返回到 Excel 工作表窗口，在页眉和页脚区域以外的任意位置单击，即可看到插入页眉的图片，如图 3-41 所示。

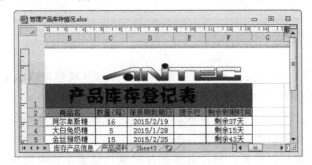

图 3-41　在页眉中插入图片

　　　　在"页面布局"选项卡下的"页面设置"组中单击对话框启动器按钮，弹出"页面设置"对话框，切换到"页眉/页脚"选项卡，单击"自定义页眉"按钮，弹出"页眉"对话框，将光标插入到其中一个编辑框中，接着单击"插入图片"按钮，如图 3-42 所示，再在弹出的对话框中选择图片，也可以在页眉中插入图片。

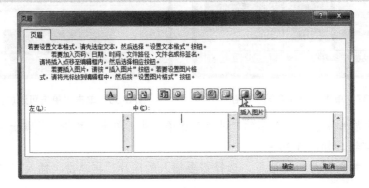

图 3-42　"页眉"对话框

3.4.2　在工作表中添加水印

为了使工作表具有自己的特色，下面借助艺术字为工作表添加水印效果，具体操作步骤如下。

步骤 1　打开需要设置水印的工作表，在"插入"选项卡下的"文本"组中单击"艺术字"按钮，从弹出的菜单中选择一种艺术字样式，如图 3-43 所示。

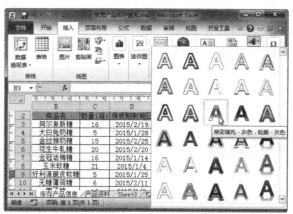

图 3-43　选择艺术字样式

步骤 2　弹出"请在此放置您的文字"文本框，输入所需的文字，并设置字体和字号，如图 3-44 所示。

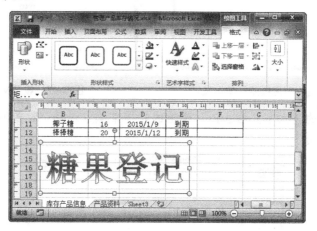

图 3-44　插入艺术字

步骤 3　选中插入的艺术字并右击，从弹出的快捷菜单中选择"设置文字效果格式"命令，如图 3-45 所示。

步骤 4　弹出"设置文字效果格式"对话框，在左侧窗格中选择"文本边框"选项，然后在右侧窗格中选中"无线条"单选按钮，如图 3-46 所示。

步骤 5　在左侧窗格中选择"文本填充"选项，然后在右侧窗格中选中"纯色填充"单选按

钮，并在"颜色"下拉列表框中选择"主题颜色"中的"深色"选项，如图 3-47
所示。接着拖动下方的"透明度"滑块，为艺术字设置一个适当的透明度。

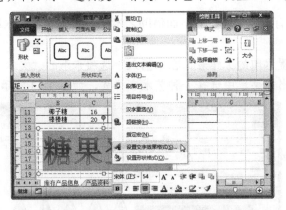

图 3-45　选择"设置文字效果格式"命令

图 3-46　选中"无线条"单选按钮　　　　图 3-47　设置文本填充

步骤 6　选中插入的艺术字并右击，从弹出的快捷菜单中选择"设置形状格式"命令，如
图 3-48 所示。

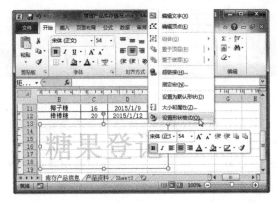

图 3-48　选择"设置形状格式"命令

步骤 7　弹出"设置形状格式"对话框，在左侧窗格中选择"大小"选项，然后在右侧窗格中的"旋转"微调框中输入一个角度数值，再单击"关闭"按钮，如图 3-49 所示。

图 3-49　"设置形状格式"对话框

步骤 8　将艺术字拖动到适合的位置，最终效果如图 3-50 所示。

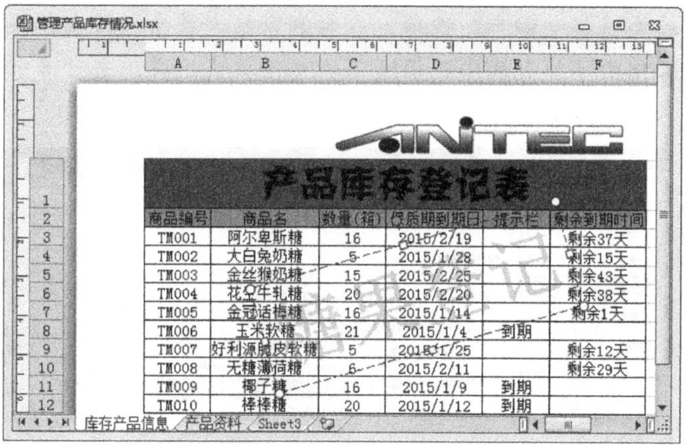

图 3-50　成功为工作表添加水印

3.4.3　让数字自动换行

在 Excel 2010 工作表中，因为单元格中的数字过长，可能会有一部分被右侧的单元格内容遮盖住，造成数字显示不全。在列宽一定的情况下，为了不改变字体大小，只能让单元格自动换行，以便显示出所有内容。方法是：选中单元格，打开"设置单元格格式"对话框，切换到"对齐"选项卡，在"文本控制"选项组中选中"自动换行"复选框，再单击"确定"按钮，如图 3-51 所示。

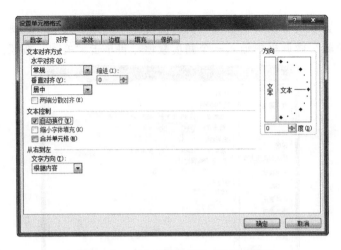

图 3-51 "设置单元格格式"对话框

3.4.4 修改默认工作簿

在默认情况下保存工作簿时，文件格式为"Excel 工作簿(*.xlsx)"，用户也可以将默认格式设置为其他类型，具体操作步骤如下。

步骤 1 选择"文件"|"选项"命令，打开"Excel 选项"对话框。

步骤 2 在左侧窗格中选择"保存"选项，在右侧窗格中单击"将文件保存为此格式"下拉按钮，从弹出的下拉列表中选择所需的文件格式，再单击"确定"按钮，如图 3-52所示。

图 3-52 设置文件默认保存格式

3.4.5　设置窗口颜色

Excel 2010 窗口有蓝、银、黑三种颜色，下面将 Excel 2010 工作环境换成黑色，具体操作步骤如下。

步骤 1　选择"文件"|"选项"命令，打开"Excel 选项"对话框。

步骤 2　在左侧窗格中选择"常规"选项，在右侧窗格中单击"配色方案"下拉按钮，从弹出的下拉列表中选择"黑色"选项，如图 3-53 所示。

步骤 3　单击"确定"按钮，调整窗口颜色后的效果如图 3-54 所示。

图 3-53　选择"黑色"选项

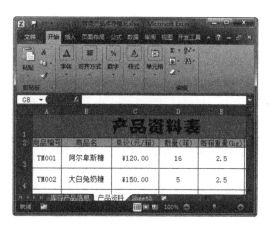

图 3-54　调整窗口颜色后的效果

3.5　实战演练

一、选择题

1. 在 Excel 工作表中，选定某单元格并右击，从弹出的快捷菜单中选择"删除"命令，不可能完成的操作是(　　)。

    A. 删除该行　　　　　　　　　　　　B. 右侧单元格左移

    C. 删除该列　　　　　　　　　　　　D. 左侧单元格右移

2. 下列操作中，不能在 Excel 工作表的选定单元格中输入公式的是(　　)。

    A. 单击数据编辑栏左侧的"插入函数"按钮

    B. 在"公式"选项卡下的"函数库"组中单击"插入函数"按钮

    C. 在"插入"选项卡下的"符号"组中单击"公式"按钮

    D. 在"公式"选项卡下的"函数库"组中单击"逻辑"、"文本"或"财务"按钮

3. 如果在记录单对话框的右上角显示"3/30"字符，其含义是(　　)。

    A. 当前工作表仅允许 30 名用户访问　　　　B. 您是第 3 个访问用户

C. 记录单对话框当前显示的是第 3 条记录　　D. 当前工作表含有 30 条记录

二、实训题

1. 制作小卖部店铺进货登记表。

2. 在上题制作的表格中，更新产品剩余过期时间，并为产品添加样板图片。

第4章

经典实例：管理产品销售情况

【本章学习重点】

- ❖ 制作产品销售日记录表
- ❖ 制作产品销售统计表
- ❖ 分类汇总销售数据
- ❖ 多工作表数据的合并汇总

产品销售管理在现代企业经营管理中占据着重要地位，一个企业对产品销售的管理水平对企业的发展起到决定作用。产品销售管理是企业MIS(管理信息系统)建设中的重要组成部分，本章就来介绍如何进行产品销售管理。

【本章实例展示】

4.1 要点分析

销售是企业发展的一个重要环节,管理好这个环节,不仅能节约成本,更可以为企业创造巨大的商业价值。本章以制作"产品销售管理.xlsx"和"销售统计.xlsx"为例,介绍管理产品销售情况的方法,其中要用到 SUM、PRODUCT、SUMIF 和 SUMPRODUCT 等函数,其含义如下。

1. SUM 函数

SUM 函数用于将指定为参数的所有数字相加,其中每个参数都可以是区域、单元格引用、数组、常量、公式或另一个函数的结果。其语法格式如下:

```
SUM(number1,[number2],…])
```

其中:

- number1 表示要相加的第 1 个数值参数。
- number2,…表示要相加的第 2~255 个数值参数。

2. PRODUCT 函数

PRODUCT 函数用于将所有以参数形式给出的数字相乘,并返回乘积值。其语法格式如下:

```
PRODUCT(number1,number2,…)
```

其中:参数 number1,number2,…表示要计算乘积的 1~255 个数值、逻辑值或者代表数值的字符串。

3. SUMIF 函数

SUMIF 函数用于按给定条件对指定单元格求和。其语法格式如下:

```
SUMIF(range,criteria,sum_range)
```

其中:

- range 表示用于条件计算的单元格区域。每个区域中的单元格都必须是数字或名称、数组或包含数字的引用。空值和文本值将被忽略。
- criteria 表示用于确定对哪些单元格求和的条件,其形式可以为数字、表达式、单元格引用、文本或函数。
- sum_range 表示要求和的实际单元格。如果省略 sum_range,则 Excel 会对在 range 参数中指定的单元格(即应用条件的单元格)求和。

4. SUMPRODUCT 函数

SUMPRODUCT 函数用于在给定的几个数组中,将数组间对应的元素相乘,并返回乘积之和。其语法格式如下:

```
SUMPRODUCT(array1,array2,array3,…)
```

其中：参数 array1,array2,array3,…表示 2～255 个数组，其相应元素需要进行相乘并求和。

4.2　制作产品销售日记录表

产品销售日记录表中一般要记录销售日期、商品名称、业务员、销售金额等内容，下面就来进行制作。

4.2.1　设置产品销售日记录表的格式

日记录表包含日期和销售金额列，需要设置日期和货币格式，具体操作步骤如下。

步骤 1　新建一空白工作簿，并将其保存为"产品销售管理.xlsx"，然后重命名 Sheet1 工作表为"产品销售登记"，接着在工作表中输入如图 4-1 所示的表标题和列标题。

步骤 2　选中 A 至 E 列，然后在"开始"选项卡下的"对齐方式"组中单击"居中"按钮，如图 4-2 所示。

图 4-1　创建"产品销售登记"工作表　　　　图 4-2　居中对齐

步骤 3　选中 B 列，然后在"开始"选项卡下的"数字"组中单击"数字格式"下拉列表框右侧的下拉按钮，从弹出的下拉列表中选择"短日期"选项，如图 4-3 所示。

步骤 4　使用相同的方法，设置 E 列的数字格式为"货币"。

步骤 5　选中 A2:E40 单元格区域，然后在"开始"选项卡下的"字体"组中单击"边框线"按钮右侧的下拉按钮，从弹出的菜单中选择"线条颜色"选项，接着在子菜单中选择"浅蓝"选项，如图 4-4 所示。

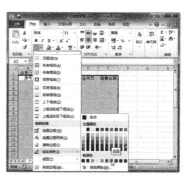

图 4-3　设置数字格式　　　　　　　　图 4-4　设置线条颜色

步骤 6　在"开始"选项卡下的"字体"组中单击"边框线"按钮右侧的下拉按钮，从弹出的菜单中选择"所有框线"选项，如图 4-5 所示。

步骤 7　参考步骤 6，从弹出的"边框线"菜单中选择"粗匣框线"选项，加粗表格外侧框线，如图 4-6 所示。

图 4-5　设置表格边框线

图 4-6　加粗表格外侧框线

步骤 8　合并 A1:E1 单元格区域，在"开始"选项卡下的"字体"组中，设置表标题的字体为"黑体"、字号为 28、字体颜色为"橙色"，效果如图 4-7 所示。

步骤 9　右击 A1:E1 单元格区域，从弹出的快捷菜单中选择"设置单元格格式"命令，然后在弹出的对话框中切换到"填充"选项卡，设置填充颜色、填充图案颜色和图案样式等参数，如图 4-8 所示，再单击"确定"按钮，完成表格设计操作。

图 4-7　设置表标题的字体格式

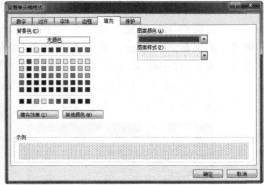

图 4-8　设置表标题的填充效果

4.2.2　登记产品日销售情况

产品销售日记录表设计完成后，即可向表格中输入销售信息了，如图 4-9 所示。如果销售记录条数超过制作的表格行数，可以右击表格最后一行，从弹出的快捷菜单中选择"插入"

命令，插入含有表格格式的行。若是不插入含有表格格式的行，而是在表格下方继续录入销售记录信息，则再设置一遍表格格式即可。

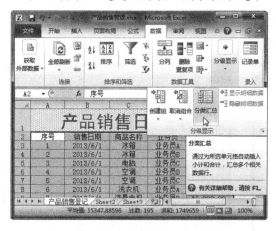

图 4-9　登记产品日销售信息

4.2.3　统计产品日销售金额

根据制作的产品销售日记录表可知每件商品的销售金额，而本节要统计的产品日销售金额是指每日的总销售金额，可以按日期分类汇总来统计。由于销售记录是按日期记录的，不需要再排序即可进行分类汇总操作，具体操作步骤如下。

步骤 1　选中 A2:E40 单元格区域，然后在"数据"选项卡下的"分级显示"组中单击"分类汇总"按钮，如图 4-10 所示。

步骤 2　弹出"分类汇总"对话框，设置"分类字段"为"销售日期"，"汇总方式"为"求和"，并在"选定汇总项"列表框中选中"销售金额"复选框，如图 4-11 所示。

图 4-10　单击"分类汇总"按钮　　　图 4-11　"分类汇总"对话框

步骤 3　单击"确定"按钮，汇总结果如图 4-12 所示。

步骤 4　单击左侧窗格中的 2 图标，这时将会隐藏所有明细数据，显示每日销售金额汇总结果和总计，如图 4-13 所示。

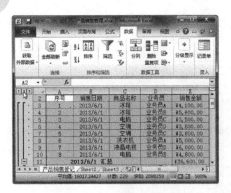

图 4-12 分类汇总结果

图 4-13 显示每日销售金额汇总结果和总计

4.3 制作产品销售统计表

产品销售统计表是在产品销售日记录表的基础上制作的。如果企业只有一个销售点(店铺)，只需要分析日销售信息，统计每月各类商品的销售情况即可。如果企业有多个销售店铺，则需要制作一张产品销售统计表，统计各店铺销售的商品种类和数量。

4.3.1 设置产品销售统计表的格式

首先要建立产品销售统计表并设置其格式，具体操作步骤如下。

步骤 1 将 Sheet2 工作表重命名为"产品销售统计"，然后在工作表中制作如图 4-14 所示的表格，并设置表格中的所有单元格居中对齐，设置 F、H 列的数字格式为"货币"(0 位小数)。

步骤 2 在表格中输入各店铺每月统计的销售情况，包括商品名称、商品型号、商品单价、销售数量等信息，如图 4-15 所示。

图 4-14 制作"产品销售统计"工作表

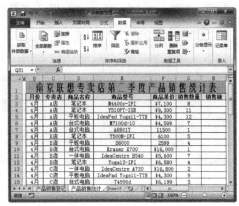

图 4-15 输入数据

步骤 3 选择 H3 单元格，然后在"公式"选项卡下的"函数库"组中单击"数学和三角函数"按钮📖▼，从弹出的菜单中选择 PRODUCT 选项，如图 4-16 所示。

步骤 4　弹出"函数参数"对话框，在 Number1 文本框中输入"F3:G3"，如图 4-17 所示。

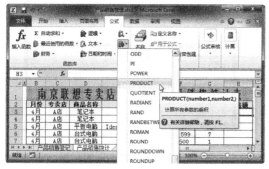

图 4-16　选择 PRODUCT 选项

图 4-17　设置 PRODUCT 函数参数

步骤 5　单击"确定"按钮，得出计算结果，然后向下填充公式，计算其他商品的销售额，如图 4-18 所示。

图 4-18　计算商品销售额

4.3.2　使用 SUMIF 函数实现单个条件的数据汇总

SUMIF 函数用于对满足条件的单元格求和。下面以计算各专卖店的总销售额为例，介绍 SUMIF 函数的使用方法，具体操作步骤如下。

步骤 1　在 J2:J4 单元格区域中输入如图 4-19 所示的内容，然后选中 K2 单元格，再单击数据编辑栏左侧的"插入函数"按钮 *fx*。

步骤 2　弹出"插入函数"对话框，在"或选择类别"下拉列表框中选择"数学与三角函数"选项，接着在"选择函数"列表框中选择 SUMIF 选项，再单击"确定"按钮，如图 4-20 所示。

步骤 3　弹出"函数参数"对话框，设置 SUMIF 函数参数，如图 4-21 所示，再单击"确定"按钮，计算 A 店总销售额。

步骤 4　在 K3 单元格中输入公式"=SUMIF(C3:C45, "B 店",H3:H45)"，计算 B 店总销售额；在 K4 单元格中输入公式"=SUMIF(C3:C45, "C 店",H3:H45)"，计算 C 店总销售额，如图 4-22 所示。

图 4-19　单击"插入函数"按钮

图 4-20　"插入函数"对话框

图 4-21　设置 SUMIF 函数参数

图 4-22　计算 B 店和 C 店总销售额

4.3.3　利用 SUMPRODUCT 函数实现多条件汇总

SUMPRODUCT 函数用于返回相应的数组或区域乘积的和。下面以统计每月的总销售额为例进行介绍，具体操作步骤如下。

步骤 1　在 J7、J8 和 J9 单元格中分别输入"4 月总销售额："、"5 月总销售额："和"6 月总销售额："。

步骤 2　选中 K7 单元格，然后打开"插入函数"对话框，在"或选择类别"下拉列表框中选择"数学与三角函数"选项，接着在"选择函数"列表框中选择 SUMPRODUCT 选项，再单击"确定"按钮，如图 4-23 所示。

步骤 3　弹出"函数参数"对话框，设置 SUMPRODUCT 函数参数，如图 4-24 所示，再单击"确定"按钮，计算 4 月总销售额。

图 4-23　选择 SUMPRODUCT 选项

图 4-24　设置 SUMPRODUCT 函数参数

步骤 4 使用上述方法，分别计算 5 月总销售额和 6 月总销售额，如图 4-25 所示。

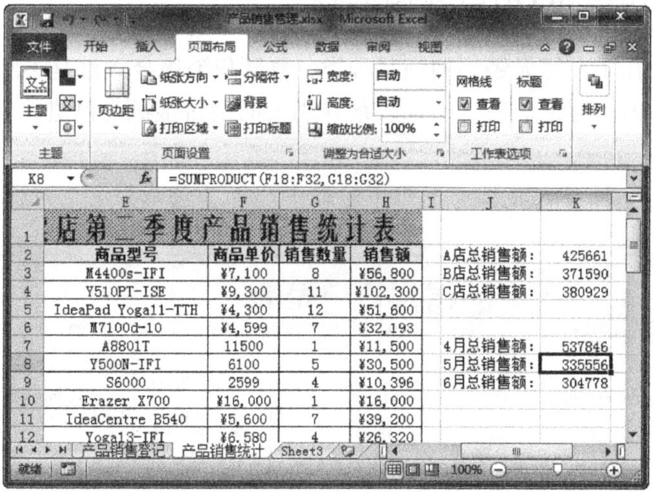

图 4-25　计算 5 月和 6 月总销售额

4.3.4　按行/列累加汇总

将一列数据从上往下(或是一行数据自左向右)逐行(或逐列)累加汇总，是一种常见的数据管理方法，该方法主要用于那些需要汇总的列(或行)不固定，并且可能变化的情况，具体操作步骤如下。

步骤 1 将 Sheet3 工作表重命名为"7 月销售登记"，然后在工作表中制作如图 4-26 所示的表格，并录入销售记录。这里 G 列要计算累计销售金额，使用 SUM 函数按日对 F 列数值进行累计汇总即可。但是要注意，第一个参数应该使用绝对引用地址(即第一个数据所在的地址$F$3)，第二个参数应为相对引用地址(即 F3，该地址随累计到的位置改变而变化)。

步骤 2 在 G3 单元格中输入公式"=SUM($F$3:F3)"，按 Enter 键确认，然后向下填充公式，得到本月中每日对应的累计销售金额，如图 4-27 所示。

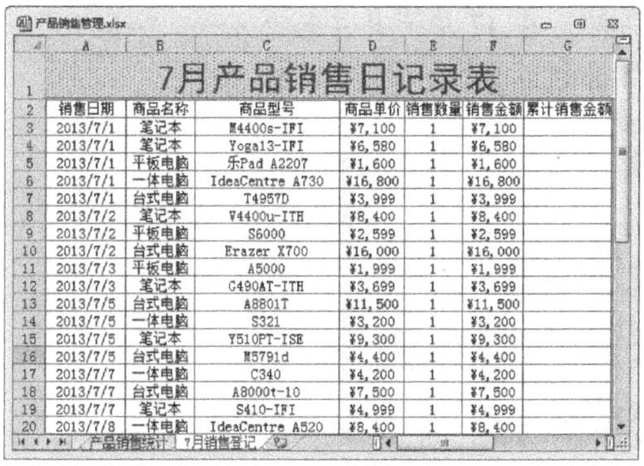

图 4-26　创建"7 月销售登记"工作表

图 4-27　计算本月中每日对应的累计销售金额

4.3.5 动态新区域的销售数据汇总

在实际销售工作中，每天销售的商品种类、数量和销售金额都是不断更新的。那么，如何对这样的数据源做动态汇总呢？下面以统计当天的销售金额为例进行介绍，具体操作步骤如下。

步骤 1 在 I2:J4、I6:J7 单元格区域中制作如图 4-28 所示的表格。

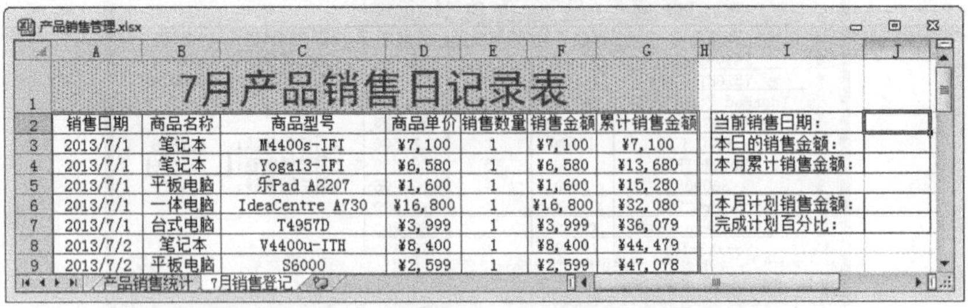

图 4-28 在 I2:J4、I6:J7 单元格区域中制作表格

步骤 2 在 J2 单元格中输入公式 "=TODAY()"，按 Enter 键显示当天日期。

步骤 3 在 J3 单元格中输入公式 "=SUMIF(A3:A40,"="&J2,F3:F40)"，按 Enter 键，获得当天销售金额，如图 4-29 所示。

步骤 4 在 J4 单元格中输入公式 "=SUMIF(A3:A40,"<="&J2,F3:F40)" 或 "=SUMIF(A3:A40,"="&J2,G3:G40)"，按 Enter 键计算截至到当天的本月累计销售金额，如图 4-30 所示。

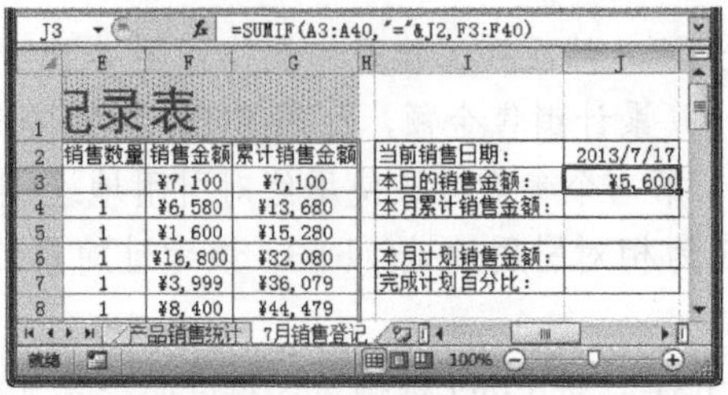

图 4-29 获得当天销售金额　　　　图 4-30 计算截止到当天的本月累计销售金额

步骤 5 在 J6 单元格中输入本月计划销售金额，然后在 J7 单元格中输入公式 "=J4/J6"，按 Enter 键计算截止到当天为止完成的销售计划百分比，如图 4-31 所示。

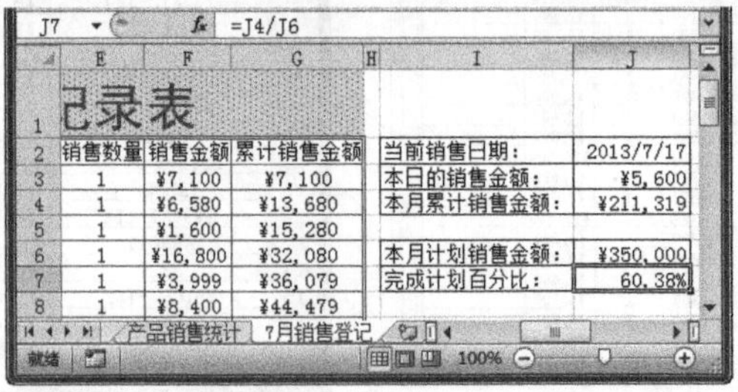

图 4-31 计算截止到当天为止完成的销售计划百分比

4.4　分类汇总销售数据

在 4.2.3 节中统计产品日销售金额时我们就初次使用了分类汇总功能，相信大家已经掌握了对单个分类字段进行汇总的方法，下面将为大家介绍如何进行多重分类汇总、嵌套分类汇总和对筛选数据做动态汇总等。

4.4.1　进行多重分类汇总

多重分类汇总是指在同一汇总表中对同一个分类字段进行多重汇总操作，具体操作步骤如下。

步骤1　新插入一张工作表，并将其重命名为"多重汇总"，然后将"7月销售登记"工作表中 A2:F40 单元格区域中的内容复制到该工作表中，如图 4-32 所示。

步骤2　选中表格中的任一单元格，然后在"开始"选项卡下的"编辑"组中单击"排序和筛选"按钮，从弹出的菜单中选择"自定义排序"选项，如图 4-33 所示。

图 4-32　创建"多重汇总"工作表　　　　图 4-33　选择"自定义排序"选项

步骤3　弹出"排序"对话框，设置"主要关键字"为"商品名称"，"排序依据"为"数值"，"次序"为"升序"，再单击"确定"按钮，如图 4-34 所示。

步骤4　在"数据"选项卡下的"分级显示"组中单击"分类汇总"按钮，弹出"分类汇总"对话框，然后设置"分类字段"为"商品名称"，"汇总方式"为"求和"，接着在"选定汇总项"列表框中选中"销售金额"复选框，如图 4-35 所示。最后单击"确定"按钮，进行第一次分类汇总。

图 4-34　"排序"对话框　　　　图 4-35　"分类汇总"对话框

步骤 5　再次打开“分类汇总”对话框，保持“分类字段”为“商品名称”，修改“汇总方式”为“计数”，并在“选定汇总项”列表框中选中“销售数量”复选框，接着取消选中“替换当前分类汇总”复选框，如图 4-36 所示。

步骤 6　单击“确定”按钮，进行第二次分类汇总后的结果如图 4-37 所示。

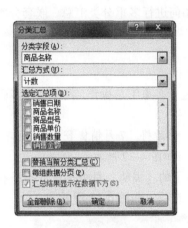

图 4-36　设置第二次分类汇总参数

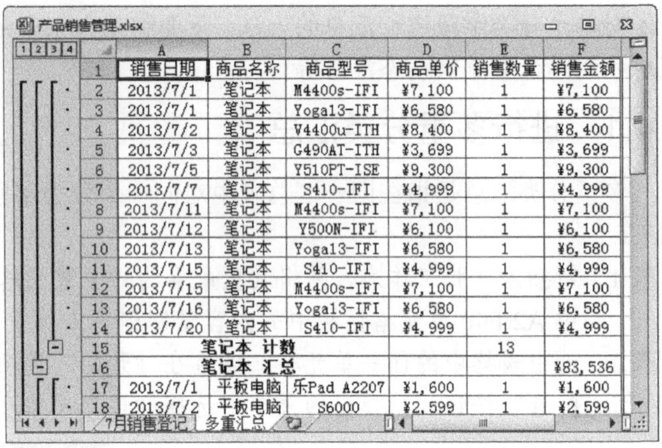

	A	B	C	D	E	F
1	销售日期	商品名称	商品型号	商品单价	销售数量	销售金额
2	2013/7/1	笔记本	M4400s-IFI	¥7,100	1	¥7,100
3	2013/7/1	笔记本	Yoga13-IFI	¥6,580	1	¥6,580
4	2013/7/2	笔记本	V4400u-ITH	¥8,400	1	¥8,400
5	2013/7/3	笔记本	G490AT-ITH	¥3,699	1	¥3,699
6	2013/7/5	笔记本	Y510PT-ISE	¥9,300	1	¥9,300
7	2013/7/7	笔记本	S410-IFI	¥4,999	1	¥4,999
8	2013/7/11	笔记本	M4400s-IFI	¥7,100	1	¥7,100
9	2013/7/12	笔记本	Y500N-IFI	¥6,100	1	¥6,100
10	2013/7/13	笔记本	Yoga13-IFI	¥6,580	1	¥6,580
11	2013/7/15	笔记本	S410-IFI	¥4,999	1	¥4,999
12	2013/7/15	笔记本	M4400s-IFI	¥7,100	1	¥7,100
13	2013/7/16	笔记本	Yoga13-IFI	¥6,580	1	¥6,580
14	2013/7/20	笔记本	S410-IFI	¥4,999	1	¥4,999
15		笔记本 计数			13	
16		笔记本 汇总				¥83,536
17	2013/7/1	平板电脑	乐Pad A2207	¥1,600	1	¥1,600
18	2013/7/2	平板电脑	S6000	¥2,599	1	¥2,599

图 4-37　第二次分类汇总后的结果

步骤 7　在左侧窗格中单击 3 图标，隐藏所有的明细数据，仅显示多重分类汇总项，如图 4-38 所示。

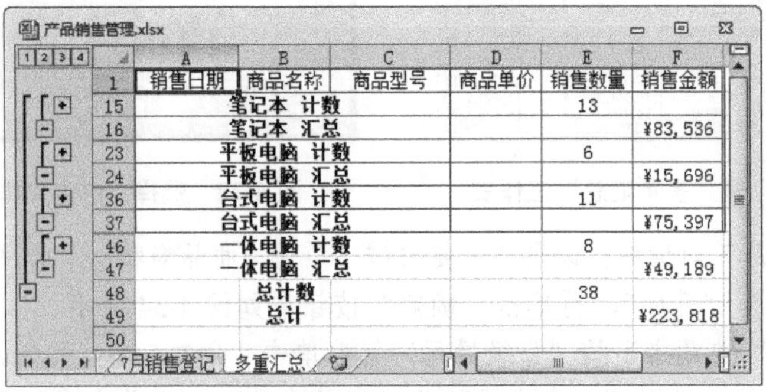

	A	B	C	D	E	F
1	销售日期	商品名称	商品型号	商品单价	销售数量	销售金额
15		笔记本 计数			13	
16		笔记本 汇总				¥83,536
23		平板电脑 计数			6	
24		平板电脑 汇总				¥15,696
36		台式电脑 计数			11	
37		台式电脑 汇总				¥75,397
46		一体电脑 计数			8	
47		一体电脑 汇总				¥49,189
48		总计数			38	
49		总计				¥223,818
50						

图 4-38　多重分类汇总结果

4.4.2　进行嵌套分类汇总

嵌套分类汇总是指先按某一个分类字段建立好分类汇总，然后在此基础上再按另一个分类字段进行分类汇总操作，具体操作步骤如下。

步骤 1　切换到“产品销售统计”工作表，然后将工作表中的数据按主要关键字“月份”、次要关键字“专卖店”进行升序排序。

步骤 2　打开“分类汇总”对话框，设置“分类字段”为“月份”，“汇总方式”为“求和”，“选定汇总项”为“销售额”，对“产品销售统计”工作表中的数据进行分类汇总，结果如图 4-39 所示。

步骤 3　再次打开"分类汇总"对话框，设置"分类字段"为"专卖店"，汇总方式和选定汇总项设置不变，接着取消选中"替换当前分类汇总"复选框，再单击"确定"按钮，如图 4-40 所示。

图 4-39　第一次按月份分类汇总的结果　　　　图 4-40　设置"分类字段"为"专卖店"

步骤 4　在左侧窗格中单击 3 图标，隐藏所有的明细数据，查看嵌套分类汇总结果，如图 4-41 所示。

月份	专卖店	商品名称	商品型号	商品单价	销售数量	销售额
	A店 汇总					¥254,393
	B店 汇总					¥122,416
	C店 汇总					¥161,037
4月 汇总						¥537,846
	A店 汇总					¥73,677
	B店 汇总					¥164,180
	C店 汇总					¥97,699
5月 汇总						¥335,556
	A店 汇总					¥97,591
	B店 汇总					¥84,994
	C店 汇总					¥122,193
6月 汇总						¥304,778
总计						¥1,178,180

图 4-41　嵌套分类汇总结果

4.4.3　对筛选数据做动态汇总

在 Excel 中，分类汇总操作的实质是使用 SUBTOTAL 函数，该函数的语法格式如下：

```
SUBTOTAL(function_num,ref1,ref2,…)
```

其中：function_num 参数指定分类汇总要使用的函数，其值为 1~11(包含隐藏值)或 101~111(忽略隐藏值)之间的数字，各自对应函数关系如表 4-1 所示；ref1,ref2,…参数为要进行分类汇总计算的 1~254 个区域或引用。

表 4-1　SUBTOTAL 函数中 function_num 参数取值与其对应的函数

function_num (包含隐藏值)	function_num (忽略隐藏值)	对应函数	函数的功能
1	101	AVERAGE	求平均值
2	102	COUNT	求含有数字单元格的个数
3	103	COUNTA	求所有单元格的个数
4	104	MAX	求最大值
5	105	MIN	求最小值
6	106	PRODUCT	求乘积
7	107	STDEV	求标准偏差
8	108	STDEVP	求总体标准偏差
9	109	SUM	求和
10	110	VAR	求方差
11	111	VARP	求总体方差

下面使用 SUBTOTAL 函数在"7 月销售登记"工作表中动态汇总商品的销售数量和销售金额，具体操作步骤如下。

步骤 1　切换到"7 月销售登记"工作表，然后在 D42 单元格中输入"合计:"，并为 D42:F42 单元格区域添加边框线。

步骤 2　在 E42 单元格中输入公式"=SUBTOTAL(9,E3:E40)"，得到合计销售数量；在 F42 单元格中输入公式"=SUBTOTAL(9,F3:F40)"，得到合计销售金额，如图 4-42 所示。

步骤 3　单击表格中任一单元格，然后在"数据"选项卡下的"排序和筛选"组中单击"筛选"按钮，如图 4-43 所示。

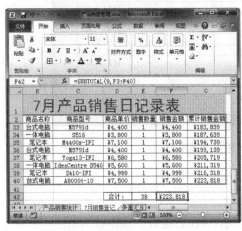
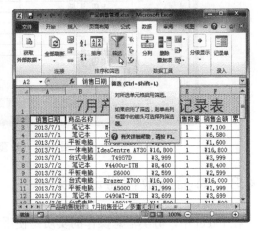

图 4-42　使用 SUBTOTAL 函数 　　　　　图 4-43　单击"筛选"按钮

步骤 4 单击"商品名称"列标题右侧的下拉按钮，在弹出的菜单中，取消选中"全选"复选框，接着选择要筛选的商品名称，这里选中"笔记本"复选框，再单击"确定"按钮，如图 4-44 所示。

步骤 5 这时工作表中仅显示筛选出的"笔记本"的记录信息，同时 E42 和 F42 单元格中的汇总结果会随筛选结果而发生变化，如图 4-45 所示。

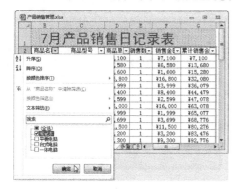

图 4-44 筛选"笔记本"

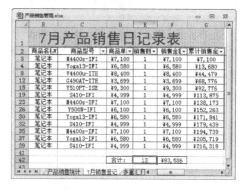

图 4-45 统计筛选出的笔记本的销售数量和销售金额

4.5 多工作表数据的合并汇总

在进行销售统计时经常需要对没有相关性的工作表进行对比和数据的计算，这时候就需要用到 Excel 中的多工作表数据合并汇总功能。

4.5.1 利用三维引用公式实现多表汇总

在 Excel 中，对两个或多个工作表中相同单元格或单元格区域的引用被称为三维引用。下面就来介绍如何利用三维引用公式实现多表汇总，具体操作步骤如下。

步骤 1 新建一个 Excel 工作簿，并将其保存为"销售统计.xlsx"。

步骤 2 将 Sheet1 工作表重命名为"南京"，制作如图 4-46 所示的表格。

步骤 3 将 Sheet2 工作表重命名为"上海"，制作如图 4-47 所示的表格。

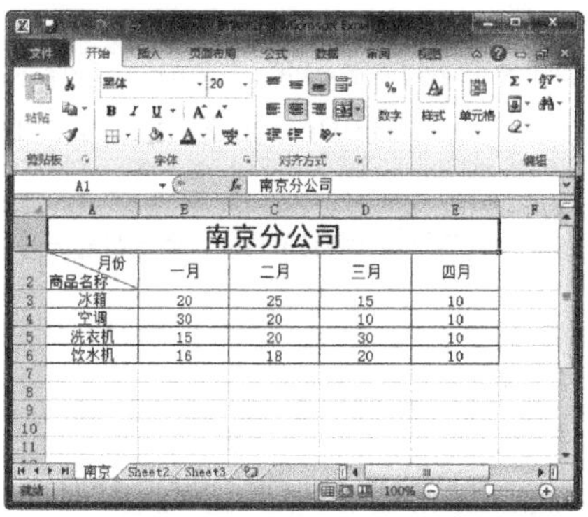

图 4-46 制作"南京"销售统计表

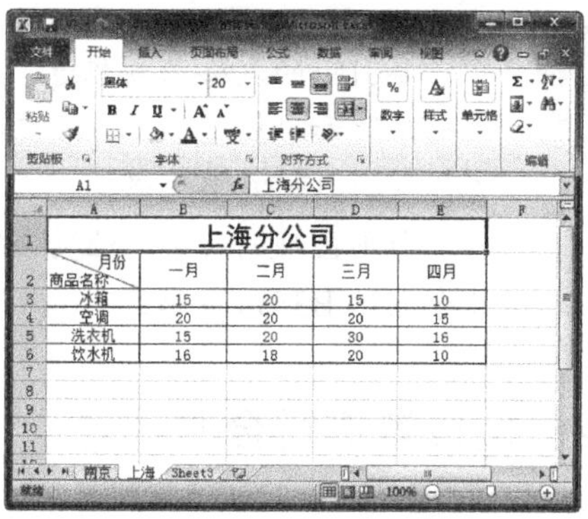

图 4-47 制作"上海"销售统计表

步骤 4　将 Sheet3 工作表重命名为"杭州"，制作如图 4-48 所示的表格。

步骤 5　下面计算三个分公司一月份的汇总。首先在"南京"工作表中的 A9:E10 单元格区域中制作如图 4-49 所示的表格，接着选中三个工作表。

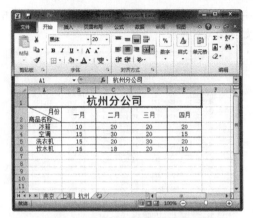

图 4-48　制作"杭州"销售统计表　　　　图 4-49　制作汇总表格

步骤 6　在 B10 单元格中输入公式"=SUM(南京:杭州!B3:B6)"，按 Enter 键计算出三个分公司一月份的汇总，如图 4-50 所示。向右填充公式，可以得到三个分公司其他月份的汇总。

图 4-50　成功利用三维公式实现多表汇总

注意

　　要引用的表格必须相连，例如，若因为移动位置而使"上海"工作表不在"南京"和"杭州"工作表之间，则"南京:杭州!B3:B6"就不会引用"上海"工作表的 B3:B6 单元格。

　　引用区域的大小、位置必须一致，如"南京:杭州!B3:B6"表示统一引用这几个表的 B3:B6 区域。

4.5.2　按位置进行合并计算

　　当多个源区域中的数据是按照相同的顺序排列并使用相同的行和列标签时，可以使用按位置进行合并计算功能快速计算。例如，将各分公司合并成一个整的公司的报表，具体操作步骤如下。

步骤 1　新插入一张工作表，并将其重命名为"总公司"，接着在工作表中制作如图 4-51 所示的表格。

步骤 2　为合并计算的数据选定目的区域，这里选中 B3:E6 单元格区域，然后在"数据"选项卡下的"数据工具"组中单击"合并计算"按钮，如图 4-52 所示。

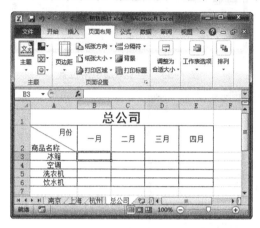

图 4-51　创建"总公司"工作表

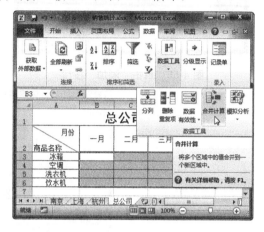

图 4-52　单击"合并计算"按钮

步骤 3　弹出"合并计算"对话框，单击"引用位置"文本框右侧的 图标，如图 4-53 所示。

步骤 4　返回工作表，在"南京"工作表中选择 B3:E6 单元格区域，再单击 图标，如图 4-54 所示。

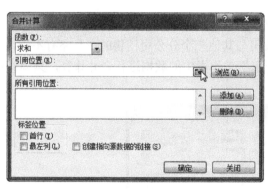

图 4-53　"合并计算"对话框

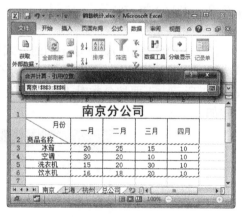

图 4-54　选择引用位置的地址

步骤 5　返回"合并计算"对话框，单击"添加"按钮，如图 4-55 所示，将选择的引用位置添加到"所有引用位置"列表框中。

步骤 6　使用上述方法，将引用位置"上海!$B$3:$E$6"和"杭州!$B$3:$E$6"添加到"所有引用位置"列表框中，如图 4-56 所示。

步骤 7　单击"确定"按钮，返回"总公司"工作表，即可看到合并计算的结果，如图 4-57 所示。

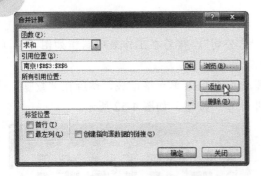

图 4-55　单击"添加"按钮

图 4-56　继续添加引用位置

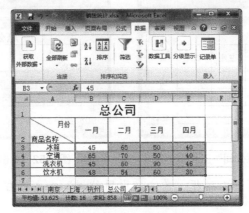

图 4-57　合并计算的结果

4.5.3　按分类进行合并计算

当多个源区域中的数据以不同的方式排列，但却使用相同的行和列标签时，可以使用按分类进行合并计算功能。例如，假设广东分公司与其他三个分公司销售的产品略有不同，如图 4-58 所示，下面按分类对"南京"和"广东"工作表中的数据进行合并计算，具体操作步骤如下。

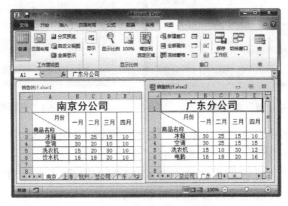

图 4-58　创建"广东"工作表

步骤1　新插入一张工作表，并将其重命名为"分类合并"，接着在工作表中输入如图4-59所示的内容。

步骤2　选中A3单元格，然后打开"合并计算"对话框，设置"函数"为"求和"，并将引用位置"南京!$A$3:$E$6"和"广东!$A$3:$E$6"添加到"所有引用位置"列表框中，接着选中"最左列"复选框，如图4-60所示。

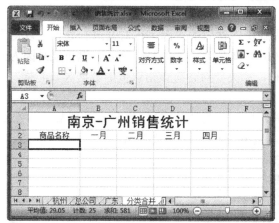

图4-59　创建"分类合并"工作表　　　　图4-60　"合并计算"对话框

如果源区域顶行有分类标记，则选中"首行"复选框；如果源区域左列有分类标记，则选中"最左列"复选框；在一次合并计算中，能选中两个复选框。

步骤3　单击"确定"按钮，分类合并计算的结果如图4-61所示。

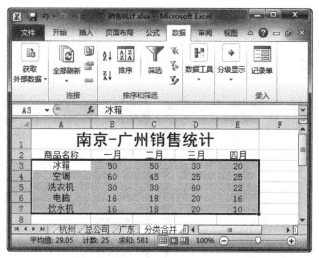

图4-61　分类合并计算的结果

4.6 专家指导

4.6.1 对含错误值区域的数据进行汇总

在使用公式的过程中，难免会出现一些错误值，如 "#####"、"#DIV/0!"、"#NAME?" 和 "#NUM!" 等。遇到这种情况时，可以先找出错误值的原因，再对其进行处理，以得到正确的计算结果。例如，某公式返回 "#DIV/0!" 错误值，如图 4-62 所示，这可能是因为公式中有除数为 0，或者有除数为空白的单元格。如果要对含有该错误值的数据区域汇总，可以通过下述操作来处理。

步骤 1　选中显示 "#DIV/0!" 错误值的单元格，这里选中 D4 单元格，然后输入公式 "=IF(ISERROR(B4/C4),"",B4/C4)"，按 Enter 键确认，如图 4-63 所示。

图 4-62　公式返回 "#DIV/0!" 错误值　　　图 4-63　输入公式

步骤 2　向下填充公式，让原来显示 "#DIV/0!" 错误值的单元格显示空字符串，如图 4-64 所示。

步骤 3　在 D9 单元格中输入公式 "=SUM(D2:D7)"，按 Enter 键算出总销售量，如图 4-65 所示。

图 4-64　填充公式　　　图 4-65　对解决了错误值的单元格进行销售量汇总

4.6.2　利用 DSUM 函数对数据库表格进行多条件汇总

DSUM 函数用于返回列表或数据库中满足指定条件的记录字段(列)中的数据的和。其语法格式如下：

```
DSUM(database,field,criteria)
```

其中：

- database 表示构成列表或数据库的单元格区域。
- field 是 database 中的列标题，可以是常量文本，也可以是数据列在 database 中所在位置的列序号(1 表示第一列，2 表示第二列，3 表示第三列，……)。
- criteria 表示包含指定条件的单元格区域，其设置非常重要。criteria 应该为一个矩形区域。

如图 4-66 所示，在新插入的工作表中制作某公司员工的简易工资表。现在要求统计出基本工资在 2900 元以上，并且扣款合计在 370 元以下的员工的实发工资总额，具体操作步骤如下。

步骤 1　为问题设置条件区域，本问题需设置两个条件(一个是"基本工资"条件，另一个是"扣款合计"条件)。如图 4-67 所示，在 G1、H1 单元格中分别输入"基本工资"、"扣款合计"，在 G2、H2 单元格中分别输入应该满足条件的文本或条件表达式，即">2900"、"<370"。

	A	B	C	D	E	F	G
1	姓名	基本工资	奖金	扣款合计	实发工资		
2	钱六	3500	550	370	3680		
3	李四	2900	650	300	3250		
4	赵二	3200		310	2890		
5	张三	2600	600	380	2820		
6	林九	3000		260	2740		
7	王五	3000	450	320	3130		

图 4-66　简易工资表

	A	B	C	D	E	F	G	H
1	姓名	基本工资	奖金	扣款合计	实发工资		基本工资	扣款合计
2	钱六	3500	550	370	3680		>2900	<370
3	李四	2900	650	300	3250			
4	赵二	3200		310	2890			
5	张三	2600	600	380	2820			
6	林九	3000		260	2740			
7	王五	3000	450	320	3130			

图 4-67　设置条件区域

步骤 2　在 G3 单元格中输入"实发工资"，在 H3 单元格中输入公式"=DSUM(A1:E7,"实发工资",G1:H2)"，按 Enter 键，得出基本工资在 2900 元以上，并且扣款合计在 370 元以下的员工的实发工资总额，如图 4-68 所示。

H3			f_x	=DSUM(A1:E7,"实发工资",G1:H2)			
	A	B	C	D	E	G	H
1	姓名	基本工资	奖金	扣款合计	实发工资	基本工资	扣款合计
2	钱六	3500	550	370	3680	>2900	<370
3	李四	2900	650	300	3250	实发工资	8760
4	赵二	3200		310	2890		
5	张三	2600	600	380	2820		
6	林九	3000		260	2740		
7	王五	3000	450	320	3130		

图 4-68　使用 DSUM 函数进行多条件数据汇总

4.6.3　打开并修复损坏的工作簿

如果在打开已保存的工作簿时提示文件已损坏，可以尝试用下述方法进行修复，具体操作步骤如下。

步骤1　启动 Excel 程序，选择"文件"|"打开"命令，弹出"打开"对话框，选中要修复的工作簿文件，接着单击"打开"按钮右侧的下拉按钮，从弹出的菜单中选择"打开并修复"选项，如图 4-69 所示。

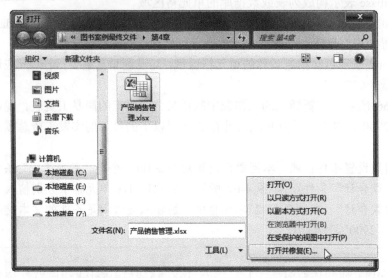

图 4-69　选择"打开并修复"选项

步骤2　弹出如图 4-70 所示的 Microsoft Excel 对话框，单击"修复"按钮，尝试打开并修复工作簿文件。

图 4-70　Microsoft Excel 对话框

4.6.4　去除错误提示

Excel 会使用一些规则来检查公式中的错误。虽然这些规则不能保证电子表格没有错误，但它们能找出公式的常见错误，并会在有错误的单元格的左上角显示一个绿色三角，以提示用户公式存在错误。在这种情况下，用户可以更改这些公式规则，去除错误提示，具体操作步骤如下。

步骤1　选择"文件"|"Excel 选项"命令，打开"Excel 选项"对话框。

步骤2　在左侧窗格中选择"公式"选项，然后在右侧窗格的"错误检查规则"选项组中设置各选项，最后单击"确定"按钮即可，如图4-71所示。

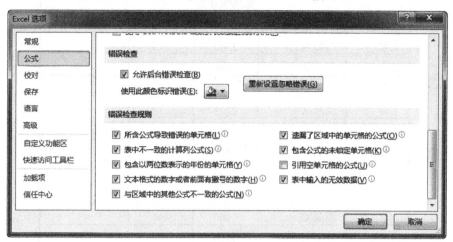

图4-71 设置错误检查规则

4.7 实战演练

一、选择题

1. 在 Excel 中，对数据表进行排序时，在"排序"对话框中最多能够指定的排序关键字为(   )。

   A. 1个以上　　　　　　B. 2个　　　　　　　C. 5个　　　　　　　D. 10个

2. 在 Excel 中求一组数值中的最大值的函数为(   )。

   A. AVERAGE　　　　　B. MAX　　　　　　　C. MIN　　　　　　　D. SUM

3. 在 Excel 中求一组数值的平均值的函数为(   )。

   A. AVERAGE　　　　　B. MAX　　　　　　　C. MIN　　　　　　　D. SUM

4. 在 Excel 中，分类汇总使用的函数为(   )。

   A. SUMPRODUCT　　　　　　　　　　　B. SERIESSUM

   C. SUBTOTAL　　　　　　　　　　　　D. SUBSTITUTE

5. 下面关于汇总的说法中，错误的是(   )。

   A. 可以对单条件进行分类汇总操作

   B. 可以对同一个字段进行多重分类汇总操作

   C. 可以在同一个工作表中对两个或两个以上的字段进行分类汇总操作

   D. 分类汇总的结果只能与源数据显示在同一个工作表中

二、实训题

1. 制作如图 4-72 所示的"销售统计表"。

2. 在上题制作的表格中，分别统计各地区的销售金额、每种商品不同地区的销售金额，以及所有地区所有商品的销售总额。

销售统计表				
地区	名称	单价	数量	销售金额
北京	商品 A	2300	5	
北京	商品 B	599	76	
北京	商品 C	98	100	
上海	商品 A	2203	30	
上海	商品 B	504	209	
上海	商品 C	405	100	
南京	商品 A	3000	8	
南京	商品 B	400	9	
南京	商品 C	100	90	
成都	商品 A	1800	8	
成都	商品 B	200	40	
成都	商品 C	80	200	

图 4-72   销售统计表

第5章

经典实例：管理销售提成情况

销售提成是提高销售人员积极性的重要手段，很多企业都制订有销售计划，当员工完成销售计划后，超额部分会按规定提成给员工奖励。那么，企业该如何统计销售人员每月的销售业绩呢？该如何计算出每位销售人员的销售提成金额呢？这就是本章要介绍的内容。

【本章实例展示】

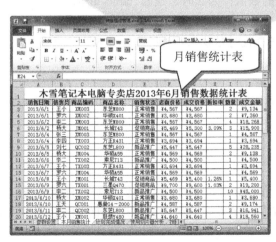

月销售统计表

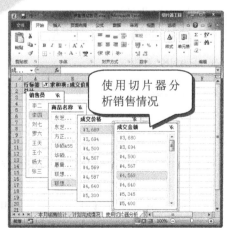

使用切片器分析销售情况

5.1 要点分析

　　本章根据某电脑公司 2013 年 6 月份的销售数据记录，对该月销售额进行动态汇总和分类型的销售额汇总，如按日期汇总、按商品名称汇总、按销售员和销售日期交叉汇总等，并使用图表呈现汇总结果，同时使用迷你图表分析销售额，使用切片器分析销售情况，接着还对销售员的销售提成金额进行汇总处理、图表分析，进行季度销售奖评比和奖金核算等。在统计分析过程中会用到 VLOOKUP 和 RANK 函数。

1. 切片器和迷你图的含义

- 切片器：是易于使用的筛选组件，它包含一组按钮，能够使用户快速地筛选数据透视表中的数据，而无须打开下拉列表以查找要筛选的项目。
- 迷你图：与 Excel 中的图表不同，它不是对象，其实质是单元格背景中的一个微型图表。

2. VLOOKUP 函数

　　VLOOKUP 函数用于在表区域的首列中查找指定的值，并由此返回表格数组当前行中其他列的值。VLOOKUP 函数的语法格式如下：

```
VLOOKUP(lookup_value,table_array,col_index_num,range_lookup)
```

其中：

- lookup_value 表示需要在数据表首列中查找的数值。lookup_value 可以为数值、引用或字符串。
- table_array 表示需要在其中搜索数据的信息表。table_array 可以是对区域或区域名称的引用。
- col_index_num 表示满足条件的单元格在数组区域 table_array 中的列序号。其值为 1 时，返回 table_array 第一列中的数值；为 2 时，返回 table_array 第二列中的数值，以此类推。
- range_lookup 表示逻辑值，指定在查找时是要求精确匹配，还是近似匹配。

3. RANK 函数

　　RANK 函数用于返回某数字在数字列表中对于其他数值的大小排位。其语法格式如下：

```
RANK(number,ref,order)
```

其中：

- number 表示需要找到排位的数字。
- ref 表示数据列表数组或对数据列表的引用。ref 中的非数值型参数将被忽略。
- order 指明排位的方式。如果为 0(零)或省略，为降序；如果为非零值，则为升序。

5.2　建立产品销售的基本数据表

在分析管理员工的销售情况之前，需要先把销售信息录入到工作簿中。为了方便后面的分析管理，本节将创建"参数设置"、"本月销售统计"和"计划完成情况"三个工作表来记录员工销售情况。

5.2.1　建立"参数设置"工作表

在录入员工的销售信息时，像商品编码、商品名称、商品的店面价格以及销售员等信息会多次用到。为此，下面将这些会被多次用到的信息集中到"参数设置"工作表中，具体操作步骤如下。

步骤 1　新建名称为"销售提成管理.xlsx"的工作簿，然后将 Sheet1 工作表重命名为"参数设置"。

步骤 2　在"参数设置"工作表中分别建立"各系列商品信息"、"销售员信息"和"不同销售类型提成系数"3 个表格，并录入相关数据信息，如图 5-1 所示。

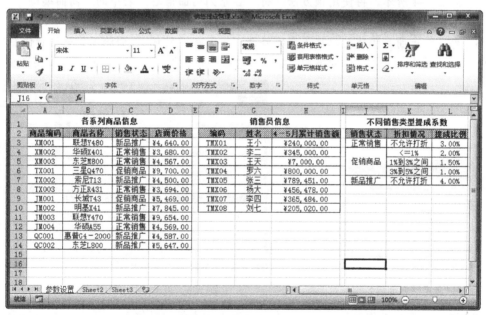

图 5-1　在"参数设置"工作表中录入信息

步骤 3　在"视图"选项卡下的"显示"组中取消选中"网格线"复选框，隐藏工作表中的默认网格线，如图 5-2 所示。

步骤 4　为了方便其他操作，免去输入或选取单元格地址的烦琐，把"销售员信息"表中的"姓名"列的名称定义为"姓名"。方法是选定 G2:G10 单元格区域，然后在"公式"选项卡下的"定义的名称"组中单击"根据所选内容创建"按钮，如图 5-3 所示。

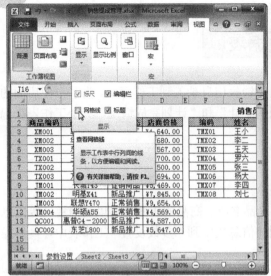

图 5-2　隐藏网格线

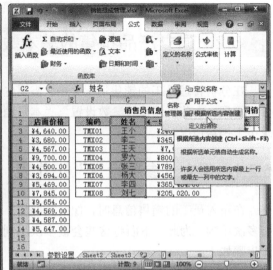

图 5-3　单击"根据所选内容创建"按钮

步骤 5　弹出"以选定区域创建名称"对话框，选中"首行"复选框，再单击"确定"按钮，如图 5-4 所示。再使用该方法，将"各系列商品信息"表中的"商品编码"列的名称定义为"商品编码"。

步骤 6　为了防止商品销售信息被无意识修改或人为故意破坏，下面给工作表设置保护密码。方法是在"审阅"选项下的"更改"组中单击"保护工作表"按钮，如图 5-5 所示。

图 5-4　"以选定区域创建名称"对话框

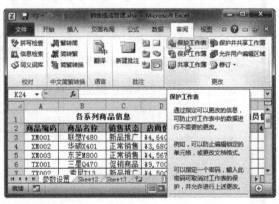

图 5-5　单击"保护工作表"按钮

步骤 7　弹出"保护工作表"对话框，在"取消工作表保护时使用的密码"文本框中输入密码，并在"允许此工作表的所有用户进行"列表框中设置允许操作，再单击"确定"按钮，如图 5-6 所示。

步骤 8　弹出"确认密码"对话框，再次输入新密码，再单击"确定"按钮，如图 5-7 所示。设置好保护密码后，当用户对工作表进行选定(未)锁定单元格以外的操作时，将会弹出如图 5-8 所示的对话框，提示试图修改的单元格受保护，若要修改受保护的单元格，需要先撤销工作表保护，此时直接单击"确定"按钮。

图 5-6　"保护工作表"对话框

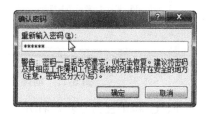

图 5-7　"确认密码"对话框

图 5-8　Microsoft Excel 对话框

步骤 9　如果想取消对工作表的保护，可以在"审阅"选项卡下的"更改"组中单击"撤消工作表保护"按钮，如图 5-9 所示。

步骤 10　弹出"撤消工作表保护"对话框，输入设置的密码，如图 5-10 所示，再单击"确定"按钮，即可取消对工作表的保护。

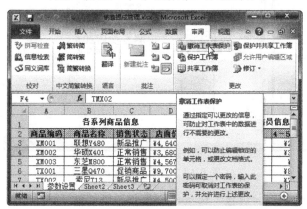

图 5-9　单击"撤消工作表保护"按钮

图 5-10　"撤消工作表保护"对话框

5.2.2　建立"本月销售统计"工作表

建立"本月销售统计"工作表的目的，是为了及时输入公司商品销售的业务记录。在该表格中准确、快速地输入数据，是事后进行销售分析和提成计算的基础。下面来创建"本月销售统计"工作表，具体操作步骤如下。

步骤 1　重命名 Sheet2 工作表为"本月销售统计"，然后在工作表中输入表格标题和列字段(包括"销售日期"、"销售员"、"商品编码"、"商品名称"、"销售状态"、"店面价格"、"成交价格"、"折扣率"、"数量"和"成交金额")，如图 5-11 所示。

图 5-11　创建"本月销售统计"工作表

步骤 2　选中 F、G 和 J 三列，然后打开"设置单元格格式"对话框，并切换到"数字"选项卡，在"分类"列表框中选择"货币"选项；接着在右侧设置"小数位数"为 0，"货币符号"为"￥"，"负数"为"￥1,234"，再单击"确定"按钮，如图 5-12 所示。

步骤 3　使用类似方法设置 A 列单元格的数字格式为"短日期"；H 列单元格的数字格式为"百分比"，"小数位数"为 2。

步骤 4　选定 B 列，然后在"数据"选项卡下的"数据工具"组中单击"数据有效性"按钮右侧的下拉按钮，从弹出的菜单中选择"数据有效性"选项，如图 5-13 所示。

图 5-12　设置数字格式

图 5-13　选择"数据有效性"选项

步骤 5　弹出"数据有效性"对话框，切换到"设置"选项卡，然后在"允许"下拉列表框中选择"序列"选项，在"来源"文本框中输入"=姓名"，如图 5-14 所示。

步骤 6　单击"确定"按钮，为 B 列建立销售员的"姓名"下拉列表框。此时若单击 B3 单元格，会在单元格右侧出现下拉按钮▼，单击该按钮，从展开的下拉列表中选择需要的姓名即可，如图 5-15 所示。

步骤 7　使用上述方法为 C 列建立"商品编码"下拉列表。

步骤 8　在"本月销售统计"工作表中录入销售日期、销售员、商品编码、成交价格、数量信息，然后为表格添加边框，并将其居中对齐，效果如图 5-16 所示。

步骤 9　在 D3 单元格中输入公式"=IF(C3="","",VLOOKUP(C3,参数设置!$A$3:$D$14,2,FALSE))"，按 Enter 键获得与商品编码对应的商品名称，然后向下填充公式，获得其他商品编码对应的商品名称，如图 5-17 所示。

图 5-14　"数据有效性"对话框 　　　　图 5-15　查看建立的销售员"姓名"下拉列表

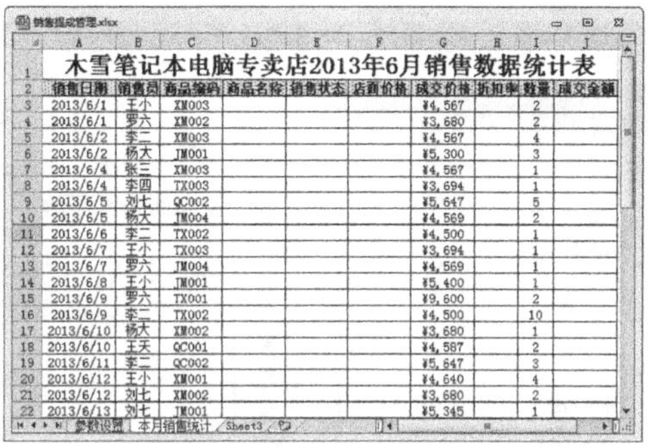

图 5-16　输入数值信息

步骤 10　在 E3 单元格中输入公式 "=IF(C3="","",VLOOKUP(C3,参数设置!$A$3:$D$14,3, FALSE))"，并向下填充公式，获得商品编码对应的销售状态；在 F3 单元格中输入公式 "=IF(C3="","",VLOOKUP(C3,参数设置!$A$3:$D$14,4,FALSE))"，并向下填充公式，获得商品编码对应的店面价格；在 H3 单元格中输入公式 "=IF(E3="促销商品",(F3-G3)/F3,IF(G3<>F3,"数据错误",""))"，并向下填充公式，计算商品折扣率；在 J3 单元格中输入公式 "=IF(I3="","",G3*I3)"，并向下填充公式，计算商品成交金额，最终效果如图 5-18 所示。

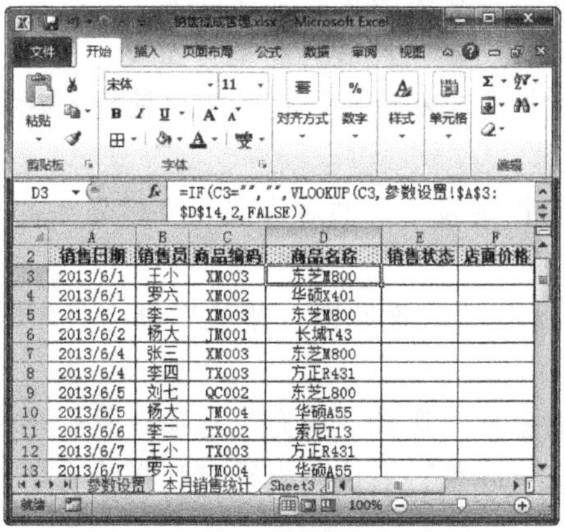

图 5-17　获得商品编码对应的商品名称 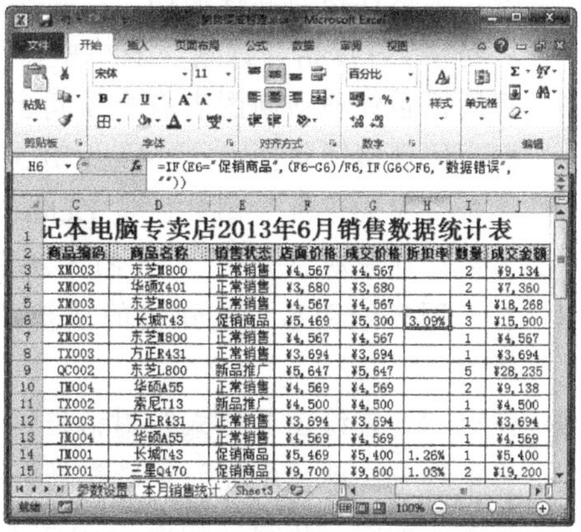　　图 5-18　"本月销售统计"工作表的最终效果

5.2.3 建立计划完成情况动态图表

为了便于销售管理人员清楚地了解本月销售情况，下面将制作"计划完成情况"工作表，在工作表中使用动态图表表示本月计划完成情况和本季度销售占全年比例，具体操作步骤如下。

步骤 1 将 Sheet3 工作表重命名为"计划完成情况"，然后在该工作表中创建"温度计式"图表来源的数据表，如图 5-19 所示。

步骤 2 在 D6 单元格中输入公式"=SUM(本月销售统计!J:J)"，在 D7 单元格中输入公式"=D6/D5"，在 I6 单元格中输入公式"=D2+D6"，在 I7 单元格中输入公式"=I6/I5"。

步骤 3 为表格添加边框和填充色，效果如图 5-20 所示，然后再取消网格线显示。

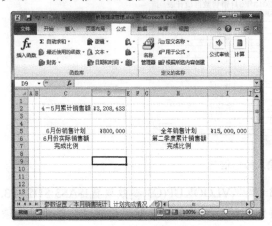

图 5-19 作为图表来源的数据表的原始框架　　图 5-20 创建好的图表来源数据表

步骤 4 下面制作用来反映本月销售计划完成情况的"温度计式"图表。首先选取 C7:D7 单元格区域，然后在"插入"选项卡下的"图表"组中单击"柱形图"按钮，从弹出的菜单中选择"簇状柱形图"选项，制作出一个柱形图，如图 5-21 所示。

步骤 5 将鼠标指针移动到柱形图上，当指针变成十字箭头形状时按住鼠标左键，将图表拖动到"6 月份销售计划"表格中，如图 5-22 所示，然后释放鼠标左键。

步骤 6 将鼠标指针移动到图表右下顶角上，当指针变成双箭头形状时按住鼠标左键拖动鼠标，按表格调整图表大小，如图 5-23 所示。

步骤 7 单击"完成比例"图例，按 Delete 键取消图例显示，然后修改图表标题为"6 月份销售计划完成百分比"，如图 5-24 所示。

步骤 8 右击图表绘图区，从弹出的快捷菜单中选择"设置绘图区格式"命令，如图 5-25 所示。

步骤 9 弹出"设置绘图区格式"对话框，在左侧窗格中选择"填充"选项，然后在右侧窗格中选中"纯色填充"单选按钮，接着在"颜色"下拉列表框中选择填充颜色，再单击"关闭"按钮，如图 5-26 所示。

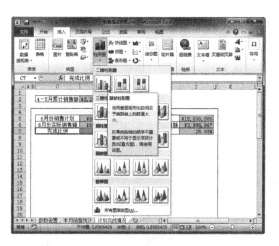

图 5-21　选择"簇状柱形图"选项

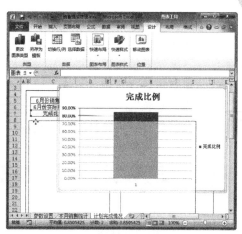

图 5-22　移动图表

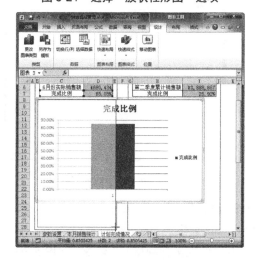

图 5-23　调整图表大小

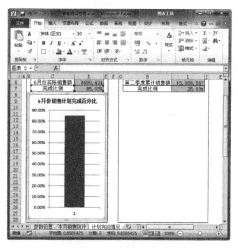

图 5-24　修改图表标题

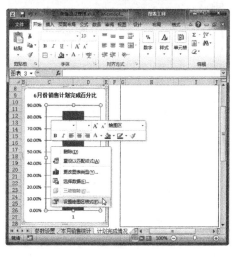

图 5-25　选择"设置绘图区格式"命令

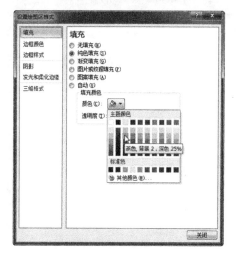

图 5-26　设置绘图区填充颜色

Excel 在市场营销与销售管理中的应用

步骤 10 右击图表中的柱形，从弹出的快捷菜单中选择"设置数据点格式"命令，如图 5-27 所示。

步骤 11 弹出"设置数据点格式"对话框，在左侧窗格中选择"填充"选项，然后在右侧窗格中选中"纯色填充"单选按钮，接着在"颜色"下拉列表框中选择填充颜色为"蓝色"。

步骤 12 在左侧窗格中选择"系列选项"选项，然后在右侧窗格中将"分类间距"滑块调整到最左侧"无间距"，再单击"关闭"按钮，如图 5-28 所示。

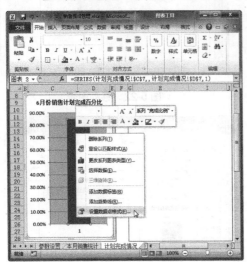
图 5-27 选择"设置数据点格式"命令

图 5-28 设置数据点格式

步骤 13 右击图表的数据点，从弹出的快捷菜单中选择"添加数据标签"命令，如图 5-29 所示，让图表能够显示出完成计划的百分比数字。

步骤 14 右击纵坐标轴，从弹出的快捷菜单中选择"设置坐标轴格式"命令，如图 5-30 所示。

图 5-29 选择"添加数据标签"命令

图 5-30 选择"设置坐标轴格式"命令

步骤 15　弹出"设置坐标轴格式"对话框，在左侧窗格中选择"坐标轴选项"选项，然后在右侧窗格中将"最小值"、"最大值"、"主要刻度单位"、"次要刻度单位"参数全部设为"固定"，数值分别为 0.0、1.5、0.3 和 0.06，再单击"关闭"按钮，如图 5-31 所示。

步骤 16　使用类似方法，制作"第二季度完成全年计划百分比"图表，最终效果如图 5-32 所示。

图 5-31　"设置坐标轴格式"对话框

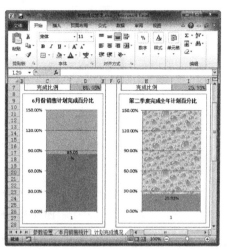

图 5-32　制作"第二季度完成全年计划百分比"图表

5.2.4　使用切片器分析销售情况

下面将介绍如何使用切片器分析月销售情况，但是由于切片器链接的数据源在 Excel 工作簿中，因此需要先创建数据透视表，具体操作步骤如下。

步骤 1　新插入一张工作表，并将其重命名为"使用切片器分析"，然后选中 A1 单元格，接着在"插入"选项卡下的"表格"组中单击"数据透视表"按钮，如图 5-33 所示。

步骤 2　弹出"创建数据透视表"对话框，在"表/区域"文本框中输入"本月销售统计!$A$2:$J$50"，再单击"确定"按钮，如图 5-34 所示。

图 5-33　单击"数据透视表"按钮

图 5-34　"创建数据透视表"对话框

步骤 3　在"数据透视表字段列表"窗格中的"选择要添加到报表的字段"列表框中选中要分析的字段，创建的数据透视表如图 5-35 所示。

图 5-35　成功创建数据透视表

步骤 4　在"数据透视表"工具下的"选项"选项卡中，单击"排序和筛选"组中的"插入切片器"按钮，如图 5-36 所示。

步骤 5　弹出"插入切片器"对话框，选择要插入的字段，再单击"确定"按钮，如图 5-37 所示。

图 5-36　单击"插入切片器"按钮　　　图 5-37　"插入切片器"对话框

步骤 6　返回工作表，即可看到创建的切片器了，如图 5-38 所示。

步骤 7　这时就可以使用切片器去分析销售情况了。例如，要查看商品"联想 Y480"的销售情况，在"商品名称"切片器中单击"联想 Y480"选项，本月关于"联想 Y480"的销售情况就显示出来了，如图 5-39 所示。

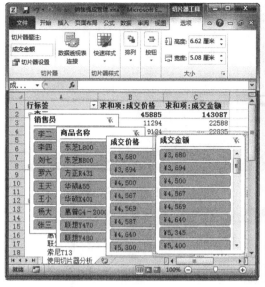

图 5-38　成功创建切片器

图 5-39　利用切片器分析销售情况

5.3　销售数据统计汇总与图表制作

每到月底，很多公司都需要统计本月的商品销售情况，包括按日期汇总、按商品名称汇总、按销售员汇总等，同时还要根据汇总结果制作相关的图表，以便直观地显示销售情况的变化趋势，分析整体销售中各种商品的比例和销售员的业绩情况。

5.3.1　按日期汇总销售数据并制作折线图

下面根据"本月销售统计"工作表中的销售记录，汇总出每天的销售总额，然后对其使用"条件格式"中的数据条直观显示每日销售总额变化，最后制作出用来反映每日销售额变化趋势的折线图。

步骤 1　新建"按日期统计"工作表，然后在 B1:C33 单元格区域中制作"每日销售额汇总"表格，如图 5-40 所示。

步骤 2　在 C3 单元格中输入公式 "=SUMIF(本月销售统计!$A$3:$A$50,B3,本月销售统计!$J$3:$J$50)"，按 Enter 键确认，接着向下填充公式，汇总其他日期的销售额，如图 5-41 所示。

步骤 3　在 C33 单元格中输入公式 "=SUM(C3:C32)"，汇总 6 月份的总销售额。

步骤 4　选中 C3:C32 单元格区域，然后在"开始"选项卡下的"样式"组中单击"条件格式"按钮，从弹出的菜单中选择"数据条"|"浅蓝色数据条"选项，如图 5-42 所示。

图 5-40 制作"每日销售额汇总"表格　　　　图 5-41 汇总每日的销售额

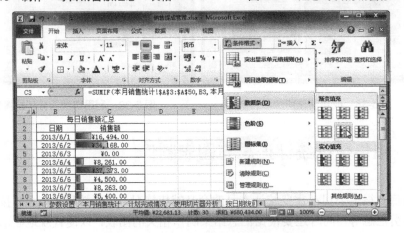

图 5-42 对每日销售额使用数据条标记

步骤 5 下面制作每日销售额变化趋势折线图。选中 B2:C32 单元格区域，然后在"插入"
选项卡下的"图表"组中单击"折线图"按钮，从弹出的菜单中选择"折线图"选
项，如图 5-43 所示。

步骤 6 制作好的折线图如图 5-44 所示，然后对其大小和位置做适当的调整。

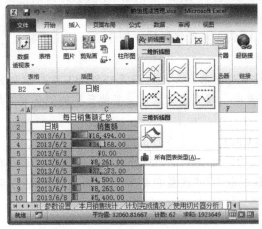

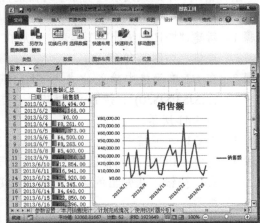

图 5-43 选择"折线图"选项　　　　　　　图 5-44 制作好的折线图

步骤 7　删除图表上的图例，然后修改图表标题为"2013 年 6 月份每日销售额变化趋势"，如图 5-45 所示。

步骤 8　右击日期横坐标轴，从弹出的快捷菜单中选择"设置坐标轴格式"命令，如图 5-46 所示。

图 5-45　修改图表标题

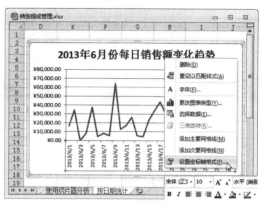

图 5-46　选择"设置坐标轴格式"命令

步骤 9　弹出"设置坐标轴格式"对话框，在左侧窗格中选择"数字"选项，然后在右侧窗格中的"类别"列表框中选择"自定义"选项，接着在"类型"列表框中选择 dd 选项，如图 5-47 所示，再单击"关闭"按钮，让横坐标轴上的日期按两位格式显示。

步骤 10　右击纵坐标轴，从弹出的快捷菜单中选择"设置坐标轴格式"命令，弹出"设置坐标轴格式"对话框，在左侧窗格中选择"坐标轴选项"选项，然后在右侧窗格中设置"显示单位"为"10000"，如图 5-48 所示，再单击"关闭"按钮。

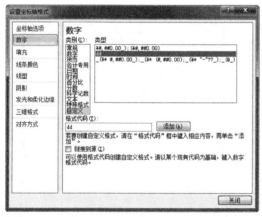

图 5-47　设置横坐标轴的数字格式

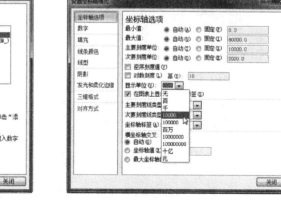

图 5-48　设置纵坐标轴的显示单位

步骤 11　右击标题，从弹出的快捷菜单中选择"设置图表标题格式"命令，然后在弹出的对话框中设置标题填充颜色为"白色"、"纯色填充"；接着右击绘图区，设置其填充颜色为"白色"、"纯色填充"；再右击图表区，设置其填充颜色为"茶色"、"纯色填充"，最终效果如图 5-49 所示。

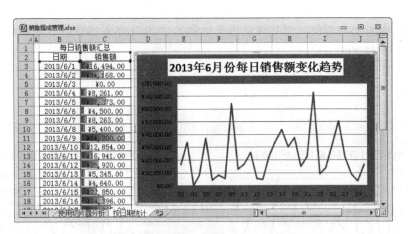

图 5-49　商品销售每日折线图的最终制作效果

5.3.2　按商品名称汇总销售数据并制作条形图

下面根据"本月销售统计"工作表中的销售记录，按照商品名称对销售额进行汇总统计，计算出各种商品的本月销售额，然后确定销售额排序的前三名，最后制作出用来反映各商品销售额对比的条形图。

步骤 1　新建名称为"按商品名称统计"的工作表，然后在工作表中创建"按商品名称统计销售额"表格，接着从"参数设置"工作表中复制商品名称，如图 5-50 所示。

步骤 2　在 B3 单元格中输入公式"=SUMIF(本月销售统计!D:D,A3,本月销售统计!J:J)"，并按 Enter 键确认，然后向下填充公式，如图 5-51 所示。

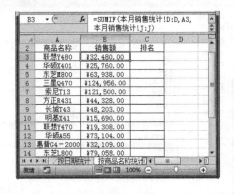

图 5-50　创建"按商品名称统计"工作表　　　图 5-51　按商品名称统计各商品本月的销售额

步骤 3　在 B15 单元格中输入公式"=SUM(B3:B14)"，按 Enter 键计算所有商品的合计销售额。

步骤 4　在 C3 单元格中输入公式"=RANK(B3,$B$3:$B$14)"，按 Enter 键确定商品排名，接着向下填充公式，给其他商品排名，如图 5-52 所示。

步骤 5　选中 C3:C14 单元格区域，然后在"开始"选项卡下的"样式"组中单击"条件格式"按钮，从弹出的菜单中选择"新建规则"选项，如图 5-53 所示。

图 5-52　计算各商品在本月的销售额排名

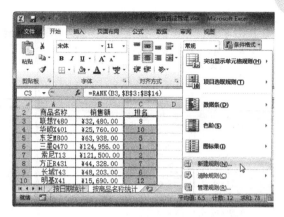

图 5-53　选择"新建规则"选项

步骤 6　弹出"新建格式规则"对话框，在"选择规则类型"列表框中选择"只为包含以下内容的单元格设置格式"选项，接着设置条件为"单元格值 小于或等于 3"，再单击"格式"按钮，如图 5-54 所示。

步骤 7　弹出"设置单元格格式"对话框，切换到"字体"选项卡，设置字体格式为"红色、加粗倾斜"，如图 5-55 所示，再依次单击"确定"按钮。

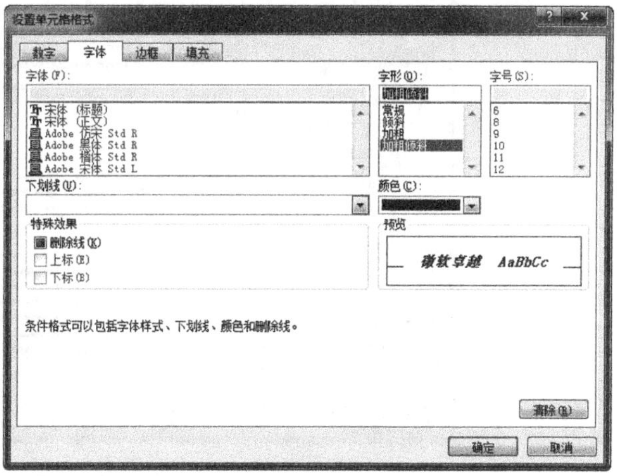

图 5-54　"新建格式规则"对话框

图 5-55　"设置单元格格式"对话框

步骤 8　这时将会使用"红色、加粗倾斜"字体显示销售额前三排名，如图 5-56 所示。

步骤 9　下面制作各种商品销售数据对比情况的条形图。首先选取 A2:B14 单元格区域，然后在"插入"选项卡下的"图表"组中单击"条形图"按钮，从弹出的菜单中选择"簇状条形图"选项，如图 5-57 所示。

步骤 10　创建的条形图如图 5-58 所示，然后调整图表的大小和位置。

步骤 11　右击图例，从弹出的快捷菜单中选择"删除"命令，删除图例。

步骤 12　修改图表标题为"2013 年 6 月份商品销售条形图"，并设置字体格式为"华文琥珀、20"，同时设置标题区的填充为纹理填充效果。

Excel 在市场营销与销售管理中的应用

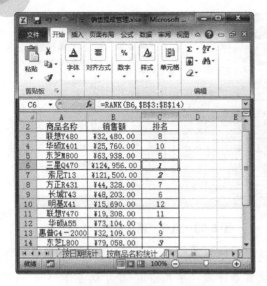

图 5-56 应用格式规则后的效果

图 5-57 选择"簇状条形图"选项

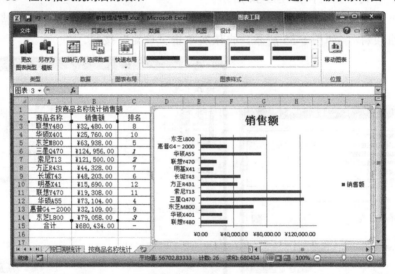

图 5-58 条形图的初始效果

步骤 13 右击横坐标轴,从弹出的快捷菜单中选择"设置坐标轴格式"命令,然后在弹出的"设置坐标轴格式"对话框中设置数字类别为"常规"。

步骤 14 右击图表区,从弹出的快捷菜单中选择"设置图表区域格式"命令,然后在弹出的对话框的左侧窗格中选择"填充"选项,接着在右侧窗格中选中"渐变填充"单选按钮,并设置预设颜色、类型和方向等参数,再单击"关闭"按钮,图表效果如图 5-59 所示。

步骤 15 右击条形图,从弹出的快捷菜单中选择"添加数据标签"命令,为每条条形图添加数据标签,如图 5-60 所示。

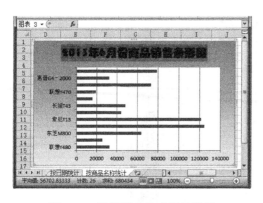

图 5-59　设置图表格式后的效果

图 5-60　添加数据标签

5.3.3　按销售员和销售日期交叉统计销售额

下面根据"本月销售统计"工作表中的销售记录，对销售员和销售日期进行销售额的双向交叉统计，也就是汇总出每个销售员在 6 月份期间每天的销售额合计数据，并对每个销售员的销售额和每天的销售额进行汇总，具体操作步骤如下。

步骤 1　新建名称为"按销售员和日期统计"的工作表，然后在工作表中创建如图 5-61 所示的表格。

步骤 2　在 B3 单元格中输入公式"=SUMPRODUCT((本月销售统计!$A$3:$A$50=$A3)*(本月销售统计!$B$3:$B$50=B$2)*(本月销售统计!$J$3:$J$50))"，按 Enter 键获取该销售员在 2013 年 6 月 1 日的总销售额，接着向下填充公式，获取该销售员 6 月份每天的总销售额，如图 5-62 所示。

图 5-61　新建"按销售员和日期统计"工作表

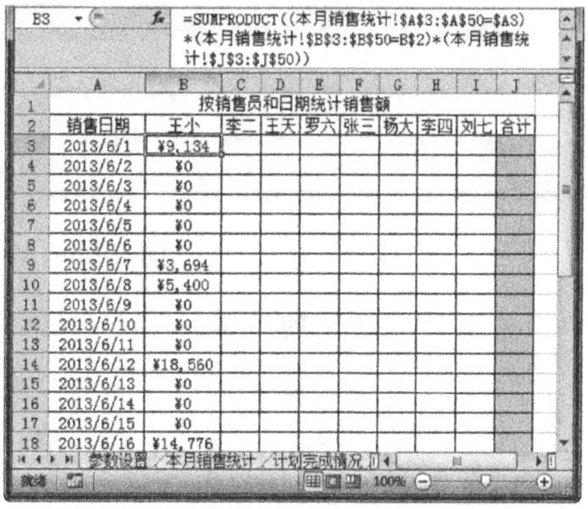

图 5-62　统计第一个销售员每天的总销售额

步骤 3　选中 B3:B32 单元格区域，然后向右填充公式，获取其他销售员每天的总销售额。

步骤 4　在 J3 单元格中输入公式"=SUM(B3:I3)"，然后向下填充公式，统计 6 月份每天的总销售额。

步骤 5　在 B33 单元格中输入公式"=SUM(B3:B32)"，然后向右填充公式，统计每个销售员在 6 月份的总销售额和所有销售员在 6 月份的总销售额，最终效果如图 5-63 所示。

按销售员和日期统计销售额

销售日期	王小	李二	天天	罗六	张三	杨大	李四	刘比	合计
2013/6/1	¥9,134	¥0	¥0	¥7,360	¥0	¥0	¥0	¥0	¥16,494
2013/6/2	¥0	¥18,268	¥0	¥0	¥0	¥15,900	¥0	¥0	¥34,168
2013/6/3	¥0	¥0	¥0	¥0	¥0	¥0	¥0	¥0	¥0
2013/6/4	¥0	¥0	¥0	¥0	¥4,567	¥0	¥3,694	¥0	¥8,261
2013/6/5	¥0	¥0	¥0	¥0	¥0	¥9,138	¥28,235	¥0	¥37,373
2013/6/6	¥0	¥4,500	¥0	¥0	¥0	¥0	¥0	¥0	¥4,500
2013/6/7	¥3,694	¥0	¥0	¥4,569	¥0	¥0	¥0	¥0	¥8,263
2013/6/8	¥5,400	¥0	¥0	¥0	¥0	¥0	¥0	¥0	¥5,400
2013/6/9	¥0	¥45,000	¥0	¥19,200	¥0	¥0	¥0	¥0	¥64,200
2013/6/10	¥0	¥0	¥9,174	¥0	¥0	¥3,680	¥0	¥0	¥12,854
2013/6/11	¥0	¥16,941	¥0	¥0	¥0	¥0	¥0	¥0	¥16,941
2013/6/12	¥18,560	¥0	¥0	¥0	¥0	¥0	¥7,360	¥0	¥25,920
2013/6/13	¥0	¥0	¥0	¥0	¥0	¥0	¥5,345	¥0	¥5,345
2013/6/14	¥0	¥0	¥0	¥0	¥0	¥0	¥4,640	¥0	¥4,640
2013/6/15	¥0	¥3,694	¥0	¥19,156	¥0	¥0	¥0	¥0	¥22,850
2013/6/16	¥14,776	¥0	¥10,620	¥0	¥0	¥0	¥0	¥9,000	¥34,396
2013/6/17	¥0	¥0	¥0	¥0	¥15,690	¥28,235	¥0	¥0	¥43,925
2013/6/18	¥19,400	¥0	¥0	¥0	¥0	¥0	¥10,938	¥0	¥30,338
2013/6/19	¥0	¥18,276	¥0	¥0	¥0	¥0	¥0	¥19,308	¥37,584
2013/6/20	¥0	¥0	¥14,776	¥0	¥0	¥0	¥0	¥0	¥14,776
2013/6/21	¥22,845	¥0	¥0	¥0	¥0	¥0	¥0	¥0	¥22,845
2013/6/22	¥0	¥5,647	¥0	¥0	¥0	¥67,200	¥0	¥0	¥72,847
2013/6/23	¥0	¥0	¥0	¥0	¥0	¥0	¥0	¥9,138	¥9,138
2013/6/24	¥0	¥4,567	¥9,000	¥0	¥0	¥0	¥0	¥0	¥13,567
2013/6/25	¥22,500	¥0	¥0	¥9,138	¥0	¥0	¥0	¥0	¥31,638
2013/6/26	¥0	¥0	¥0	¥0	¥27,402	¥0	¥22,935	¥0	¥50,337
2013/6/27	¥0	¥22,500	¥0	¥0	¥0	¥0	¥0	¥0	¥22,500
2013/6/28	¥0	¥0	¥9,000	¥0	¥0	¥0	¥0	¥0	¥9,000
2013/6/29	¥0	¥3,694	¥0	¥0	¥0	¥0	¥0	¥7,360	¥16,640
2013/6/30	¥9,280	¥0	¥0	¥0	¥0	¥0	¥0	¥0	¥9,280
合计	¥125,989	¥143,987	¥52,570	¥59,423	¥47,659	¥124,153	¥19,272	¥106,681	¥680,434

图 5-63 "按销售员和日期统计销售额"表格的最终效果

5.3.4 使用迷你图分析销售额

下面根据上一节制作的"按销售员和日期统计销售额"表格，使用迷你图来分析销售额，具体操作步骤如下。

步骤 1 新建名称为"使用迷你图分析"的工作表，然后在"按销售员和日期统计"工作表中选中 A2:I32 单元格区域，并按 Ctrl+C 组合键进行复制。

步骤 2 切换到"使用迷你图分析"工作表，选中 A1 单元格，然后按 Ctrl+V 组合键进行粘贴，弹出 Microsoft Excel 对话框，提示复制的内容中含有一个或多个公式包含循环引用，单击"确定"按钮，创建循环引用，如图 5-64 所示。

图 5-64 Microsoft Excel 对话框

步骤 3 单击"粘贴选项"图标 (Ctrl)，从弹出的菜单中选择"值和源格式"选项，保留公式值和单元格格式设置，如图 5-65 所示。

步骤 4 选择 J2:J31 单元格区域，然后在"插入"选项卡下的"迷你图"组中单击"折线图"按钮，如图 5-66 所示。

步骤 5 弹出"创建迷你图"对话框，在"数据范围"文本框中输入"B2:I31"，或是使用鼠标在工作表中选择数据源区域，再单击"确定"按钮，如图 5-67 所示。

步骤 6 这时将会在选区中的每个单元格中自动插入一个折线图，用以对比 6 月份每天所有销售员的销售额，如图 5-68 所示。

步骤 7 使用该方法，在 B32:I32 单元格区域中插入各销售员在 6 月份每天的销售额迷你图，如图 5-69 所示。

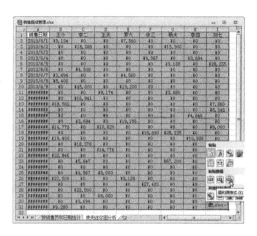

图 5-65　单击"值和源格式"图标

图 5-66　单击"折线图"按钮

图 5-67　"创建迷你图"对话框

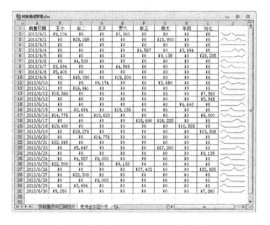

图 5-68　创建 6 月份每天所有销售员的销售额迷你图　　图 5-69　创建各销售员在 6 月份每天的销售额迷你图

5.4　销售员本月业绩与提成的计算

到了月底，公司要统计每个销售员的业绩，计算销售员应得提成，对销售业绩排名第一的员工进行奖励，以调动员工积极性。

5.4.1　确定销售员的本月业绩排行榜

到了月底，公司要看每个销售员的业绩排名，可以制作一个销售员的业绩排行榜，具体操作步骤如下。

步骤 1　新建名称为"销售员业绩"的工作表，然后在工作表中制作"2013 年 6 月公司销售员业绩排行"表格，并从"参数设置"工作表中复制销售员的编号和姓名，如图 5-70所示。

步骤 2　在 C3 单元格中输入公式"=SUMIF(本月销售统计!$B$3:$B$50,B3,本月销售统计!$J$3:$J$50)"，然后向下填充公式，统计每位销售员在 6 月份的销售额，如图 5-71所示。

图 5-70　制作"2013 年 6 月公司销售员业绩排行"表格　图 5-71　统计每位销售员在 6 月份的销售额

步骤 3　在 D3 单元格中输入公式"=RANK(C3,$C$3:$C$10)"，然后向下填充公式，按 6 月份的销售额给销售员排名，如图 5-72 所示。

步骤 4　在 E3 单元格中输入公式"=参数设置!H3"，然后向下填充公式，从"参数设置"工作表中获取每位销售员 4～5 月的累计销售额。

步骤 5　在 F3 单元格中输入公式"=C3+E3"，然后向下填充公式，统计每位销售员在第二季度的累计销售额，如图 5-73 所示。

步骤 6　复制 B2:D10,F2:F10 单元格区域中的数值到 B13:E21 单元格区域，然后以"6 月销售排名"为关键字对复制后的表格进行排序，接着合并 B12:E12 单元格区域，并输入表格标题，如图 5-74 所示。

步骤 7　选中 B13:C21,E13:E21 单元格区域，然后在"插入"选项卡下的"图表"组中单击"柱形图"按钮，从弹出的菜单中选择"簇状柱形图"选项，制作如图 5-75 所示的图表。

步骤 8　右击图例，从弹出的快捷菜单中选择"设计图例格式"命令，然后在弹出的对话框的左侧窗格中选择"图例选项"选项，接着在右侧窗格中选中"底部"单选按钮，并选中"显示图例，但不与图表重叠"复选框，再单击"关闭"按钮，如图 5-76 所示。

步骤 9　在图表中右击"第二季度累计销售额"数据系列，从弹出的快捷菜单中选择"更改系列图表类型"命令，如图 5-77 所示。

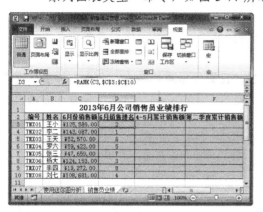

图 5-72　按 6 月份的销售额给销售员排名

图 5-73　统计每位销售员在第二季度的累计销售额

图 5-74　对原表格进行复制后制作的排序表格

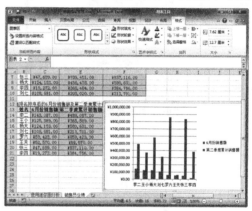

图 5-75　插入簇状柱形图

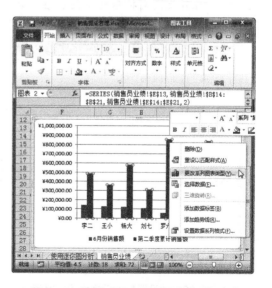

图 5-76　"设计图例格式"对话框

图 5-77　选择"更改系列图表类型"命令

步骤 10 弹出"更改图表类型"对话框，在左侧窗格中选择"折线图"选项，接着在右侧窗格中选择一种折线图，如图 5-78 所示。

步骤 11 单击"确定"按钮，将"第二季度累计销售额"数据系列的图表类型由柱形图调整为折线图，如图 5-79 所示。

步骤 12 右击折线图，从弹出的快捷菜单中选择"设置数据系列格式"命令，弹出"设置数据系列格式"对话框，在左侧窗格中选择"系列选项"选项，接着在右侧窗格中选中"次坐标轴"单选按钮。

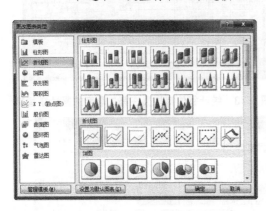

图 5-78 "更改图表类型"对话框

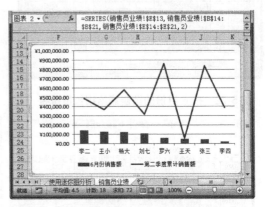

图 5-79 将"第二季度累计销售额"数据系列更改为折线图

步骤 13 在左侧窗格中选择"数据标记选项"选项，接着在右侧窗格中选中"内置"单选按钮，并在"类型"下拉列表框中选择三角形形状▲，再单击"关闭"按钮，如图 5-80 所示。

步骤 14 右击图表中的网格线，从弹出的快捷菜单中选择"设置网格线格式"命令，然后在弹出的对话框的左侧窗格中选择"线条颜色"选项，接着在右侧窗格中选中"无线条"单选按钮，再单击"关闭"按钮，最终效果如图 5-81 所示。

图 5-80 "设置数据系列格式"对话框

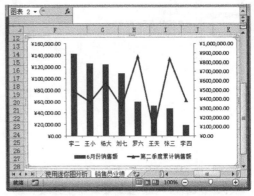

图 5-81 取消图表网格线后的效果

5.4.2 按销售记录计算每笔交易的提成

下面根据"本月销售统计"工作表中销售员的每笔销售记录，依据销售状态和销售折扣，合理确定提成的比例，然后计算出每笔销售记录的提成金额，具体操作步骤如下。

步骤 1　新建名称为"提成计算"的工作表，然后将"本月销售统计"工作表中的数据复制到该工作表中，并在表格右侧增加"提成比例"和"提成金额"两列。

步骤 2　设置 H、K 列的数字格式为带两位小数的百分比格式；F、G、J、L 列的数字格式为无小数位的货币格式，并且为 K、L 列设置"橙色"填充以突出显示，如图 5-82 所示。

图 5-82　设置业务员销售提成表格格式

步骤 3　在 K3 单元格中输入公式 "=IF(E3="正常销售",参数设置!\$L\$3,IF(E3="新品推广",参数设置!\$L\$7,IF(E3="促销商品",IF(H3<0.01,参数设置!\$L\$4,IF(H3<0.03,参数设置!\$L\$5,参数设置!\$L\$6)))))"，接着向下填充公式，计算每笔销售记录的提成比例，如图 5-83 所示。

步骤 4　在 L3 单元格中输入公式 "=J3*K3"，接着向下填充公式，计算每笔销售记录对应的提成金额，最终效果如图 5-84 所示。

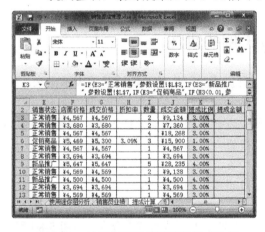

图 5-83　计算每笔销售记录的提成比例

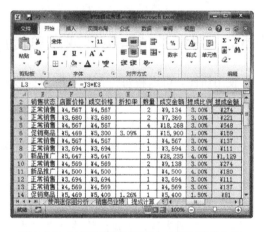

图 5-84　计算每笔销售记录对应的提成金额

5.5 销售员的提成汇总与图表分析

计算出每笔销售记录对应的提成金额后，下面来统计每位销售员应得的提成金额，然后

Excel 在市场营销与销售管理中的应用

使用饼图和圆锥图对比分析各销售员的提成金额。

5.5.1　设置销售员提成核算表

为了方便后面制作图表，下面先来制作销售员的提成核算表，具体操作步骤如下。

步骤 1　新建名称为"提成核算与分析"的工作表，然后在工作表中制作"销售员提成核算"表格，如图 5-85 所示。

步骤 2　在 B3 单元格中输入公式"=SUMIF(提成计算!$B$3:$B$50,A3,提成计算!$L$3:$L$50)"，然后向下填充公式，统计每位销售员的提成金额，如图 5-86 所示。

<table>
<tr><td>图 5-85　制作"销售员提成核算"表格</td><td>图 5-86　统计每位销售员的提成金额</td></tr>
</table>

步骤 3　在 B11 单元格中输入公式"=SUM(B3:B10)"，统计所有销售员的提成金额。至此，销售员的提成核算表制作完成。

5.5.2　制作各销售员提成占总提成比例的饼图

使用饼图，可以将每位销售员所得提成在所有提成金额中的比例清楚地表示出来，具体操作步骤如下。

步骤 1　接上节，在"提成核算与分析"工作表中选中 A2:B10 单元格区域，然后在"插入"选项卡下的"图表"组中单击"饼图"按钮，从弹出的菜单中选择"分离型三维饼图"选项，如图 5-87 所示。

步骤 2　这时将会在工作表中创建一个分离型三维饼图，如图 5-88 所示。

步骤 3　删除图表中的标题和图例。

步骤 4　右击图表区，从弹出的快捷菜单中选择"设置图表区域格式"命令，如图 5-89 所示。

步骤 5　弹出"设置图表区格式"对话框，在左侧窗格中选择"填充"选项，接着在右侧窗格中选中"无填充"单选按钮，如图 5-90 所示。

步骤 6　在左侧窗格中选择"边框颜色"选项，接着在右侧窗格中选中"无线条"单选按钮，再单击"关闭"按钮，返回工作表，隐藏工作表中的网格线。

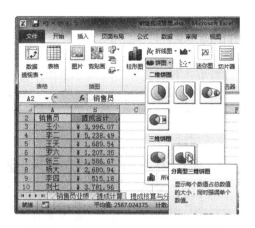

图 5-87　选择"分离型三维饼图"选项

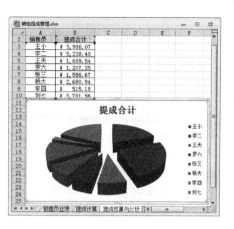

图 5-88　制作出的分离型三维饼图

图 5-89　选择"设置图表区域格式"命令

图 5-90　设置图表区填充效果

步骤 7　单击图表，然后在"图表工具"下的"设计"选项卡中，单击"图表布局"组中的"布局 1"按钮，如图 5-91 所示。

步骤 8　这时图表将会按布局 1 样式重新布局，如图 5-92 所示，然后删除图表标题。

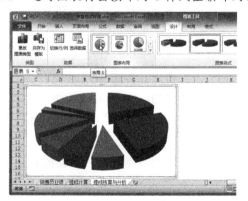

图 5-91　选择图表布局样式

图 5-92　重新布局后的饼图

5.5.3　制作销售员提成数据对比分析的圆锥图

下面介绍如何利用圆锥图对各个销售员的提成数据进行对比分析，具体操作步骤如下。

步骤 1　选中 A2:B10 单元格区域，然后在"插入"选项卡下的"图表"组中单击"柱形图"按钮，从弹出的菜单中选择"簇状圆锥图"选项，如图 5-93 所示。

步骤 2　这时将会在工作表中创建一个簇状圆锥图，如图 5-94 所示。

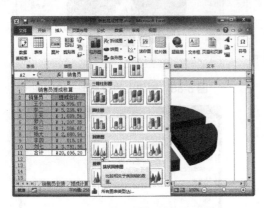

图 5-93　选择"簇状圆锥图"选项

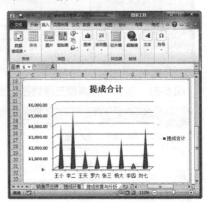

图 5-94　创建的簇状圆锥图

5.5.4　调整圆锥图并使之与饼图组合成一体

下面美化设置簇状圆锥图，并使之与饼图组合成一体，具体操作步骤如下。

步骤 1　在簇状圆锥图中删除图例，然后修改图表标题为"销售提成分析"，接着打开"设置图表标题格式"对话框，在左侧窗格中选择"对齐方式"选项，在右侧窗格中设置"文字方向"为"竖排"，"水平对齐方式"为"左对齐"，如图 5-95 所示。再单击"关闭"按钮，将图表标题移动到图表左侧显示。

步骤 2　右击纵坐标轴，然后打开"设置坐标轴格式"对话框，在左侧窗格中选择"数字"选项，接着在右侧窗格中的"类别"列表框中选择"常规"选项，再单击"关闭"按钮，如图 5-96 所示。

步骤 3　单击簇状圆锥图，在"图表工具"下的"格式"选项卡中，在"大小"组中调整图表高度和宽度，使之比饼图略宽，高度是饼图的两倍，如图 5-97 所示。

步骤 4　选取圆锥图，向上拖动放大，使其覆盖住上方的饼图，如图 5-98 所示。

步骤 5　右击圆锥图的图表区，从弹出的快捷菜单中选择"置于底层"|"下移一层"命令，让下面的饼图显示出来，如图 5-99 所示。

步骤 6　调整两个图表在屏幕上的相对显示位置，然后设置图表标题格式，让图表显示效果更加美观。

图 5-95　设置图表标题文字的对齐方式

图 5-96　设置纵坐标轴的数字格式

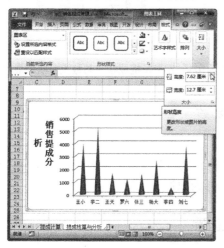

图 5-97　设置簇状圆锥图的大小

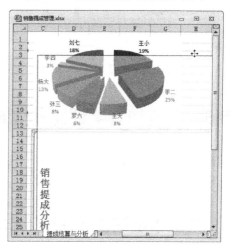

图 5-98　拖动棱锥图覆盖住上方的饼图

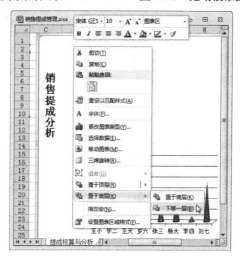

图 5-99　选择"下移一层"命令

步骤 7 按住 Shift 键选取两个图表并右击，从弹出的快捷菜单中选择"组合"|"组合"命令，如图 5-100 所示。

步骤 8 这时两个图表就组合起来了，设置圆锥图的颜色为绿色渐变效果，将工作表的网格线设置为"无"的状态，销售员提成核算与数据分析的最终效果如图 5-101 所示。

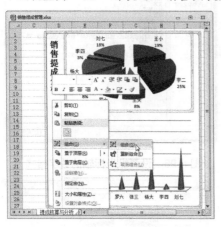

图 5-100 选择"组合"命令

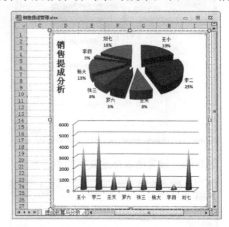

图 5-101 销售员提成核算与数据分析的最终效果

5.6 季度销售奖评比及奖金核算

到了月底，公司会根据各个销售员在该季度的总销售额，按照事先制定的季度销售奖评定规则，评比出各季度销售奖的获奖人员名单，并为他们核发奖金。

5.6.1 建立季度销售奖评比工作表框架

建立季度销售奖评比工作表框架的操作步骤如下。

步骤 1 新建名称为"季度销售奖评比"的工作表，然后在工作表中建立"2013 年第二季度销售奖评比及资金核算结果"表格，接着从"参数设置"工作表中复制销售员的编号和姓名到该表格中，如图 5-102 所示。

步骤 2 根据公司季度奖和奖金核算规则，在 H2:J5 单元格区域制作如图 5-103 所示的季度销售奖评比表格。

图 5-102 新建"季度销售奖评比"工作表　　　图 5-103 制作季度销售奖评比表格

5.6.2　通过链接获取季度累计销售额

季度累计销售额可以从前面制作的"销售员业绩"工作表中获取，用户可以通过复制或链接的方法实现。而为了保证数据与"销售员业绩"工作表中的数据同步，建议用户采用数据链接的方法，具体操作步骤是：在 C3 单元格中输入公式"=销售员业绩!F3"，按 Enter 键确认，然后向下填充公式，如图 5-104 所示。

图 5-104　通过链接获取各销售员第二季度累计销售额

 说明　　通过 C3 单元格中的公式"=销售员业绩!F3"，可以确保本表格中 C3 单元格的数值始终与"销售员业绩"工作表中的 F3 单元格保持同步动态变化。

5.6.3　利用公式确定季度奖的评比结果

下面利用公式来确定季度奖的评比结果，具体操作步骤如下。

步骤 1　在 D3 单元格中输入公式"=RANK(C3,$C$3:$C$10)"，按 Enter 键确认，然后向下填充公式，计算销售员第二季度销售额排名，如图 5-105 所示。

步骤 2　在 E3 单元格中输入公式"=IF(D3<=1,$I$3,IF(D3<=3,$I$4,IF(D3<=5,$I$5,"")))"，按 Enter 键确认，然后向下填充公式，计算销售员的季度评奖结果，如图 5-106 所示。

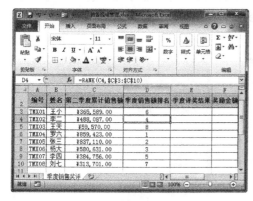

图 5-105　计算销售员第二季度销售额排名

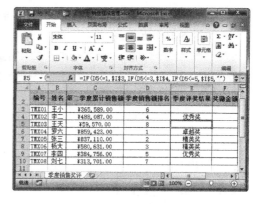

图 5-106　计算销售员的季度评奖结果

5.6.4　利用公式核算获奖人员的奖励金额

如果要核算出获奖人员的奖励金额,可以在F3 单元格中输入公式"=IF(E3=$I$3,C3*$J$3,

IF(E3=$I$4,C3*$J$4,IF(E3=$I$5,C3*$J$5,""))) ",并按 Enter 键确认,然后向下填充公式,如图 5-107 所示。

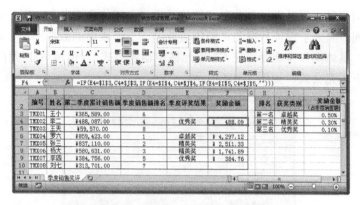

图 5-107 计算获奖人员的奖励金额

5.7 专家指导

5.7.1 固定要打印的表格标题

在打印 Excel 工作表时,有时因为内容过多,打印时需要换页。这样就会出现除第一页之外的其他页没有表格标题的情况,看起来不太方便,也不规范。因此,用户可以通过下述步骤固定要打印的表格标题,使打印时每页都有固定的表格标题。

步骤 1 切换到"本月销售统计"工作表,然后在"页面布局"选项卡下的"页面设置"组中单击对话框启动器按钮,如图 5-108 所示。

步骤 2 弹出"页面设置"对话框,切换到"工作表"选项卡,然后在"打印标题"选项组中的"顶端标题行"文本框中设置需要打印的标题区域,这里我们输入"$1:$2",如图 5-109 所示。

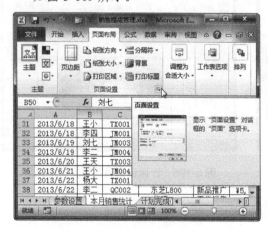

图 5-108 单击对话框启动器按钮

图 5-109 "页面设置"对话框

步骤3　设置完毕后单击"打印预览"按钮，预览设置效果，即可发现要打印的工作表的每页都会显示固定的标题，如图 5-110 所示。

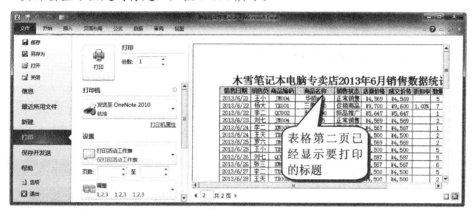

图 5-110　成功固定要打印的表格标题

5.7.2　套用切片器样式

为了快速设置切片器外观，Excel 中也提供了切片器样式功能，其使用方法如下。

步骤1　单击要设置的切片器，在"切片器工具"中的"选项"选项卡下，单击"切片器样式"组中的"其他"按钮，从弹出的菜单中选择要使用的样式，如图 5-111 所示。

步骤2　使用上述方法，对其他几个切片器套用不同的样式，效果如图 5-112 所示。

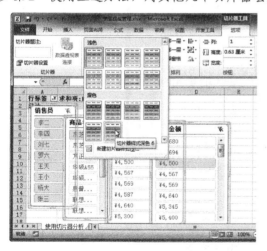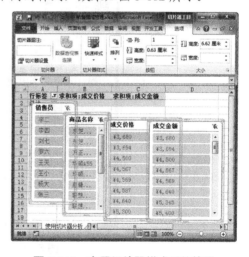

图 5-111　选择切片器样式　　　　图 5-112　套用切片器样式后的效果

5.7.3　插入不相邻的行或列

下面以在 Excel 工作表中插入不相邻的行为例，介绍如何在工作表中插入不相邻的行或列，具体操作步骤如下。

步骤 1　切换到"本月销售统计"工作表，选择第一个要插入行的单元格位置，这里选定 D3 单元格，然后按住 Ctrl 键，选择第二个要插入行的单元格位置，这里选定 G9 单元格，然后右击选中的单元格，从弹出的快捷菜单中选择"插入"命令，如图 5-113 所示。

步骤 2　弹出"插入"对话框，选中"整行"单选按钮，如图 5-114 所示。

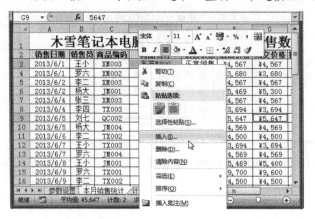

图 5-113　选择"插入"命令　　　　图 5-114　"插入"对话框

步骤 3　单击"确定"按钮，插入不相邻行的效果如图 5-115 所示。

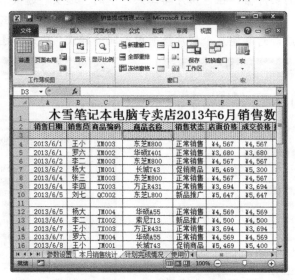

图 5-115　插入不相邻行的效果

5.7.4　让数据字号随着单元格调整

在编辑工作表时，当输入数据长度大于单元格宽度，数据不能完整地在屏幕上显示时，可以让 Excel 自动调整字号，具体操作步骤如下。

步骤 1　选择数据长度大于列宽的单元格，然后在"开始"选项卡下的"对齐方式"组中单击对话框启动器按钮，打开"设置单元格格式"对话框。

步骤 2　切换到"对齐"选项卡，然后在"文本控制"选项组中选中"缩小字体填充"复选框，再单击"确定"按钮即可，如图 5-116 所示。

图 5-116　选中"缩小字体填充"复选框

5.8　实战演练

一、选择题

1. 下列关于 Excel 表格区域的选定方法中，不正确的是(　　)。

    A. B4:D6 表示 B4～D6 之间所有的单元格

    B. A2,B4:E6 表示 A2 加上 B4～E6 之间所有的单元格构成的区域

    C. 可以用拖动鼠标的方式选定多个单元格

    D. 不相邻的单元格能组成一个区域

2. 下列关于 Excel 表格区域的选定方法中，不正确的是(　　)。

    A. 按住 Shift 键不放，再用鼠标单击，可以选定相邻单元格的区域

    B. 按住 Ctrl 键不放，再用鼠标单击，可以选定不相邻单元格的区域

    C. 按 Ctrl+A 组合键可以选定整个表格

    D. 单击某一行号可以选定整个表格

3. 下列需要引用绝对地址的情况是(　　)。

    A. 当把一个含有单元格地址的公式复制到一个新的位置时，为使公式中的单元格地址随新位置而变化

    B. 当在引用的函数中填入一个范围时，为使函数中的范围随地址位置不同而变化

    C. 当把一个含有范围的公式或函数复制到一个新的位置时，为使公式或函数中的范围随新位置不同而变化

    D. 当把一个含有范围的公式或函数复制到一个新的位置时，为使公式或函数中的范围不随新位置不同而变化

4. 某公式中引用了一组单元格(C3:D7,A1,F2)，该公式引用的单元格总数为(　　)。

    A. 4　　　　　　　　B. 8　　　　　　　　C. 12　　　　　　　　D. 16

二、实训题

新建工作簿，在 Sheet1 工作表中输入如图 5-117 所示的内容，为工作表添加表格，并美化表格。

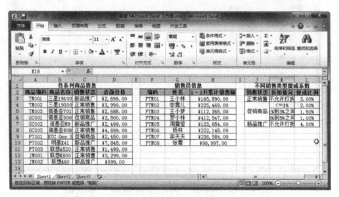

图 5-117　新建工作簿

1. 把 Sheet1 工作表重命名为"参数设置"。

2. 制作出一张"本月销售记录"工作表，该表格要能反映出销售员每天的成交金额。

3. 对 1~2 月的商品销售情况进行统计汇总，并制作图表。

第6章

经典实例：管理商品应收账款

【本章学习重点】

- 制作应收账款记录表
- 管理应收账款记录表
- 分析应收账款金额的账龄
- 统计分析客户坏账准备金

随着经济的发展，企业之间的竞争也在加剧，一些企业为了生存发展，采用赊销的方式向客户提供商品，这样虽然会提升客户量，但是也存在一定风险，那就是企业能否及时要回商品的应收账款。所以，企业要加强对客户应收账款的管理，以保证企业有充裕的流动资产。

【本章实例展示】

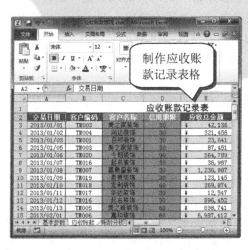

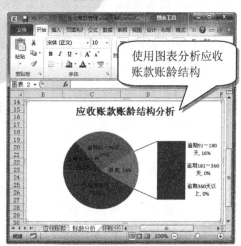

6.1　要点分析

本章通过制作"应收账款管理.xlsx"工作簿，介绍如何使用 Excel 2010 软件管理应收账款，包括应收账款的日常管理、数据计算、账龄分析、坏账提取等内容。

本章的侧重点是利用公式和函数计算应收账款到期日期、查看账款是否在信用期内、计算账款逾期天数、统计坏账金额和比例，并使用图表分析应收账款的账龄结构和坏账金额比例。在分析过程中，读者可以使用记录单将新的应收账款记录添加到工作表中，使用多级排序功能分析应收账款，使用筛选功能获取逾期账款清单。

- 记录单：是指详细记录所要资料的单据。在 Excel 中，记录单可以帮助用户在一个小窗口中完成输入数据的工作，避免在长长的表单中来回切换行和列。
- 多级排序：是指按两个或两个以上关键字进行排序的方法。
- 筛选：是指按某列指定条件，然后从单元格区域或表中找出满足指定条件的行，同时将那些不满足条件的行隐藏起来。如果按多个列指定两个或两个以上的筛选条件进行筛选，则称为高级筛选。

6.2　制作应收账款记录表

要管理应收账款，就必须做好应收账款的日常记录，下面就来制作应收账款记录表。

6.2.1　创建"基本参数"工作表

与管理销售提成类似，在管理应收账款时也会经常用到一些基础数据，如客户编码、客户名称、客户的信用期限等。为此，下面先来建立一个"基本参数"工作表，专门用来放置这些基础的数据，并对其中的部分数据区域命名，方便以后引用。

步骤 1　新建一个名称为"应收账款管理.xlsx"的工作簿，然后将 Sheet1 工作表重命名为"基本参数"。

步骤 2　在"基本参数"工作表中，共有两个表格。第一个表格有三列，分别是"客户编码"、"客户名称"和"信用期限(天)"列。第二个表格有两列，分别是"应收账款逾期天数"和"提取比例"列。接着输入相关客户名称、信用期限和应收账款逾期天数等相关数据，如图 6-1 所示。

步骤 3　选定 A3 单元格,然后将鼠标指针移动到 A3 单元格右下角,当指针变成十字形状时,按住鼠标左键不松向下拖动鼠标至 A22 单元格,填充客户编码,如图 6-2 所示。

步骤 4　按住 Ctrl 键，选中 A1:C1 和 E1:F1 不连续单元格区域并右击，从弹出的快捷菜单中选择"设置单元格格式"命令，在弹出的对话框中切换到"对齐"选项卡，接着在"文本对齐方式"选项组中设置"水平对齐"和"垂直对齐"均为"居中"，在"文本控制"选项组中选中"合并单元格"复选框，最后单击"确定"按钮，如图 6-3

所示。

步骤5　按住 Ctrl 键，选中 A2:C2 和 E2:F2 不连续单元格区域，然后打开"设置单元格格式"对话框，在"字体"选项卡下设置"字形"为"加粗"，"字号"为 12，接着在"填充"选项卡下设置填充图案颜色和样式，再单击"确定"按钮，如图 6-4 所示。

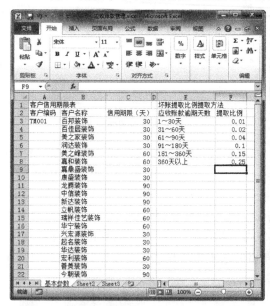

图 6-1　在"基本参数"工作表中输入相关内容

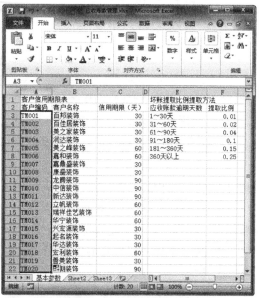

图 6-2　填充客户编码

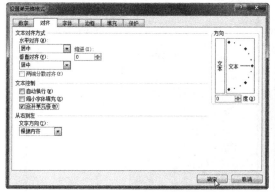

图 6-3　"对齐"选项卡

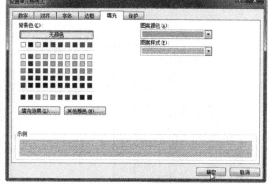

图 6-4　"填充"选项卡

步骤6　按住 Ctrl 键，选中 A2:C22 和 E2:F8 不连续单元格区域，然后打开"设置单元格格式"对话框，在"边框"选项卡中设置线条样式和颜色，为表格添加边框线，最后单击"确定"按钮，如图 6-5 所示。

步骤7　选中 F3:F8 单元格区域，然后打开"设置单元格格式"对话框，并切换到"数字"选项卡，接着在"分类"列表框中选择"百分比"选项，设置小数位数为 0，再单击"确定"按钮，如图 6-6 所示。

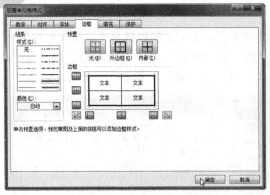

图 6-5　为表格添加边框线

图 6-6　设置数字格式

步骤 8　在"视图"选项卡下的"显示"组中取消选中"网络线"复选框，隐藏工作表中的网格线。

步骤 9　按住 Ctrl 键，选中 A2:C22 和 E2:F8 不连续单元格区域，然后在"开始"选项卡下的"对齐方式"组中单击"居中"按钮，效果如图 6-7 所示。

步骤 10　选中 A2:C22 单元格区域，然后在"公式"选项卡下的"定义的名称"组中单击"定义名称"按钮右侧的下拉按钮，从弹出的菜单中选择"定义名称"选项，如图 6-8 所示。

图 6-7　居中对齐　　　　　　　　　　　图 6-8　选择"定义名称"选项

步骤 11　弹出"新建名称"对话框，在"名称"文本框中输入"客户期限表"，再单击"确定"按钮，如图 6-9 所示。

步骤 12　选中 A2:A22 单元格区域，然后在"公式"选项卡下的"定义的名称"组中单击"根据所选内容创建"按钮，弹出"以选定区域创建名称"对话框，选中"首行"复选框，再单击"确定"按钮，如图 6-10 所示。

图 6-9 "新建名称"对话框

图 6-10 "以选定区域创建名称"对话框

6.2.2 设计应收账款记录表

下面来设计应收账款记录表的基本框架，然后在工作表中录入交易日期、客户编码、应收总金额和已收订金金额等信息，其余信息可以使用公式从"基本参数"工作表中获取，具体操作步骤如下。

步骤 1 将 Sheet2 工作表重命名为"应收账款"，然后在工作表中创建"应收账款记录表"表格，共设"交易日期"、"客户编码"、"客户名称"、"信用期限"、"应收总金额"、"到期日期"和"已收订金金额" 7 列，接着设置表格标题的字体格式和列标题的纯色填充，最后添加表格边框，如图 6-11 所示。

步骤 2 选中 A 列和 F 列，然后打开"设置单元格格式"对话框，并在"数字"选项卡下的"分类"列表框中选择"自定义"选项，接着在右侧的"类型"列表框中选择"yyyy/m/d"选项，并在文本框中将其修改为"yyyy/mm/dd"，最后单击"确定"按钮，如图 6-12 所示。

图 6-11 创建"应收账款记录表"表格

图 6-12 设置 A 列和 F 列的数字格式

步骤 3 选中 B 列，然后在"数据"选项卡下的"数据工具"组中，单击"数据有效性"按钮右侧的下拉按钮，从弹出的菜单中选择"数据有效性"选项。

步骤 4 弹出"数据有效性"对话框，切换到"设置"选项卡，然后在"允许"下拉列表框中选择"序列"选项，在"来源"文本框中输入"=客户编码"，再单击"确定"按钮，如图 6-13 所示。

步骤 5 选中 E 列和 G 列，然后打开"设置单元格格式"对话框，在"数字"选项卡下的"分类"列表框中选择"会计专用"选项，接着在右侧设置"小数位数"为 0，"货币符号"为"￥"，再单击"确定"按钮，如图 6-14 所示。

图 6-13 "数据有效性"对话框

图 6-14 设置 E 列和 G 列的数字格式

在"数据有效性"对话框的"来源"文本框中输入"=客户编码"，是应用了在前面定义的名称"客户编码"，这样以后将光标置于 B 列时，均会出现一个包含"基本参数"工作表中所有客户编码的下拉列表，以便选择性地快速输入。

步骤 6 经过上述操作后，表格格式已设置完毕，下面输入应收账款数据记录，如图 6-15 所示。

	A	B	C	D	E	F	G
1				应收账款记录表			
2	交易日期	客户编码	客户名称	信用期限	应收总金额	到期日期	已收订金金额
3	2013/01/01	TM003			￥ 42,136		￥ 12,365
4	2013/01/02	TM004			￥ 321,456		￥ 45,878
5	2013/01/03	TM001			￥ 23,641		￥ 5,468
6	2013/01/05	TM003			￥ 87,451		￥ 12,654
7	2013/01/06	TM020			￥ 564,789		￥ 154,789
8	2013/01/07	TM016			￥ 36,987		￥ 12,547
9	2013/01/08	TM007			￥ 1,236,987		￥ 136,547
10	2013/01/09	TM019			￥ 123,145		￥ 65,498
11	2013/01/10	TM018			￥ 369,874		￥ 12,547
12	2013/01/11	TM017			￥ 12,547		￥ 4,587
13	2013/01/12	TM016			￥ 896,452		￥ 168,744
14	2013/01/13	TM005			￥ 698,741		￥ 168,744
15	2013/02/01	TM006			￥ 6,987,412		￥ 548,621

图 6-15 输入应收账款数据记录

6.2.3 在应收账款记录表中编辑公式

在上一节中我们在"应收账款"工作表中只输入了基本数据，像客户名称、信用期限和到期日期等信息需要通过编辑公式来获得，具体操作步骤如下。

步骤 1 在"应收账款"工作表中选中 C2 单元格，输入公式"=VLOOKUP(B3,客户期限表,2,FALSE)"，并按 Enter 键确认公式，然后向下填充公式，获取与客户编码相对应的客户名称，如图 6-16 所示。

步骤 2　在 D2 单元格中输入公式 "=VLOOKUP(B3,客户期限表,3,FALSE)"，按 Enter 键确认公式，然后向下填充公式，获取与客户编码相对应的信用期限，如图 6-17 所示。

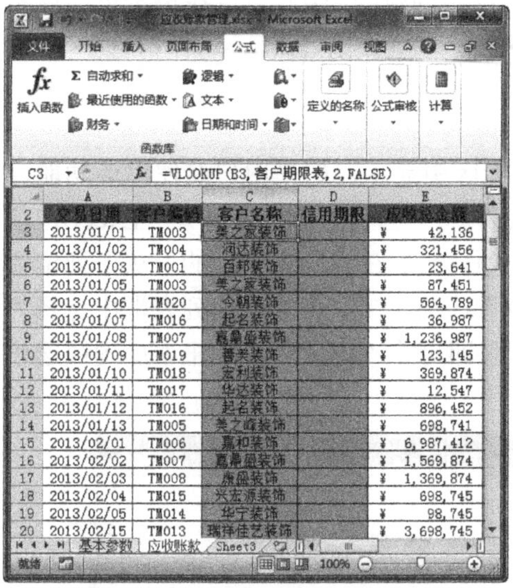

图 6-16　获取与客户编码相对应的客户名称 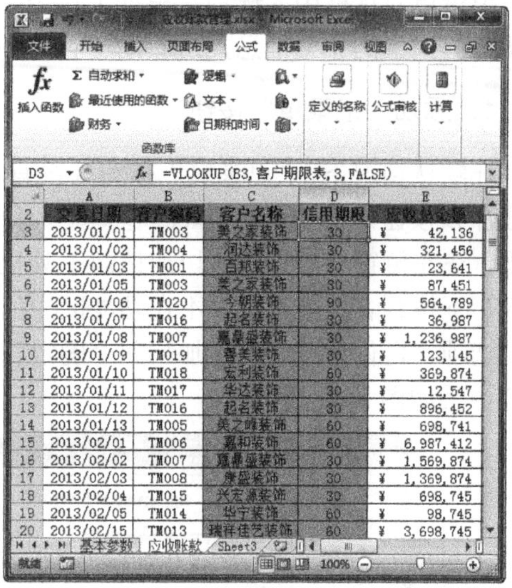　　图 6-17　获取与客户编码相对应的信用期限

步骤 3　在 F2 单元格中输入公式 "=A3+D3"，按 Enter 键确认公式，然后向下填充公式，计算客户账款到期日期，如图 6-18 所示。

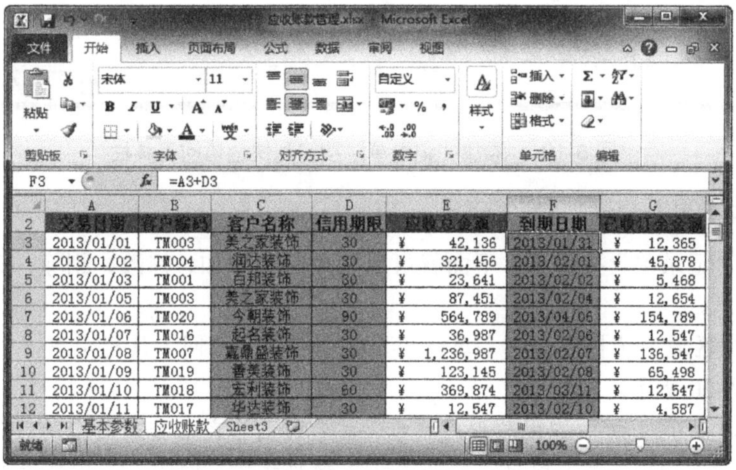

图 6-18　计算客户账款到期日期

6.3　管理应收账款记录表

对应收账款记录表要做好日常的维护管理工作，包括增加、删除和查询应收账款记录等，以保证记录的准确性、及时性和有效性。

6.3.1 用记录单维护应收账款数据记录

记录单对话框中的选项是根据工作表中的列标题创建的，因此可以在记录单中逐条查看每条数据记录的完整信息，这有助于管理列数比较多的表格。

1. 添加"记录单"按钮

在默认情况下，"记录单"按钮并没有在功能区中显示，如果用户要使用该功能，需要先添加该按钮，方法是在 Excel 窗口中选择"文件"|"选项"命令，打开"Excel 选项"对话框，在左侧窗格中选择"快速访问工具栏"选项，然后在右侧窗格中的"从下列位置选择命令"下拉列表框中选择"不在功能区中的命令"选项，接着在下方的列表框中选择"记录单"选项，再依次单击"添加"和"确定"按钮，即可将"记录单"按钮添加到快速访问工具栏中，如图 6-19 所示。

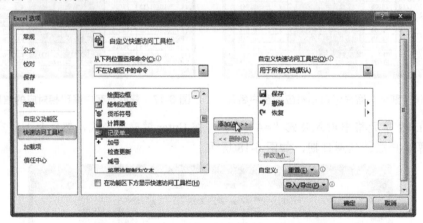

图 6-19　添加"记录单"按钮到快速访问工具栏

2. 使用记录单

成功添加"记录单"按钮后，下面就可以利用它来增加、修改、删除、查找数据了，具体操作步骤如下。

步骤 1　在数据区域中选择任意一个单元格，然后在快速访问工具栏中单击"记录单"按钮，如图 6-20 所示。

步骤 2　弹出如图 6-21 所示的记录单对话框，其名称为当前工作表的名称。在该记录单对话框中，"1/99"表示当前显示的是第 1 条数据记录，而工作表中共有 99 条数据记录。

步骤 3　若要增加记录，可单击"新建"按钮，此时会清空对话框中各选项的内容，接着按列标题输入新记录的内容，如图 6-22 所示。

步骤 4　当一条记录输入完成后，再次单击"新建"按钮，即可将刚输入的记录保存到原数据记录的最后一行，如图 6-23 所示，同时会再次清空对话框中各选项的内容，以便用户继续添加记录。

步骤 5　若要查询客户编码为"TM010"的记录信息，可以在记录单对话框中单击"条件"

按钮，此时会清空对话框中各选项的内容，接着在"客户编码"文本框中输入"TM010"，如图 6-24 所示。

步骤 6　按 Enter 键显示第 1 条符合条件的记录信息，如图 6-25 所示。单击"下一条"按钮，可以查看下一条符合条件的记录。

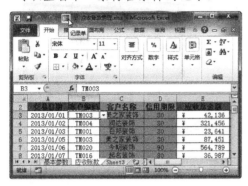

图 6-20　单击"记录单"按钮

图 6-21　记录单对话框

图 6-22　输入新记录内容

图 6-23　查看新添加的数据记录

图 6-24　输入查询条件

图 6-25　查询结果

步骤 7　在查询数据信息过程中，若在记录单对话框中修改了某条记录中的字段信息，可以单击"还原"按钮还原到修改前，如图 6-26 所示。

步骤 8　若要删除某条记录，可以单击"删除"按钮，这时会弹出如图 6-27 所示的对话框，单击"确定"按钮即可。

图 6-26　修改数据记录　　　　　　　　图 6-27　Microsoft Excel 对话框

步骤 9　操作完成后，单击"关闭"按钮，返回工作表窗口。

6.3.2　对应收账款进行多级排序操作

在应收账款记录表中输入多条记录后，可能需要对数据进行排序。下面按照多个字段进行多级排序，排序条件如下。

- 首先按照"客户名称"第一个字的拼音顺序的升序排列。
- 当"客户名称"相同时，按照"应收总金额"的降序排列。
- 对以上仍然相同的记录，再按照"到期日期"的降序排列。

对应收账款进行多级排序操作的具体步骤如下。

步骤 1　将鼠标指针定位到"应收账款"工作表中，然后在"数据"选项卡下的"排序和筛选"组中单击"排序"按钮，如图 6-28 所示。

步骤 2　弹出"排序"对话框，在"主要关键字"下拉列表框中选择"客户名称"选项，"排序依据"采用默认的"数值"选项，在"次序"下拉列表框中选择"升序"选项，如图 6-29 所示。

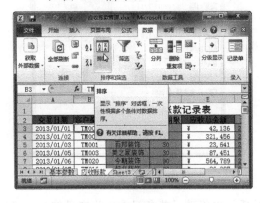

图 6-28　单击"排序"按钮　　　　　　图 6-29　设置第一个关键字

步骤 3　单击"添加条件"按钮，在"次要关键字"下拉列表框中选择"应收总金额"选项，"排序依据"采用默认的"数值"选项，在"次序"下拉列表框中选择"降序"选项，如图 6-30 所示。

步骤4 单击"添加条件"按钮，在第二个"次要关键字"下拉列表框中选择"到期日期"
选项，"排序依据"采用默认的"数值"选项，在"次序"下拉列表框中选择"降
序"选项，如图6-31所示。

图6-30 设置第二个关键字   图6-31 设置第三个关键字

步骤5 单击"确定"按钮，得到按照指定要求的排序结果，如图6-32所示。

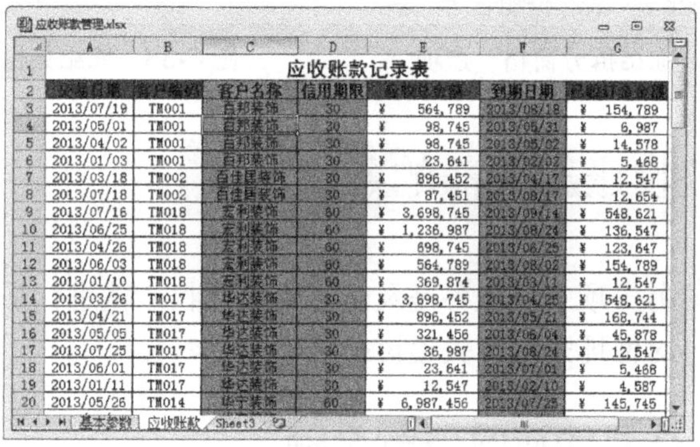

图6-32 排序结果

6.3.3 冻结应收账款记录表的首行标题

在应收账款记录表中，因为数据记录过多，需要拖动垂直滚动条查看后面的记录，有时
首行列字段标题不能在屏幕上显示出来，会影响对数据的识别，如图6-33所示。为了让首
行列字段标题在屏幕上显示出来，可以冻结应收账款记录表的首行标题，具体操作步骤如下。

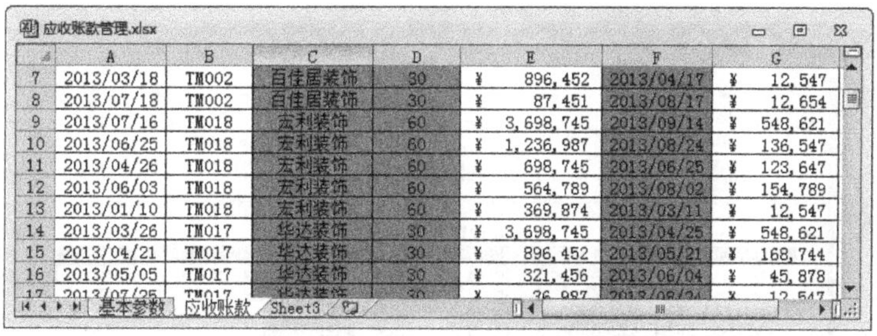

图6-33 拖动垂直滚动条后首行列字段标题不再显示

步骤1 选中第3行，然后在"视图"选项卡下的"窗口"组中单击"冻结窗格"按钮，从
弹出的菜单中选择"冻结拆分窗格"选项，如图6-34所示。

步骤 2　这时会发现在列标题下方出现一条水平黑色直线，表示列标题已经冻结，以后再上下滚动屏幕查看后面的各个数据记录时，列标题始终显示在窗口的上方，如图 6-35 所示。

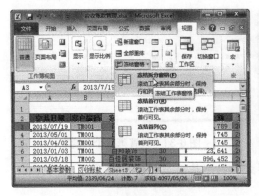

图 6-34　选择"冻结拆分窗格"选项

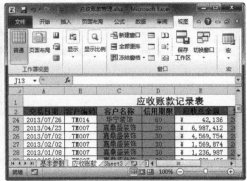

图 6-35　冻结列标题后的效果

6.4　分析应收账款金额的账龄

应收账款管理中的另一项主要任务是及时对逾期应收账款进行筛选，并按照账龄的长短进行统计分析，以便针对性地采取相关追讨措施。

6.4.1　计算各笔交易的应收账款余额

在进行逾期应收账款筛选之前，需要先求出每笔交易的应收账款余额。具体操作步骤如下。

步骤 1　在"应收账款"工作表中添加"应收账款余额"列，并设置为与前面列字段标题一样的字体格式。

步骤 2　在 H3 单元格中输入公式"=E3-G3"，按 Enter 键计算第一笔交易的应收账款余额，然后向下填充公式，计算出其他应收账款余额，如图 6-36 所示。

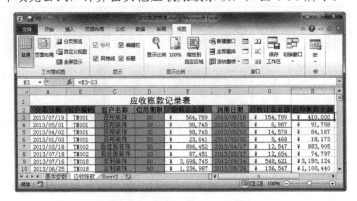

图 6-36　计算应收账款余额

经典实例：管理商品应收账款　经典实例：管理

6.4.2　通过筛选操作获取逾期账款清单

下面我们将数据表转化为"表"格式，进行数据筛选，获取逾期账款清单，具体操作步骤如下。

步骤1　在"应收账款"工作表中选中 A2:H102 单元格区域，在"插入"选项卡下的"表格"组中单击"表格"按钮，如图 6-37 所示。

步骤2　弹出"创建表"对话框，选中"表包含标题"复选框，再单击"确定"按钮，如图 6-38 所示。

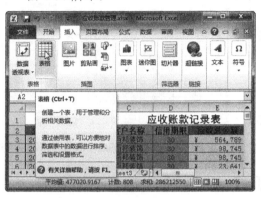

图 6-37　单击"表格"按钮

图 6-38　"创建表"对话框

步骤3　单击"确定"按钮，数据区域就变成了 Excel 的"表"格式了，如图 6-39 所示。

步骤4　单击"到期日期"字段右侧的下拉按钮，从弹出的菜单中选择"日期筛选"|"自定义筛选"选项，如图 6-40 所示。

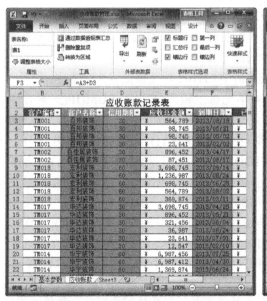

图 6-39　生成的"表"效果

图 6-40　选择"自定义筛选"选项

167

步骤 5　弹出"自定义自动筛选方式"对话框，从下拉列表框中选择"在以下日期之后或与之相同"选项；指定日期时，单击右侧的日历控制图标，从弹出的日历控件中选择日期，这里我们选择 2013 年 7 月 24 日，如图 6-41 所示。

步骤 6　设置完成后单击"确定"按钮，之后逾期的应收账款记录清单被筛选出来，如图 6-42所示。

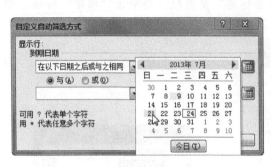

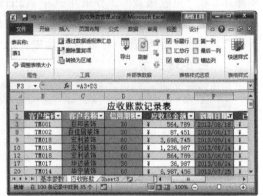

图 6-41　"自定义自动筛选方式"对话框　　　图 6-42　筛选出的逾期应收账款记录清单

6.4.3　制作应收账款的账龄分析表

下面利用应收账款记录表中的数据，制作出应收账款的账龄分析表，按照账龄进行汇总统计，以便了解整体情况，针对不同的情况采取相应的措施，具体操作步骤如下。

步骤 1　在"应收账款管理"工作簿中将 Sheet3 工作表重命名为"账龄分析"，然后在工作表中制作如图 6-43 所示的表格，并输入内容。

步骤 2　在"应收账款"工作表中选中 F2:F102 单元格区域，然后在"公式"选项卡下的"定义名称"组中单击"根据所选内容创建"按钮，弹出"以选定区域创建名称"对话框，选中"首行"复选框，再单击"确定"按钮。

步骤 3　使用类似方法为"应收账款"工作表中的 H2:H102 单元格区域定义名称。

步骤 4　切换到"账龄分析"工作表，在 B4 单元格中输入公式"=SUM(IF(到期日期>=TODAY(),1,0))"；在 B5 单元格中输入公式"=SUM(B7:B11)"；在 B7 单元格中输入公式"=SUM(IF(((TODAY()-到期日期)>=1)*((TODAY()-到期日期)<=30),1,0))"；在 B8 单元格中输入公式"=SUM(IF(((TODAY()-到期日期)>=31)*((TODAY()-到期日期)<=90),1,0))"；在 B9 单元格中输入公式"=SUM(IF(((TODAY()-到期日期)>=91)*((TODAY()-到期日期)<=180),1,0))"；在 B10 单元格中输入公式"=SUM(IF(((TODAY()-到期日期)>=181)*((TODAY()-到期日期)<=360),1,0))"；在 B11 单元格中输入公式"=SUM(IF(到期日期<>"",IF(((TODAY()-到期日期)>360),1,0),0))"；在 B12 单元格中输入公式"=B4+B5"，结果如图 6-44 所示。

注意　由于 SUM 与 IF 联合起来使用是数组函数，因此在公式输入完毕后必须按 Ctrl+Shift+Enter 组合键来确定，而不是像平常按 Enter 键确认公式。

图 6-43　创建"账龄分析"工作表　　　　图 6-44　计算出交易数量

步骤 5　在 C4 单元格中输入公式"=SUM(IF(到期日期>=TODAY(),应收账款余额,0))"；在 C5 单元格中输入公式"=SUM(C7:C11)"；在 C7 单元格中输入公式"=SUM(IF(((TODAY()-到期日期)>=1)*((TODAY()-到期日期)<=30),应收账款余额,0))"；在 C8 单元格中输入公式"=SUM(IF(((TODAY()-到期日期)>=31)*((TODAY()-到期日期)<=90),应收账款余额,0))"；在 C9 单元格中输入公式"=SUM(IF(((TODAY()-到期日期)>=91)*((TODAY()-到期日期)<=180),应收账款余额,0))"；在 C10 单元格中输入公式"=SUM(IF(((TODAY()-到期日期)>=181)*((TODAY()-到期日期)<=360),应收账款余额,0))"；在 C11 单元格中输入公式"=SUM(IF(((TODAY()-到期日期)>360),应收账款余额,0))"；在 C12 单元格中的输入公式"= C4+C5"，结果如图 6-45 所示。

步骤 6　在 D4 单元格中输入公式"=C4/($C$4+$C$5)"，按 Enter 键计算在信用期内应收账款所占的比例，然后复制 D4 单元格中的公式到 D5 单元格以及 D7:D11 单元格区域，计算出其他应收账款余额所占比例，如图 6-46 所示。

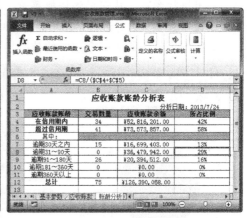

图 6-45　计算出应收账款余额　　　　图 6-46　计算出应收账款余额所占比例

步骤 7　选中 D12 单元格，输入公式"= D4+D5"，按 Enter 键确认。至此，"应收账款账龄分析表"表格制作完毕。

6.4.4 创建账龄分析的复合条饼图

下面利用账龄分析表中的数据，制作复合条饼图，将在信用期内和逾期时间在 90 天以下的应收账款在主饼图中显示出来，91 天以上的应收账款在小的条形图中显示出来，具体操作步骤如下。

步骤 1　选中 A4 单元格，按住 Ctrl 键，依次选择 D4 单元格、A7:A11 单元格区域以及 D7:D11 单元格区域，然后在"插入"选项卡下的"图表"组中单击"饼图"按钮，从弹出的菜单中选择"复合条饼图"选项，如图 6-47 所示。

步骤 2　制作出复合条饼图，如图 6-48 所示。

图 6-47　选择"复合条饼图"选项

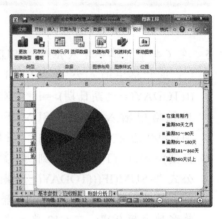

图 6-48　制作出复合条饼图

步骤 3　调整复合条饼图的大小和放置位置，使其大小合适、位置适当。

步骤 4　右击图例，从弹出的快捷菜单中选择"删除"命令，如图 6-49 所示，删除图例。

步骤 5　右击饼状图表，从弹出的快捷菜单中选择"设置数据系列格式"命令，弹出"设置数据系列格式"对话框，在左侧窗格中选择"系列选项"选项，在右侧窗格中将"第二绘图区包含最后一个值"的值数由 2 调整为 3，如图 6-50 所示。

图 6-49　选择"删除"命令

图 6-50　"设置数据系列格式"对话框

步骤6　右击饼状图表，从弹出的快捷菜单中选择"添加数据标签"命令，之后图表上相关位置就被添加上默认的数据标签，如图6-51所示。

步骤7　右击添加的数据标签，从弹出的快捷菜单中选择"设置数据标签格式"命令，弹出"设置数据标签格式"对话框，在左侧窗格中选择"标签选项"选项，在右侧窗格中选中"类别名称"、"值"和"显示引导线"三个复选框，如图6-52所示。

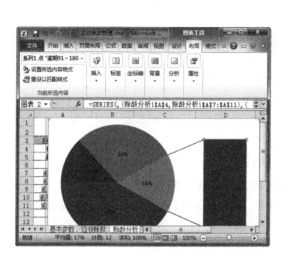

图6-51　添加数据标签　　　　　　　　图6-52　"设置数据标签格式"对话框

步骤8　为图表添加标题"应收账款账龄结构分析"，进行一定的文字格式效果设置。至此，反映账龄分析的复合条饼图制作完毕，最终效果如图6-53所示。

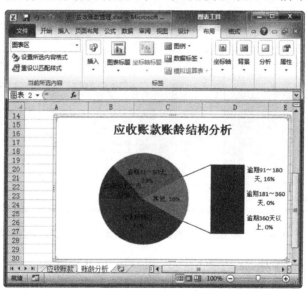

图6-53　账龄分析复合条饼图的最终效果

6.5 统计分析客户坏账准备金

客户的应收账款有时因为各种原因而造成呆账，这时我们可以按照账龄的长短，根据应收账款余额提取一定比例的坏账准备金。按照客户名称对坏账准备金进行一定的统计汇总和图表分析，是为了能够做好客户分类，便于及时、动态地调整客户的信用期限。

6.5.1 按记录计算客户的坏账准备金

下面利用"基本参数"工作表中确定的坏账提取比例，在"应收账款"工作表中确定每笔交易的坏账准备金提取比例，并计算出应该提取的坏账准备金额，具体操作步骤如下。

步骤 1 在"应收账款"工作表中添加"坏账提取比例"和"坏账金额"列，并将它们设置成与前面列字段标题一样的字体格式。

步骤 2 选中 I2 单元格，输入公式"=IF((TODAY()-F3)<0,0,IF((TODAY()-F3)<=30,基本参数!$F$3,IF((TODAY()-F3)<=60,基本参数!$F$4,IF((TODAY()-F3)<=90,基本参数!$F$5,IF((TODAY()-F3)<=180,基本参数!$F$6,IF((TODAY()-F3)<=360,基本参数!$F$7,IF((TODAY()-F3)>360,基本参数!$F$8)))))))"，按 Enter 键计算坏账准备金提取比例，接着向下填充公式。

步骤 3 选中 J2 单元格，输入公式"= H3*I3"，按 Enter 键计算坏账准备金数额，接着向下填充公式，如图 6-54 所示。

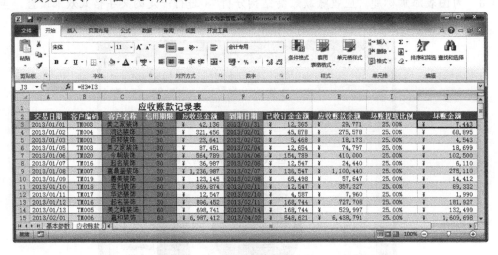

图 6-54 计算出所有交易的坏账提取比例和坏账准备金数额

6.5.2 按客户汇总统计坏账准备金

计算出每笔交易的坏账准备金数额之后，就可以利用应收账款记录表中的相关数据对客户进行统计汇总，制作坏账金额统计表，具体操作步骤如下。

步骤 1　在"应收账款管理"工作簿中插入一个新工作表，并重命名为"坏账分析"。

步骤 2　在"坏账分析"工作表中共设 3 列，分别为"客户名称"、"坏账金额"和"比例"，然后设置坏账金额统计表的整体框架，并进行字体格式设置、边框和填充色添加、标题合并居中等操作，效果如图 6-55 所示。

步骤 3　在"应收账款"工作表中使用"根据所选内容创建"按钮定义 C2:C102 单元格区域和 J2:J102 单元格区域的名称。

步骤 4　"坏账分析"工作表的"客户名称"一列，可以直接从"基本参数"工作表中复制过来，如图 6-56 所示。

图 6-55　坏账金额统计表的初始框架　　　　图 6-56　输入客户名称

步骤 5　选中 B3 单元格，输入公式"=SUMIF(客户名称,A3,坏账金额)"，按 Enter 键，计算出第一家客户的汇总坏账金额，然后选中 B3 单元格，向下拖动填充柄，复制公式至 B22 单元格，计算出其他客户的汇总坏账金额，如图 6-57 所示。

　　在上面的 SUMIF 函数中，定义的名称"客户名称"所代表的区域为条件区域，定义的名称"坏账金额"是汇总的数据内容区域，而 A3 单元格为设置的条件，设置为相对引用是为了使该公式可以通过直接向下拖动来复制。

步骤 6　选中 B23 单元格，输入公式"=SUM(B3:B22)"，计算出合计的汇总坏账金额。

步骤 7　选中 C3 单元格，输入公式"=B3/$B$23"，按 Enter 键，计算出第一家客户坏账金额的比例，然后选中 C3 单元格，向下拖动填充柄，复制公式至 C22 单元格，计算出其他客户坏账金额的比例。

步骤 8　选中 C23 单元格，输入公式"=SUM(C3:C22)"，显示出合计的比例，如图 6-58 所示。

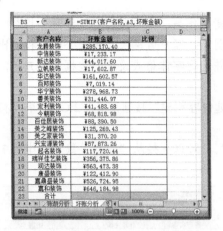

图 6-57　计算出所有客户的汇总坏账金额　　　图 6-58　按客户汇总统计坏账准备金的最终效果

6.5.3　创建客户坏账准备金的排序条形图

下面根据坏账金额统计表，创建客户坏账准备金的排序条形图，具体操作步骤如下。

步骤 1　切换到"坏账分析"工作表，然后将鼠标指针定位到坏账金额统计表中"比例"列的任一单元格中，单击"数据"选项卡下的"排序和筛选"组中的"升序"按钮，如图 6-59 所示。

步骤 2　对坏账金额统计表的数据按照比例的升序进行排列，排序后的结果如图 6-60 所示。

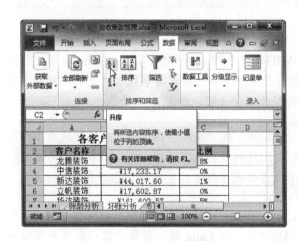

图 6-59　单击"升序"按钮

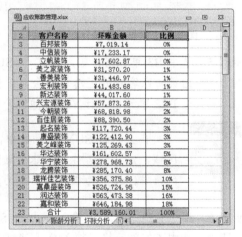

图 6-60　按升序排列的坏账金额统计表

步骤 3　选中 A2:A22 单元格区域，然后按住 Ctrl 键，再选中 C2:C22 单元格区域。

步骤 4　在"插入"选项卡下的"图表"组中单击"条形图"按钮，从弹出的菜单中选择"簇状条形图"选项，如图 6-61 所示。

步骤 5　经过上述操作，制作出客户坏账准备金排序条形图的初始效果，如图 6-62 所示。

步骤 6　适当调整图表的大小和放置位置，使之大小合适、位置适当。

步骤 7　右击图例位置，从快捷菜单中选择"删除"命令，删除图例。

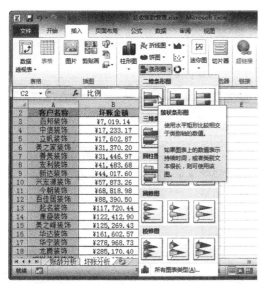

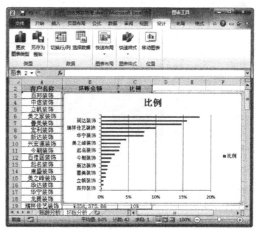

图 6-61　选择 "簇状条形图" 选项　　　图 6-62　客户坏账准备金排序条形图的初始效果

步骤 8　双击标题 "比例"，进入编辑状态，输入图表标题，并设置字号为 12，如图 6-63
所示。

步骤 9　右击数据图表绘图区，从快捷菜单中选择 "设置绘图区格式" 命令，弹出 "设置绘
图区格式" 对话框，设置 "纯色填充" 的填充颜色为 "浅红"，如图 6-64 所示。

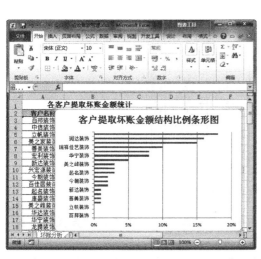

图 6-63　修改标题　　　　　　　　　图 6-64　"设置绘图区格式" 对话框

步骤 10　右击数据点，从弹出的快捷菜单中选择 "添加数据标签" 命令，之后在每个线条
的最右边会显示出每个公司坏账金额所占比例的百分比数字，如图 6-65 所示。

步骤 11　在坏账金额条形图中为了突显出坏账金额所占比例最高的三家客户的名称，依次
选择上面数值最大的三个线条进行填充阴影设置，方法是在 "设置数据点格式"

对话框中选择"填充"选项，然后设置"纯色填充"为"绿"，效果如图 6-66 所示。

图 6-65　查看添加的数据标签

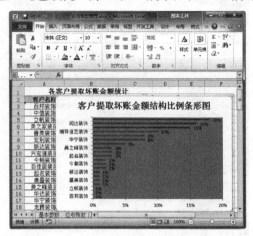

图 6-66　客户坏账准备金排序条形图的最终效果

6.6　专家指导

6.6.1　删除无用的"0"值单元格

如图 6-67 所示，工作表中含有无用的"0"值，如何删除这些无用的"0"值单元格呢？具体操作步骤如下。

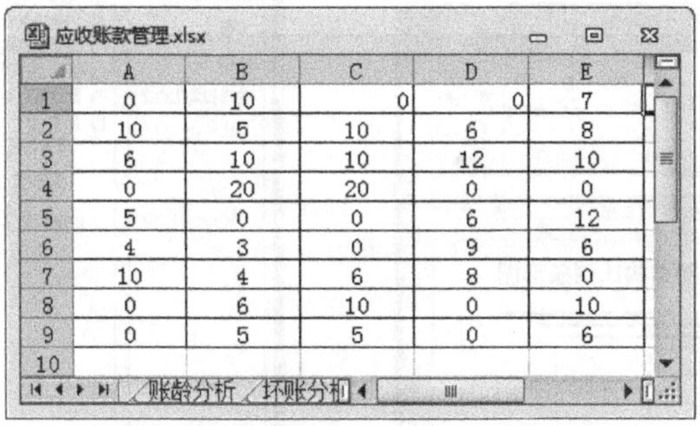

	A	B	C	D	E
1	0	10	0	0	7
2	10	5	10	6	8
3	6	10	10	12	10
4	0	20	20	0	0
5	5	0	0	6	12
6	4	0	0	9	6
7	10	4	6	8	0
8	0	6	10	0	10
9	0	5	5	0	6
10					

图 6-67　含有无用的"0"值的工作表

步骤 1　选中 A1:E9 单元格区域，在"开始"选项卡下的"编辑"组中单击"查找和选择"按钮，从弹出的菜单中选择"查找"选项，如图 6-68 所示。

步骤 2　弹出"查找和替换"对话框，在"查找内容"文本框中输入"0"，单击"选项"按钮，选中"单元格匹配"复选框，如图 6-69 所示。

步骤 3　在"查找和替换"对话框中，单击"查找全部"按钮，查找出符合条件的单元格，选中这些单元格，如图 6-70 所示，最后单击"关闭"按钮。

步骤 4　这时工作表中含有"0"值的单元格已全部选中，如图 6-71 所示。

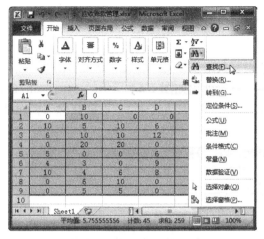

图 6-68　选择"查找"选项

图 6-69　"查找和替换"对话框

图 6-70　查找出符合条件的单元格

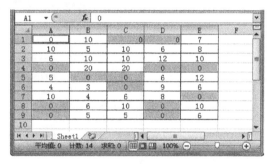

图 6-71　含有"0"值的单元格已全部选中

步骤 5　右击被选中的单元格，从弹出的快捷菜单中选择"删除"命令，弹出"删除"对话框，选中"下方单元格上移"单选按钮，如图 6-72 所示，最后单击"确定"按钮。

步骤 6　至此，工作表中的"0"值单元格已被删除，如图 6-73 所示。

图 6-72　"删除"对话框

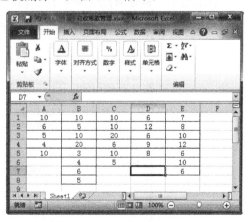

图 6-73　成功删除无用的"0"值单元格

6.6.2 共享工作簿

如果想让多个用户同时编辑工作簿，就要设置共享工作簿。若用户直接单击"审阅"选项卡下的"更改"组中的"共享工作簿"按钮，就会弹出如图 6-74 所示的 Microsoft Excel 对话框，根据其中的提示，在设置共享工作簿之前首先要取消选中"保存时删除文档属性中的个人信息"复选框，操作步骤如下。

图 6-74 Microsoft Excel 对话框

步骤 1 选择"文件" | "选项"命令，弹出"Excel 选项"对话框，在左侧窗格中选择"信任中心"选项，在右侧窗格中单击"信任中心设置"按钮，如图 6-75 所示。

图 6-75 "Excel 选项"对话框

步骤 2 弹出"信任中心"对话框，在左侧窗格中选择"个人信息选项"选项，在右侧窗格中取消选中"保存时从文件属性中删除个人信息"复选框，如图 6-76 所示。

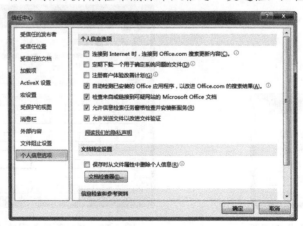

图 6-76 "信任中心"对话框

步骤 3　在"审阅"选项卡下的"更改"组中单击"共享工作簿"按钮，如图 6-77 所示。

步骤 4　弹出"共享工作簿"对话框，切换到"编辑"选项卡，然后选中"允许多用户同时编辑，同时允许工作簿合并"复选框，如图 6-78 所示。

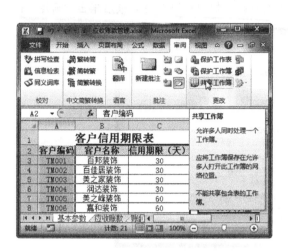

图 6-77　单击"共享工作簿"按钮

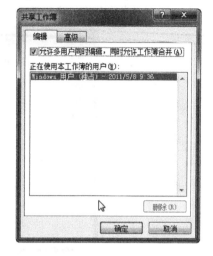

图 6-78　"编辑"选项卡

步骤 5　切换到"高级"选项卡，然后在"修订"选项组中选中"保存修订记录"单选按钮，并设置保存时间，接着在"更新"选项组中选中"自动更新间隔"单选按钮，并设置更新间隔，在"用户间的修订冲突"选项组中选中"询问保存哪些修订信息"单选按钮，最后单击"确定"按钮，如图 6-79 所示。

步骤 6　弹出如图 6-80 所示的提示对话框，单击"确定"按钮即可。

图 6-79　"高级"选项卡

图 6-80　提示对话框

6.6.3　打开或关闭单元格条目的自动完成功能

在默认情况下，Excel 打开了记忆输入功能，该功能在某些情况下可能不利于用户输入数据。例如，输入产品编号"TM001"后，当在下一个单元格中输入"T"时，该单元格中会自动出现"TM001"，容易使人感觉混乱。这时可以通过下述操作，关闭自动完成功能，具体操作步骤如下。

步骤 1　选择 "文件" | "选项" 命令。

步骤 2　弹出 "Excel 选项" 对话框，在左侧窗格中选择 "高级" 选项，在右侧窗格中取消选中 "为单元格值启用记忆式键入" 复选框，如图 6-81 所示，最后单击 "确定" 按钮。

图 6-81　"Excel 选项" 对话框

6.6.4　禁止输入重复数据

在录入编号的时候，由于编号比较多，有可能会录入重复的数据，此时可以利用数据有效性功能来禁止输入重复数据，具体操作步骤如下。

步骤 1　选择需要限制输入范围的单元格区域，然后在 "数据" 选项卡下的 "数据工具" 组中单击 "数据有效性" 按钮，从弹出的菜单中选择 "数据有效性" 选项，如图 6-82 所示。

步骤 2　弹出 "数据有效性" 对话框，切换到 "设置" 选项卡，在 "允许" 下拉列表框中选择 "自定义" 选项，在 "公式" 文本框中输入 "=COUNTIF($A$10,A1)=1"，如图 6-83 所示。

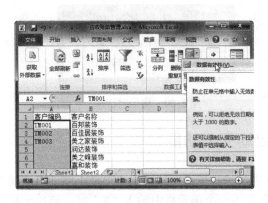

图 6-82　选择 "数据有效性" 选项

图 6-83　"设置" 选项卡

步骤 3　切换到"输入信息"选项卡，在"标题"文本框中输入"客户编码"，在"输入信息"文本框中输入"输入客户编码"，如图 6-84 所示。

步骤 4　切换到"出错警告"选项卡，在"标题"文本框中输入"重复"，在"错误信息"文本框中输入"输入了重复的数据，请检查"，如图 6-85 所示。

图 6-84　"输入信息"选项卡

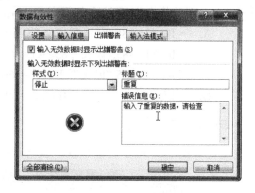

图 6-85　"出错警告"选项卡

步骤 5　单击"确定"按钮，完成数据有效性设置。此时若在单元中输入重复数据，将弹出"重复"提示对话框，如图 6-86 所示。

图 6-86　"重复"提示对话框

6.7　实战演练

一、选择题

1. 当向 Excel 工作表单元格中输入公式时，使用单元格地址 D\$2 引用 D 列 2 行单元格，该单元格的引用称为(　　)。

    A. 交叉地址引用　　　　　　　　　　B. 混合地址引用

    C. 相对地址引用　　　　　　　　　　D. 绝对地址引用

2. 在 Excel 中，如果要在同一行或同一列的连续单元格中使用相同的计算公式，可以先在第一个单元格中输入公式，然后用鼠标拖动单元格的(　　)来实现公式复制。

    A. 列标　　　　　　B. 行标　　　　　　C. 填充柄　　　　　　D. 框

3. 在 Excel 2010 中，设 E 列单元格中存放工资总额，F 列单元格中存放实发工资。其中当工资总额>800 时，实发工资 = 工资-(工资总额-800)*税率；当工资总额<= 800 时，实发工资 = 工资总额。设税率 = 0.05，则 F 列可以用公式实现。其中 F2 的公式应为(　　)。

    A.　= IF(E2>800,E2-(E2-800)*0, 05, E2)

B. = IF(E2>800, E2, E2(E2-800)*0.05)

C. = IF(E2>800, E2-(E2-800)*0.05,E2)

D. = IF("E2>800", E2, E2-(E2-800)*0.05)

4. Excel 操作中，设成绩放在 A1 单元格，要将成绩分为优良(大于等于 85)、及格(大于等于 60)、不及格三个级别的公式为(　　)。

A. = IF(A1>=85,"优良", IF(A1>=60, "及格", IF(A1<60, "不及格")))

B. = IF(A1>=85,"优良", 85>A1>=60, "及格", A1<60, "不及格")

C. = IF(A1>=85,"优良"), IF(A1>=60, "及格"), IF(A1<60, "不及格")

D. = IF(A1>=85,"优良", IF(A1>=60, "及格", "不及格"))

二、实训题

新建如图 6-87 所示的工作表，接着进行下述操作。

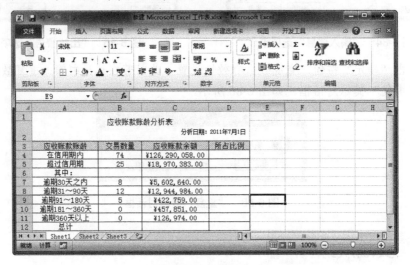

图 6-87　新建工作表

1. 计算出总的交易数量和总的应收账款余额。
2. 计算出应收账款余额所占比例。

第7章

经典实例：贷款情况分析

【本章学习重点】

◆ 模拟还贷情况
◆ 长期借款筹资分析
◆ 利用规划求解制订最佳生产
方案
◆ 计算净现值
◆ 单变量求解
◆ 利用方案对比分析银行贷款
情况

在企业的经营过程中，即使发展计划做得再周密，也难免会出现资金周转不灵的情况。这时，通过向银行贷款可以很快解决资金缺少问题。但是在贷款之前必须做好贷款情况分析，计算出在保证企业资金流通情况下的最佳贷款金额和时间。

【本章实例展示】

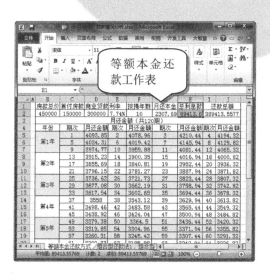

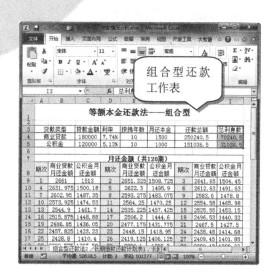

7.1 要点分析

本章通过几个小案例介绍不同情况下的贷款分析方法，重点在于使用公式和函数计算还款额、利息支付额以及本金支付额等内容，这需要用到 PMT 函数、IPMT 函数和 PPMT 函数，其含义如下。

1. PMT 函数

PMT 函数用于基于固定利率及等额分期付款方式，返回贷款的每期付款额，其语法格式如下：

```
PMT(rate,nper,pv,fv,type)
```

其中：

- rate 表示贷款利率，通常为年利率。
- nper 表示该项贷款的付款总数。
- pv 表示现值，或一系列未来付款的当前值的累积和，也称本金。
- fv 表示未来值，或在最后一次付款后希望得到的现金余额。如果省略 fv，则假设其值为 0，也就是一笔贷款的未来值为 0。
- type 为数字 0 或 1，用以指定各期的付款时间是在期初还是期末。

2. IPMT 函数

IPMT 函数用于基于固定利率及等额分期付款方式，返回给定期数内对投资的利息偿还额，其语法格式如下：

```
IPMT(rate,per,nper,pv,fv,type)
```

其中：

- rate 表示各期利率。
- per 用于计算其利息数额的期数，必须在 1 到 nper 之间。
- nper 表示总投资期，即该项投资的付款期总数。
- pv 表示现值，或一系列未来付款的当前值的累积和。
- fv 表示未来值，或在最后一次付款后希望得到的现金金额。如果省略 fv，则假设其值为 0。
- type 为数字 0 或 1，用以指定各期的付款时间是在期初还是期末。如果省略 type，则假设其值为 0。

3. PPMT 函数

PPMT 函数用于基于固定利率及等额分期付款方式，返回投资在某一给定期间内的本金偿还额。其语法格式如下：

```
PPMT(rate,per,nper,pv,fv,type)
```

其中：

- rate 表示各期利率。
- per 用于计算其本金数额的期数，必须在 1 到 nper 之间。
- nper 表示总投资期，即该项投资的付款期总数。
- pv 表示现值，即从该项投资开始计算时已经入账的款项，或一系列未来付款的当前值的累积和，也称本金。
- fv 表示未来值，或在最后一次付款后希望得到的现金金额。如果省略 fv，则假设其值为 0，也就是一笔贷款的未来值为 0。
- type 为数字 0 或 1，用以指定各期的付款时间是在期初还是期末。

7.2　模拟还贷情况

在日常生活中，人们越来越多地同银行的存贷业务打交道。但很多人对某一贷款的月偿还金额或利息计算感到束手无策，下面将具体介绍模拟还贷的情况。

7.2.1　用单变量模拟运算表计算贷款情况

下面将介绍用单变量模拟运算表计算贷款情况的方法，具体操作步骤如下。

步骤 1　新建"贷款情况分析"工作簿，然后将 Sheet1 工作表重命名为"单变量模拟运算表"。

步骤 2　在该工作表中创建表格并录入相关数据，如图 7-1 所示。

步骤 3　选中 A5 单元格，在其中输入计算公式"=\$B\$1*\$B\$2"，得到的结果如图 7-2 所示。

图 7-1　创建表格

图 7-2　得到计算结果

步骤 4　选中 A4:G5 单元格区域，单击"数据"选项卡下的"数据工具"组中的"模拟分析"下拉按钮，从弹出的菜单中选择"模拟运算表"选项，如图 7-3 所示。

步骤 5　弹出"模拟运算表"对话框，在"输入引用行的单元格"文本框中输入"\$B\$2"，如图 7-4 所示。

步骤 6　单击"确定"按钮，最终得到的结果如图 7-5 所示。

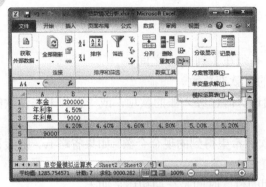

图 7-3　选择"模拟运算表"选项

图 7-4　"模拟运算表"对话框

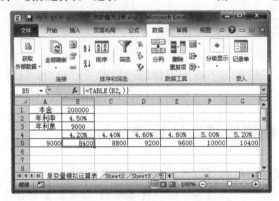

图 7-5　使用模拟运算表的结果

7.2.2　用双变量模拟运算表计算贷款情况

　　模拟运算表实际上是 Excel 工作表中的一个单元格区域，它可以显示一个计算公式中某些参数的值的变化对计算结果的影响。它可以将所有不同的计算结果以列表方式同时显示出来，因而便于查看、比较和分析。当需要其他因素不变，计算两个参数的变化对目标值的影响时，应使用双变量模拟运算表。双变量模拟运算表可用于查看两个变量的变化对公式计算结果的影响，在财务管理中应用最多的是长期借款双变量分析模型。

　　下面将使用双变量模拟运算表计算贷款情况，具体操作步骤如下。

步骤 1　在"贷款情况分析"工作簿中将 Sheet2 工作表重命名为"双变量模拟运算表"。

步骤 2　在该工作表中创建表格并录入相关数据，如图 7-6 所示。

步骤 3　表格创建完成后，选中 B6 单元格，在其中输入计算公式"=PMT(B3,B4,B2)"，得到的结果如图 7-7 所示。

步骤 4　选中 B6:I11 单元格区域，单击"数据"选项卡下的"数据工具"组中的"模拟分析"下拉按钮，从弹出的菜单中选择"模拟运算表"选项，如图 7-8 所示。

步骤 5　弹出"模拟运算表"对话框，在"输入引用行的单元格"文本框中输入"$B$2"，在"输入引用列的单元格"文本框中输入"$B$4"，如图 7-9 所示。

图 7-6　创建表格

图 7-7　得到计算结果

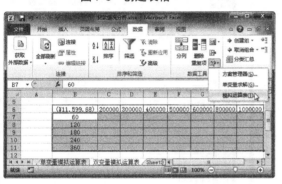

图 7-8　选择"模拟运算表"选项

图 7-9　"模拟运算表"对话框

步骤 6　单击"确定"按钮，最终结果如图 7-10 所示。

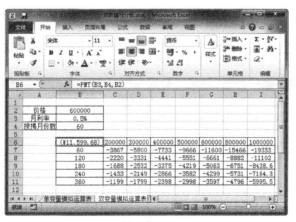

图 7-10　最终结果

7.2.3　用模拟运算表计算保本分析

保本分析是研究当企业恰好处于保本状态时的本量利关系的一种定量分析方法。

保本点是指能使企业达到保本状态时的业务量的总称(记作 BEP)。即在该业务量水平下，企业的收入正好等于全部成本，超过这个业务量水平，企业就有盈利；反之，低于这个业务量水平，企业就会亏损。在我国，保本点又被称作盈亏临界点、盈亏平衡点、损益两平点、够本点等。

单一品种的保本点有两种表现形式：一种是保本点销售量(简称保本量)，另一种是保本点销售额(简称保本额)。

下面将举例进行说明，具体操作步骤如下。

步骤 1 在"贷款情况分析"工作簿中重命名 Sheet3 工作表为"用模拟运算表计算保本分析"，在该工作表中创建表格，如图 7-11 所示。

步骤 2 在其中录入相关数据，如图 7-12 所示。

图 7-11 创建表格   图 7-12 录入相关数据

步骤 3 在 B9 单元格中输入公式 "=B5-B6"，计算得到单位边际贡献，如图 7-13 所示。

步骤 4 在 B10 单元格中输入公式 "=B9/B5"，计算得到边际贡献率，如图 7-14 所示。

图 7-13 计算得到单位边际贡献   图 7-14 计算得到边际贡献率

步骤 5　在 B11 单元格中输入公式 "=B2*B5"，计算得到销售收益，如图 7-15 所示。

步骤 6　在 B12 单元格中输入公式 "=B6*B2+B7"，计算得到总成本，如图 7-16 所示。

图 7-15　计算得到销售收益 　　　　　　　图 7-16　计算得到总成本

步骤 7　在 B13 单元格中输入公式 "=B11-B12"，计算得到利润，如图 7-17 所示。

步骤 8　在 B15 单元格中输入公式 "=B7/B9"，计算得到盈亏平衡销量，如图 7-18 所示。

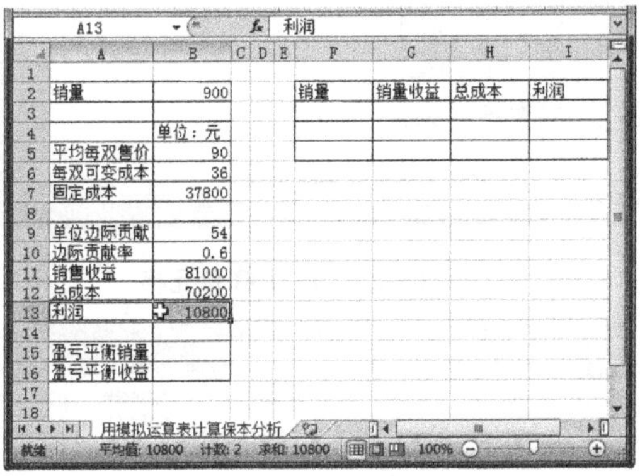

图 7-17　计算得到利润 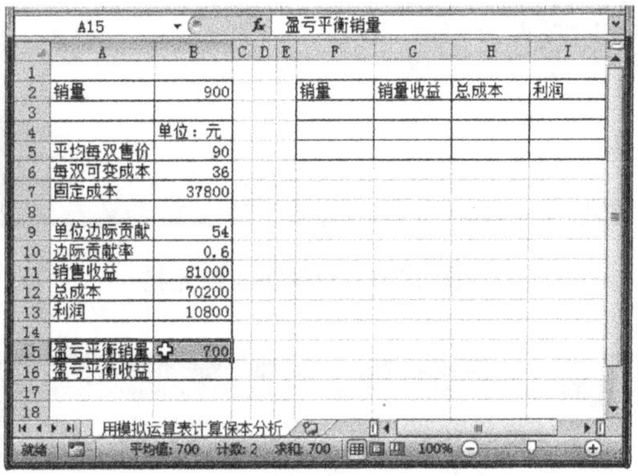　　　　　　　　　图 7-18　计算得到盈亏平衡销量

步骤 9　在 B16 单元格中输入公式 "=B15*B5"，计算得到盈亏平衡收益，如图 7-19 所示。

步骤 10　在 G3 单元格中输入公式 "=B11"，如图 7-20 所示。

步骤 11　在 H3 单元格中输入公式 "=B12"，如图 7-21 所示。

步骤 12　在 I3 单元格中输入公式 "=B13"，如图 7-22 所示。

步骤 13　选中 F3:I5 单元格区域，然后单击"数据"选项卡下的"数据工具"组中的"模拟分析"下拉按钮，从弹出的菜单中选择"模拟运算表"选项，如图 7-23 所示。

步骤 14　弹出"模拟运算表"对话框，设置"输入引用列的单元格"为"$B$2"，然后单击"确定"按钮，如图 7-24 所示。

图 7-19　计算得到盈亏平衡收益　　　　　图 7-20　计算 G3 单元格

图 7-21　计算 H3 单元格　　　　　　　图 7-22　计算 I3 单元格

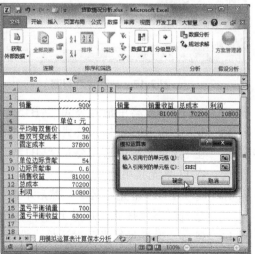

图 7-23　选择"模拟运算表"选项　　　　　图 7-24　进行相关设置

步骤 15   返回到工作表中，得到相关结果，如图 7-25 所示。

步骤 16   在 F5 单元格中输入实际销量，即可得到与之对应的销量收益、总成本和利润，如图 7-26 所示。

图 7-25   得到相关结果

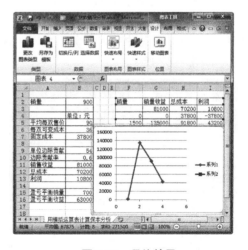
图 7-26   得到对应结果

步骤 17   选中 F2:I2 和 F5:I6 单元格区域，然后单击"插入"选项卡下的"图表"组中的"散点图"下拉按钮，从弹出的菜单中选择"带直线和标记的散点图"选项，如图 7-27 所示。

步骤 18   图表制作完成，效果如图 7-28 所示。

图 7-27   选择图表样式

图 7-28   最终效果

7.3   长期借款筹资分析

7.3.1   长期借款的还本付息方式

长期借款的还本付息方式有多种，下面将进行详细介绍。

1. 等额本息还款方式

商业贷款和公积金贷款的差别在于还款利率不同，公积金贷款的利率相对低一些。下面进行相关分析，具体操作步骤如下。

步骤 1   打开"贷款情况分析"工作簿，新建一张工作表，并将其重命名为"等额本息还款方式"，在该工作表中创建表格，如图 7-29 所示。

步骤 2   在其中录入相关数据，如图 7-30 所示。

图 7-29 创建表格

图 7-30 录入数据

步骤 3   在 B3 单元格中输入计算公式 "= B1*B2"，按 Enter 键计算出首期付款金额，如图 7-31 所示。

步骤 4   在 B4 单元格中输入计算公式 "= B1-B3"，按 Enter 键计算出首期付款后的金额，如图 7-32 所示。

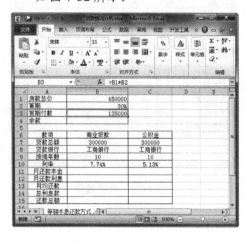
图 7-31 得到首期付款金额

图 7-32 得到首期付款后的金额

步骤 5   选中 B11 单元格，单击"公式"选项卡下的"函数库"组中的"插入函数"按钮，如图 7-33 所示。

步骤 6　弹出"插入函数"对话框，设置函数类型为"财务"，并在"选择函数"列表框中
　　　　选择 PPMT 函数，再单击"确定"按钮，如图 7-34 所示。

图 7-33　单击"插入函数"按钮

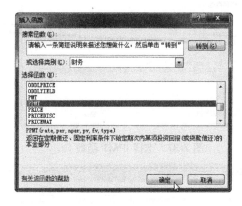

图 7-34　选择 PPMT 函数

步骤 7　弹出"函数参数"对话框，设置 PPMT 函数参数，再单击"确定"按钮，如图 7-35
　　　　所示。

步骤 8　计算出商业贷款的月还款本金，如图 7-36 所示。

图 7-35　设置 PPMT 函数参数

图 7-36　得到月还款本金

步骤 9　选中 B12 单元格，单击"公式"选项卡下的"函数库"组中的"插入函数"按钮，
　　　　弹出"插入函数"对话框，设置函数类型为"财务"，并在"选择函数"列表框中
　　　　选择 IPMT 函数，再单击"确定"按钮，如图 7-37 所示。

步骤 10　弹出"函数参数"对话框，设置 IPMT 函数参数，再单击"确定"按钮，如图 7-38
　　　　　所示，计算出商业贷款的月还款利息。

步骤 11　选中 B13 单元格，单击"公式"选项卡下的"函数库"组中的"插入函数"按钮，
　　　　　弹出"插入函数"对话框，设置函数类型为"财务"，并在"选择函数"列表框中
　　　　　选择 PMT 函数，再单击"确定"按钮，如图 7-39 所示。

步骤 12　弹出"函数参数"对话框，设置 PMT 函数参数，再单击"确定"按钮，如图 7-40
　　　　　所示。

Excel 在市场营销与销售管理中的应用

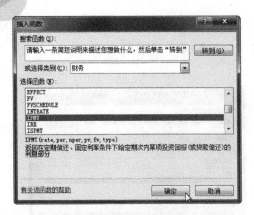

图 7-37　选择 IPMT 函数

图 7-38　设置 IPMT 函数参数

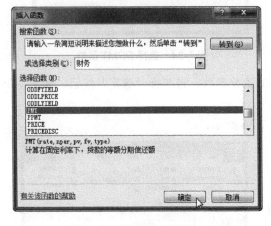

图 7-39　选择 PMT 函数

图 7-40　设置 PMT 函数参数

步骤 13　计算出商业贷款的月均还款额，如图 7-41 所示。

步骤 14　在 B15 单元格中输入公式""=B13*120"，按 Enter 键计算出商业贷款的还款总额，如图 7-42 所示。

图 7-41　得到月均还款额

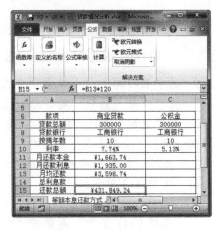

图 7-42　得到还款总额

步骤 15　在 B14 单元格中输入公式"=B15-B7"，按 Enter 键计算出商业贷款的总利息款，如图 7-43 所示。

步骤 16　复制 B11:B15 单元格区域中的公式至 C11:C15 单元格区域，计算出公积金贷款的还款信息，如图 7-44 所示。从计算结果可以得知，在等额本息还款方式下，公积金贷款比商业贷款的利息少。

图 7-43　得到商业贷款的总利息款　　　　图 7-44　得到公积金贷款的还款信息

2. 等额本金还款方式

下面将以商业贷款为例，分析等额本金还款方式下的还款总额，具体操作步骤如下。

步骤 1　打开"贷款情况分析"工作簿，新建一张工作表，并将其重命名为"等额本金还款方式"，在该工作表中创建表格，如图 7-45 所示。

步骤 2　在其中录入相关数据，如图 7-46 所示。

图 7-45　新建"等额本金还款方式"工作表　　　图 7-46　录入数据

步骤 3　在 C5:C6、E5:E6、G5:G6 和 I5:I6 单元格区域中输入相应的期次，然后选定 C5:I6 单元格区域，并将鼠标指针移动到 I6 单元格的右下角，当鼠标指针变为黑十字形状时，按住鼠标左键向下拖动鼠标，如图 7-47 所示。

步骤 4　拖动到目标位置后，释放鼠标左键，即可完成还款期次的填充，如图 7-48 所示。

图 7-47　向下拖动鼠标

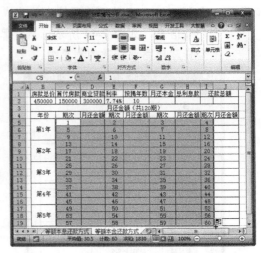

图 7-48　填充内容

步骤 5　选定 B5:J7、B11:J13、B17:J19、B23:J25 和 B29:J31 单元格区域，然后打开"设置单元格格式"对话框，切换到"填充"选项卡，接着在"背景色"选项组中选择单元格的填充颜色，如图 7-49 所示。

步骤 6　单击"确定"按钮，填充效果如图 7-50 所示。

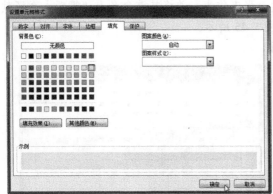

图 7-49　设置填充颜色

图 7-50　填充效果

步骤 7　合并 I2:J2 单元格区域，然后在 G2 单元格中输入公式"=D2/F2/12"，按 Enter 键，计算出月还本金，如图 7-51 所示。

步骤 8　在 D5 单元格中输入公式"=$G$2+($D$2-2500*($C5-1))*$E$2/13"，按 Enter 键，计算出第 1 期的月还金额，如图 7-52 所示。

步骤 9　在 F5 单元格中输入公式"=$G$2+($D$2-2500*($E5-1))*$E$2/13"，按 Enter 键，计算出第 2 期的月还金额，如图 7-53 所示。

步骤 10　在 H5 单元格中输入公式"=$G$2+($D$2-2500*($G5-1))*$E$2/12"，按 Enter 键，

计算出第 3 期的月还金额；在 J5 单元格中输入公式 "=$G$2+($D$2-2500*($I5-1))*$E$2/12"，按 Enter 键，计算出第 4 期的月还金额；分别复制 D5、F5、H5 和 J5 单元格中的公式到 D6:D34、F6:F34、H6:H34、J6:J34 单元格区域，如图 7-54 所示。

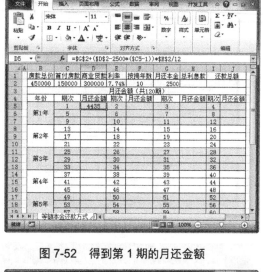

图 7-51　得到月还本金　　　　　　　图 7-52　得到第 1 期的月还金额

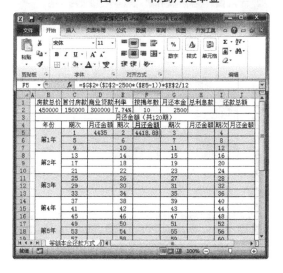

图 7-53　得到第 2 期的月还金额

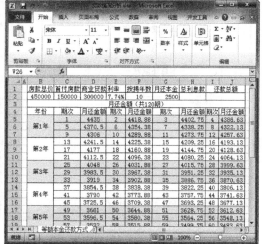

图 7-54　得到每期的月还金额

步骤 11　在 I2 单元格中输入公式 "=SUM(D5:D34,F5:F34,H5:H34,J5:J34)"，按 Enter 键，计算出还款总额，如图 7-55 所示。

步骤 12　在 H2 单元格中输入公式 "=I2-D2"，按 Enter 键，计算出总利息款，如图 7-56 所示。从结果可知，都是商业贷款，等额本金还款比等额本息还款划算。

3. 等额本息下的组合型还款

下面对等额本息方式下的组合型还款总金额进行分析。

步骤 1　打开 "贷款情况分析" 工作簿，新建一张工作表，并将其重命名为 "组合型还款法

1"，在该工作表中创建表格，如图 7-57 所示。

步骤 2　在其中录入相关数据并设置填充颜色，如图 7-58 所示。

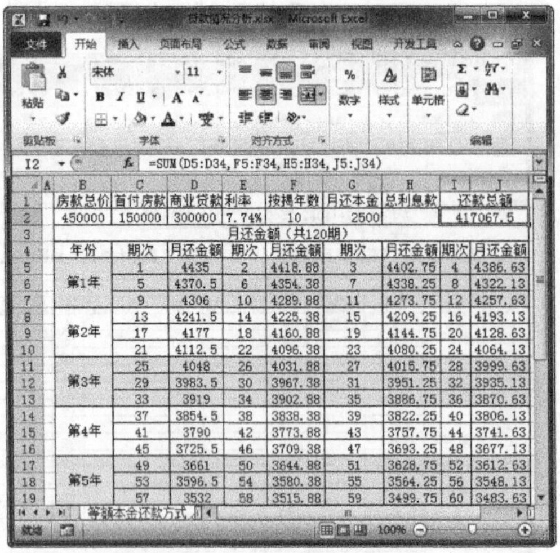

图 7-55　得到还款总额

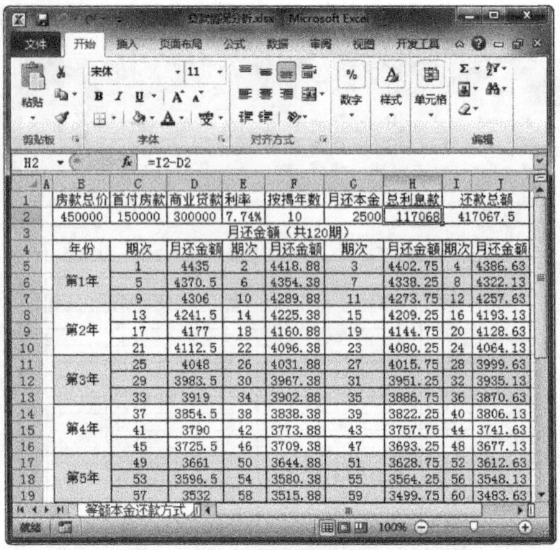

图 7-56　得到总利息款

图 7-57　创建表格

图 7-58　录入数据

步骤 3　在 E4 单元格中输入公式"=SUM(C4:D4)"，按 Enter 键，计算出贷款总金额，如图 7-59 所示。

步骤 4　在 C5 单元格中输入公式"=C4/E4"，按 Enter 键，计算出货款比例，然后复制该公式到 D5 单元格，如图 7-60 所示。

步骤 5　选中 C8 单元格，然后单击"公式"选项卡下的"函数库"组中的"插入函数"按钮，打开"插入函数"对话框，选择 PMT 函数，单击"确定"按钮，打开"函数参数"对话框，设置 PMT 函数参数，然后单击"确定"按钮，如图 7-61 所示。

步骤 6　计算得到月供金额，然后复制公式到 D8 单元格，如图 7-62 所示。

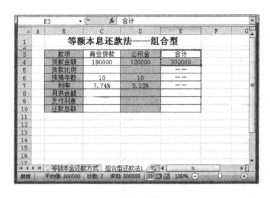

图 7-59　得到贷款总金额　　　　　　　　图 7-60　得到贷款比例

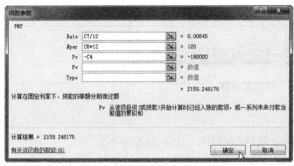

图 7-61　设置 PMT 函数参数　　　　　　图 7-62　得到月供金额

步骤 7　在 C10 单元格中输入公式 "=C8*C6*12"，按 Enter 键，计算出还款总额，然后复制公式到 D10 单元格，如图 7-63 所示。

步骤 8　在 C9 单元格中输入公式 "=C10-C4"，按 Enter 键，计算出支付利息，然后复制公式到 D9 单元格，如图 7-64 所示。

图 7-63　得到还款总额　　　　　　　　　图 7-64　得到支付利息

步骤 9　在 E8 单元格中输入公式 "=SUM(C8:D8)"，按 Enter 键，计算出月供总金额，然后复制公式到 E9、E10 单元格，如图 7-65 所示。

图 7-65　得到总金额

4．等额本金下的组合型还款

下面对等额本金方式下的组合型还款总金额进行分析，具体步骤如下。

步骤 1　打开"贷款情况分析"工作簿，新建一张工作表，并将其重命名为"组合型还款法2"，在该工作表中创建表格，如图 7-66 所示。

步骤 2　在其中录入相关数据，如图 7-67 所示。

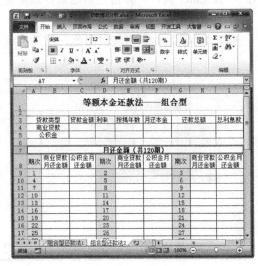

图 7-66　创建表格

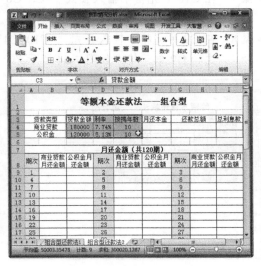

图 7-67　录入数据

步骤 3　在 F4 单元格中输入公式"=C4/E4/12"，按 Enter 键确定输入，然后复制公式到 F5单元格，如图 7-68 所示。

步骤 4　在 B9 单元格中输入公式"=$F$4+($C$4-$F$4*($A9-1))*$D$4/12"，按 Enter 键确定

输入，然后复制该公式到 B10:B48 单元格区域，如图 7-69 所示。

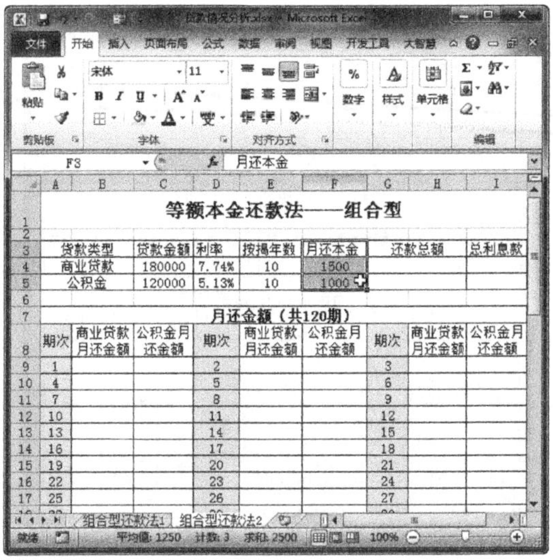

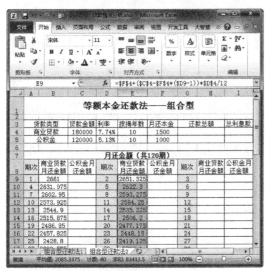

图 7-68　得到月还本金

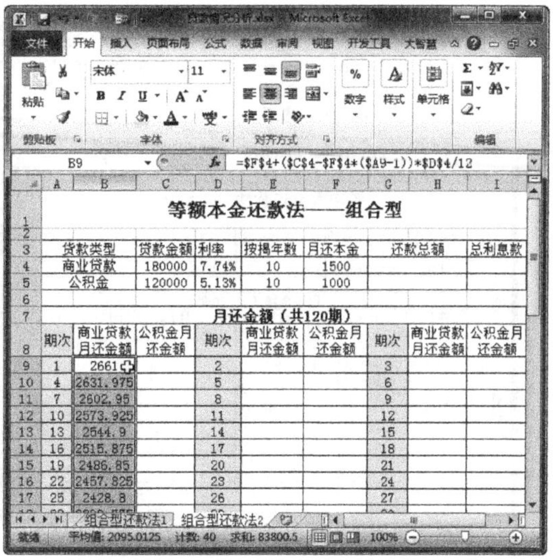

图 7-69　得到部分商业贷款月还金额(1)

步骤 5　在 E9 单元格中输入公式 "=$F$4+($C$4-$F$4*($D9-1))*$D$4/12"，按 Enter 键确定输入，然后复制该公式到 E10:E48 单元格区域，如图 7-70 所示。

步骤 6　在 H9 单元格中输入公式 "=$F$4+($C$4-$F$4*($G9-1))*$D$4/12"，按 Enter 键确定输入，然后复制该公式到 H10:H48 单元格区域，如图 7-71 所示。

图 7-70　得到部分商业贷款月还金额(2)

图 7-71　得到部分商业贷款月还金额(3)

步骤 7　在 C9 单元格中输入公式 "=$F$5+($C$5-$F$5*($A9-1))*$D$5/12"，按 Enter 键确定输入，然后复制该公式到 C10:C48 单元格区域，如图 7-72 所示。

步骤 8　在 F9 单元格中输入公式 "=$F$5+($C$5-$F$5*($D9-1))*$D$5/12"，按 Enter 键确定输入，然后复制该公式到 F10:F48 单元格区域，如图 7-73 所示。

图 7-72　得到部分公积金月还金额(1)

图 7-73　得到部分公积金月还金额(2)

步骤 9　在 I9 单元格中输入公式 "=$F$5+($C$5−$F$5*($G9−1))*$D$5/12"，按 Enter 键确定输入，然后复制该公式到 I10:I48 单元格区域，如图 7-74 所示。

步骤 10　在 G4 单元格中输入公式 "=SUM(B9:B48, E9:E48,H9:H48)"，按 Enter 键确认输入，得到商业贷款部分的还款总额，如图 7-75 所示。

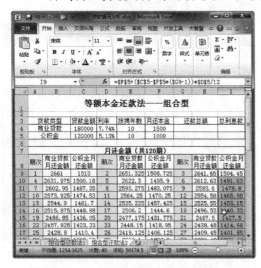

图 7-74　得到部分公积金月还金额(3)

图 7-75　得到商业贷款部分的还款总额

步骤 11　在 G5 单元格中输入公式 "=SUM(C9:C48, F9:F48,I9:I48)"，按 Enter 键确认输入，得到公积金贷款部分的还款总额，如图 7-76 所示。

步骤 12　在 I4 单元格中输入公式 "=G4−C4"，按 Enter 键确认输入，然后复制公式到 I5 单元格，如图 7-77 所示。

等额本金还款法——组合型								
贷款类型		贷款金额	利率	按揭年数	月还本金	还款总额		总利息款
商业贷款		180000	7.74%	10	1500	250240.5		
公积金		120000	5.13%	10	1000	151036.5		
月还金额（共120期）								
期次	商业贷款月还金额	公积金月还金额	期次	商业贷款月还金额	公积金月还金额	期次	商业贷款月还金额	公积金月还金额
1	2661	1513	2	2651.325	1508.725	3	2641.65	1504.45
4	2631.975	1500.18	5	2622.3	1495.9	6	2612.63	1491.63
7	2602.95	1487.35	8	2593.275	1483.075	9	2583.6	1478.8
10	2573.925	1474.53	11	2564.25	1470.25	12	2554.58	1465.98
13	2544.9	1461.7	14	2535.225	1457.425	15	2525.55	1453.15
16	2515.875	1448.88	17	2506.2	1444.6	18	2496.53	1440.33
19	2486.85	1436.05	20	2477.175	1431.775	21	2467.5	1427.5
22	2457.825	1423.23	23	2448.15	1418.95	24	2438.48	1414.68
25	2428.8	1410.4	26	2419.125	1406.125	27	2409.45	1401.85

图 7-76　得到公积金贷款部分的还款总额

等额本金还款法——组合型								
贷款类型		贷款金额	利率	按揭年数	月还本金	还款总额		总利息款
商业贷款		180000	7.74%	10	1500	250240.5		70240.5
公积金		120000	5.13%	10	1000	151036.5		31036.5
月还金额（共120期）								
期次	商业贷款月还金额	公积金月还金额	期次	商业贷款月还金额	公积金月还金额	期次	商业贷款月还金额	公积金月还金额
1	2661	1513	2	2651.325	1508.725	3	2641.65	1504.45
4	2631.975	1500.18	5	2622.3	1495.9	6	2612.63	1491.63
7	2602.95	1487.35	8	2593.275	1483.075	9	2583.6	1478.8
10	2573.925	1474.53	11	2564.25	1470.25	12	2554.58	1465.98
13	2544.9	1461.7	14	2535.225	1457.425	15	2525.55	1453.15
16	2515.875	1448.88	17	2506.2	1444.6	18	2496.53	1440.33
19	2486.85	1436.05	20	2477.175	1431.775	21	2467.5	1427.5
22	2457.825	1423.23	23	2448.15	1418.95	24	2438.48	1414.68
25	2428.8	1410.4	26	2419.125	1406.125	27	2409.45	1401.85

图 7-77　得到总利息款

7.3.2　长期借款还款计划表的编制

长期借款还款计划表有多种，下面将进行具体介绍。

1．单利分期计息，到期一次还本付息

这里每年的利息是相等的，实际利率为 8.63%，计划表如图 7-78 所示。

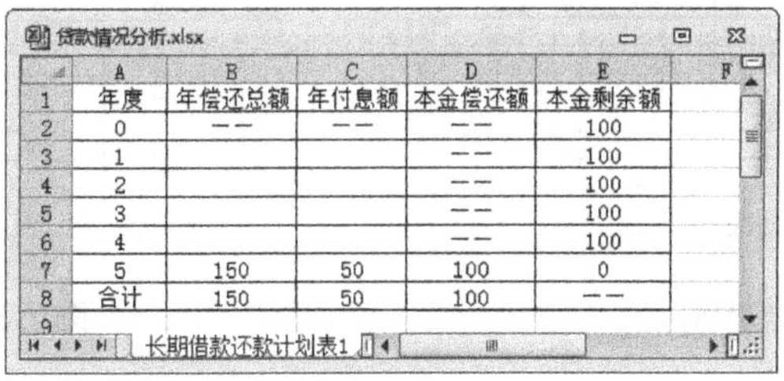

年度	年偿还总额	年付息额	本金偿还额	本金剩余额
0	——	——	——	100
1			——	100
2			——	100
3			——	100
4			——	100
5	150	50	100	0
合计	150	50	100	——

图 7-78　计划表(1)

2．复利计息，到期一次还本付息

这里每年的利息是不相等的，实际利率为 10%，计划表如图 7-79 所示。

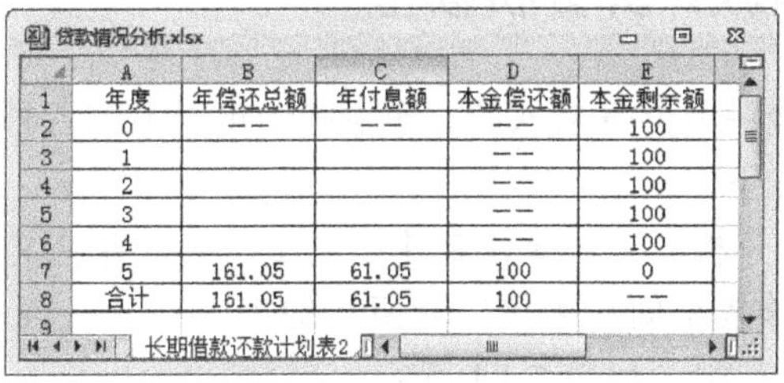

年度	年偿还总额	年付息额	本金偿还额	本金剩余额
0	——	——	——	100
1			——	100
2			——	100
3			——	100
4			——	100
5	161.05	61.05	100	0
合计	161.05	61.05	100	——

图 7-79　计划表(2)

3．复利计息，分期付息，到期还本

这里每年的利息是相等的，实际利率为 10%，计划表如图 7-80 所示。

图 7-80　计划表(3)

4．分期等额偿还本息

随着本金的逐渐减少，利息也逐渐减少。但由于每年应偿还的数额是固定的，故每年应还的本金逐年增加，实际利率为 10%，计划表如图 7-81 所示。

5．分期还本付息

这里是每年还款 20 万元；随着本金的逐渐减少，利息也逐渐减少，实际利率为 10%，计划表如图 7-82 所示。

图 7-81　计划表(4)　　　　　　　　图 7-82　计划表(5)

经比较前面几种方案，可以发现：

- 实际利率最低的偿还方式为单利分期计息，到期一次还本付息。
- 在复利情况下，偿还总额最少的为第 5 种(分期还本，对未还本金支付利息)。

7.3.3　建立长期借款计算分析模型

长期借款是企业向金融单位等借入的、期限在一年以上的各种形式的借款。建立长期借款计算分析模型的步骤如下。

步骤 1　打开"贷款情况分析"工作簿，新建一张工作表，并将其重命名为"长期借款基本模型"，在该工作表中创建表格，如图 7-83 所示。

步骤 2　在其中录入相关数据，如图 7-84 所示。

步骤 3　根据实际情况设计分析模型，在 A10 单元格中输入计算公式"=PMT(B4/B6,B5*B6,B3)"，如图 7-85 所示。

步骤 4　选中 A10:E15 单元格区域，单击"数据"选项卡下的"数据工具"组中的"模拟分析"下拉按钮，从弹出的菜单中选择"模拟运算表"选项，如图 7-86 所示。

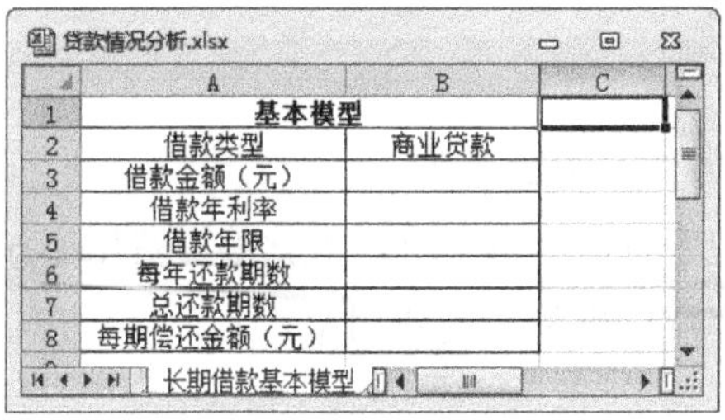

图 7-83　创建表格

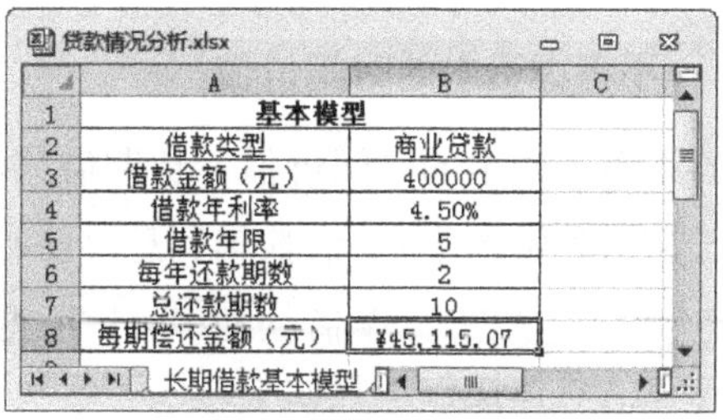

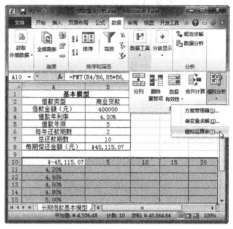

图 7-84　录入数据

图 7-85　输入计算公式

图 7-86　选择"模拟运算表"选项

步骤 5　弹出"模拟运算表"对话框，在"输入引用行的单元格"文本框中输入"$B$7"，在"输入引用列的单元格"文本框中输入"$B$4"，如图 7-87 所示。

步骤 6　单击"确定"按钮，最终效果如图 7-88 所示。

图 7-87　"模拟运算表"对话框

图 7-88　最终效果

7.3.4　长期借款的资本成本

资本成本是财务管理中的重要概念，是企业制定筹资决策和投资决策的基础。

1．不考虑资本的时间价值

若不考虑资本的时间价值，长期借款资本成本的计算公式为

长期借款资本成本=借款年利息×(1-所得税税率)/(借款本金×(1-借款筹资费用率))

=借款利率×(1-所得税税率)/(1-借款筹资费用率)

计算的具体操作步骤如下。

步骤 1　打开"贷款情况分析"工作簿，新建一张工作表，并将其重命名为"长期借款的资本成本表 1"，在该工作表中创建表格，如图 7-89 所示。

步骤 2　在其中录入相关数据，如图 7-90 所示。

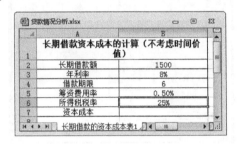

图 7-89　创建表格　　　　　　　　图 7-90　录入数据

步骤 3　在 B7 单元格中输入公式"=B3*(1-B6)/(1-B5)"，计算得到资本成本，如图 7-91 所示。

图 7-91　得到计算结果

2．考虑资本的时间价值

若考虑资本的时间价值，则有三种计算方法，下面将进行具体介绍。

(1) 利用 Excel 的单变量求解的方法。

步骤 1　打开"贷款情况分析"工作簿，新建一张工作表，并将其重命名为"长期借款的资本成本 2"，在该工作表中创建表格，如图 7-92 所示。

步骤 2　在其中录入相关数据，如图 7-93 所示。

图 7-92　创建表格　　　　　　　　图 7-93　录入数据

步骤 3　在 G3 单元格中输入公式 "=A3*(1-D3)-PV(F3,C3,-A3*B3*(1-E3),-A3)"，计算得到资本的流量，如图 7-94 所示。

步骤 4　单击"数据"选项卡下的"数据工具"组中的"模拟分析"下拉按钮，从弹出的菜单中选择"单变量求解"选项，如图 7-95 所示。

图 7-94　得到资本的流量

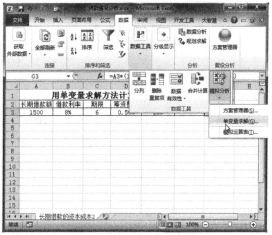

图 7-95　选择"单变量求解"选项

步骤 5　弹出"单变量求解"对话框，设置"目标单元格"为"$G$3"，"目标值"为 0，"可变单元格"为"$F$3"，然后单击"确定"按钮，如图 7-96 所示。

步骤 6　弹出"单变量求解状态"对话框，单击"确定"按钮，求解得到长期借款的资本成本，如图 7-97 所示。

图 7-96　"单变量求解"对话框

图 7-97　"单变量求解状态"对话框

(2)　利用 Excel 的 IRR 函数的方法。

步骤 1　打开"贷款情况分析"工作簿，新建一张工作表，并将其重命名为"长期借款资本成本 3"，在该工作表中创建表格，如图 7-98 所示。

步骤 2　在其中录入相关数据，如图 7-99 所示。

图 7-98　创建表格

图 7-99　录入数据

步骤 3　在 A6 单元格中输入公式 "=A3*(1−D3)"，计算得到筹资净额(资本流入)，如图 7-100 所示。

步骤 4　在 B6、C6、D6、E6、F6 单元格中输入公式 "=−$A$3*$B$3*(1−$E$3)"，计算得到各年支出的税后利息，如图 7-101 所示。

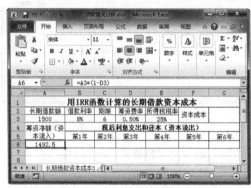

图 7-100　计算得到筹资净额

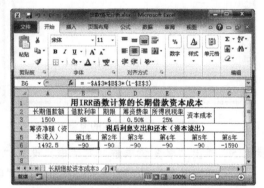

图 7-101　计算得到各年支出的税后利息

步骤 5　在 G6 单元格中输入公式 "=−$A$3*$B$3*(1−$E$3)−A3"，计算得到结果，如图 7-102 所示。

步骤 6　在 G2 单元格中输入公式 "=IRR(A6:G6)"，计算得到长期借款资本成本，如图 7-103 所示。

图 7-102　计算得到结果

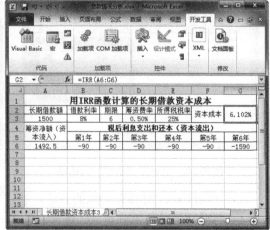

图 7-103　计算得到长期借款资本成本

(3)　利用 Excel 规划求解的方法。

步骤 1　打开"贷款情况分析"工作簿，新建一张工作表，并将其重命名为"长期借款的资本成本 4"，在该工作表中创建表格，如图 7-104 所示。

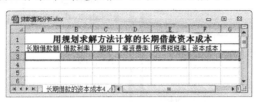

图 7-104　创建表格

步骤 2　在其中录入相关数据，如图 7-105 所示。

图 7-105　录入数据

步骤 3　在 F3 单元格中设置一个不为 0 的初始值 10%，然后在 G3 单元格中输入公式"=A3*(1-D3)-PV(F3,C3,-A3*B3*(1-E3),-A3)"，如图 7-106 所示。

步骤 4　单击"数据"选项卡下的"分析"组中的"规划求解"按钮，如图 7-107 所示。

图 7-106　输入公式

图 7-107　单击"规划求解"按钮

步骤 5　弹出"规划求解参数"对话框，在其中设置目标单元格为$G$3，目标值为 0，可变单元格为$F$3，然后单击"求解"按钮，如图 7-108 所示。

步骤 6　弹出"规划求解结果"对话框，单击"确定"按钮，如图 7-109 所示。

步骤 7　得到计算结果，如图 7-110 所示，这与用单变量求解方法和 IRR 函数方法所得到的结果一致。

图 7-108　"规划求解参数"对话框

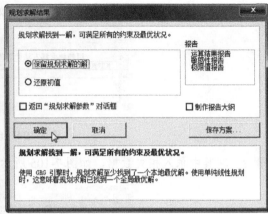

图 7-109　"规划求解结果"对话框

图 7-110　得到计算结果

7.4　利用规划求解制订最佳生产方案

下面将具体介绍如何利用规划求解制订最佳生产方案，具体操作步骤如下。

步骤 1　打开"贷款情况分析"工作簿，新建一张工作表，并将其重命名为"利用'规划求解'求出最佳生产方案"，在该工作表中创建表格，如图 7-111 所示。

步骤 2　在其中录入相关数据，如图 7-112 所示。

步骤 3　在 B7 单元格中输入公式"=B5*B6"，得到计算结果，如图 7-113 所示。

步骤 4　选中 B7 单元格，将鼠标指针移动到该单元格的右下角，当指针变为黑十字形状时，拖动该鼠标至 D7 单元格，得到相关结果，如图 7-114 所示。

步骤 5　在 D10 单元格中输入公式"=B3*B6+C3*C6+D3*D6"，计算得到实际生产成本，如图 7-115 所示。

步骤 6　在 D11 单元格中输入公式"=(B4*B6+C4*C6+D4*D6)/60"，计算得到实际生产时间，如图 7-116 所示。

经典实例：贷款情况分析　经典实例：贷款情况

图 7-111　创建表格

图 7-112　录入相关数据

图 7-113　得到 A 产品的盈利合计

图 7-114　得到 B、C 产品的盈利合计

图 7-115　计算得到实际生产成本

图 7-116　计算得到实际生产时间

步骤 7　在 D12 单元格中输入公式 "=B7+C7+D7"，计算得到销售利润，如图 7-117 所示。

步骤 8　选中 D12 单元格，然后单击"数据"选项卡下的"分析"组中的"规划求解"按钮，如图 7-118 所示。

图 7-117　计算得到销售利润

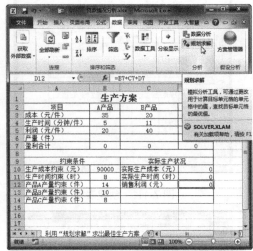

图 7-118　单击"规划求解"按钮

步骤 9　弹出"规划求解参数"对话框，设置"通过更改可变单元格"的单元格区域，这里设置的区域为 $B$6:$D$6，如图 7-119 所示。

步骤 10　设置约束条件。单击"规划求解参数"对话框中的"添加"按钮，在弹出的"添加约束"对话框中设置约束条件，设置第 1 个约束条件为"$D$10<=$B$10"，再单击"添加"按钮，如图 7-120 所示。

图 7-119　设置可变单元格区域

图 7-120　添加第 1 个约束条件

步骤 11　在"添加约束"对话框中设置第 2 个约束条件为"$D$11<=$B$11"，再单击"添加"按钮，如图 7-121 所示。

步骤 12　在"添加约束"对话框中设置第 3 个约束条件为"$B$6:$D$6 为整数"，再单击"添加"按钮，如图 7-122 所示。

图 7-121　添加第 2 个约束条件　　　　　图 7-122　添加第 3 个约束条件

步骤 13　在"添加约束"对话框中设置第 4 个约束条件为"$B$6>=$B$12"，再单击"添加"
　　　　　按钮，如图 7-123 所示。

步骤 14　在"添加约束"对话框中设置第 5 个约束条件为"$C$6>=$B$13"，再单击"添加"
　　　　　按钮，如图 7-124 所示。

图 7-123　添加第 4 个约束条件

图 7-124　添加第 5 个约束条件

步骤 15　在"添加约束"对话框中设置第 6 个约束条件为"$D$6>=$B$14"，再单击"确定"
　　　　　按钮，如图 7-125 所示。

步骤 16　返回到"规划求解参数"对话框，单击"求解"按钮，如图 7-126 所示。

图 7-125　添加第 6 个约束条件　　　　　图 7-126　单击"求解"按钮

步骤 17　弹出"规划求解结果"对话框，选中"保留规划求解的解"单选按钮，然后单击
　　　　　"确定"按钮，如图 7-127 所示。

步骤 18　返回到工作表中，可以看到最佳生产方案的结果，如图 7-128 所示。

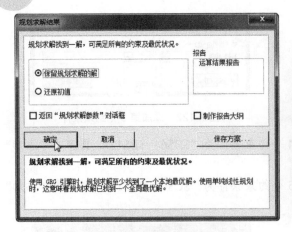

图 7-127 "规划求解结果"对话框

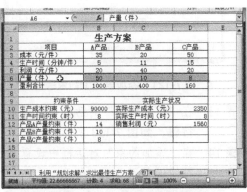

图 7-128 得到最佳生产方案

7.5 计算净现值

　　净现值是指投资方案所产生的现金流量以资金成本为贴现率折现之后与原始投资额现值的差额。Excel 中，计算净现值的函数是 NPV。

　　NPV 函数用于基于一系列将来的收支的现金流和贴现率，返回一项投资的净现值。利用 NPV 函数可以计算未来投资或支出的总现值、未来收入的总现值以及净现金流量的总现值。NPV 函数的语法格式如下：

NPV(rate,value1,value2,…)

其中：

- rate 表示某一期间的固定贴现率。
- value1,value2,…表示一系列现金流，代表支出或收入，收入以正数形式表示，支出以负数形式表示。

　　计算净现值的具体操作步骤如下。

步骤 1　打开"贷款情况分析"工作簿，新建一张工作表，并将其重命名为"计算净现值"，在该工作表中创建表格，如图 7-129 所示。

步骤 2　在其中录入相关数据，如图 7-130 所示。

图 7-129 创建表格

图 7-130 录入数据

步骤 3　在 B6 单元格中输入计算公式"=NPV(B2,B3:B5)"，按 Enter 键得到结果，如图 7-131
　　　　所示。结果表明，假设现在一次付清货款，并且乙方同意按 3 年期银行借款年利率
　　　　6%进行计算，则现在的交易金额为 906.62 万元，即入账价值。

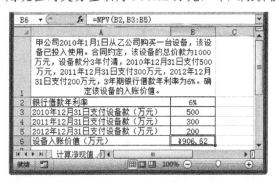

图 7-131　得到结果

7.6　单变量求解

　　单变量求解用于解决假定一个公式要取得某一结果值，其中的变量值应为多少的问题。
在 Excel 中进行变量求解时，系统会不断调整引用单元格的值，直至达到所要求的公式的目
标值。下面将举例进行说明，具体操作步骤如下。

步骤 1　打开"贷款情况分析"工作簿，新建一张工作表，并将其重命名为"单变量求解"。

步骤 2　在该工作表中创建表格并录入相关数据，如图 7-132 所示。

步骤 3　表格创建完成后，选中 B4 单元格，在其中输入计算公式"=B3*(B1-B2)"，如图 7-133
　　　　所示。

图 7-132　创建表格

图 7-133　输入公式

步骤 4　选中 B4 单元格，单击"数据"选项卡下的"数据工具"组中的"模拟分析"下拉
　　　　按钮，从弹出的菜单中选择"单变量求解"选项，如图 7-134 所示。

步骤 5　弹出"单变量求解"对话框，在"目标单元格"文本框中输入"B4"，在"目标值"
　　　　文本框中输入"15000"，在"可变单元格"文本框中输入"$B$3"，如图 7-135
　　　　所示。

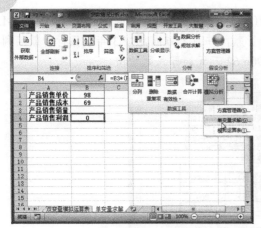

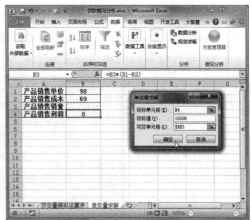

图 7-134　选择"单变量求解"选项　　　　图 7-135　"单变量求解"对话框

步骤 6　单击"确定"按钮，得到计算结果，如图 7-136 所示。

图 7-136　得到计算结果

7.7　利用方案对比分析银行贷款情况

下面使用方案管理器进行银行贷款方案的比较和各项参数的计算，具体操作步骤如下。

步骤 1　在"贷款情况分析"工作簿中新插入一个工作表，并将其重新命名为"贷款方案设计"。

步骤 2　创建"银行贷款方案设计"表格，合并 B1:K1 单元格区域，输入表格标题文本"银行贷款方案设计"。

步骤 3　选中 B1 单元格，然后在"开始"选项卡下的"字体"组中，单击右下角的对话框启动器按钮，打开"设置单元格格式"对话框，并自动切换到"字体"选项卡下，设置表格标题格式，最后单击"确定"按钮，如图 7-137 所示。

步骤 4　单击"确定"按钮，返回到工作表中，右击标题所在行行号，从弹出的快捷菜单中
　　　　选择"行高"命令，如图 7-138 所示。

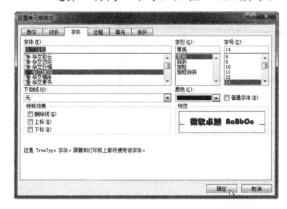

图 7-137　设置字体格式　　　　　　　　　　图 7-138　选择"行高"命令

步骤 5　弹出"行高"对话框，在"行高"文本框中输入"30"，然后单击"确定"按钮，
　　　　如图 7-139 所示。

步骤 6　返回到工作表中，在工作表中输入相关字段，效果如图 7-140 所示。

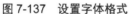

图 7-139　"行高"对话框　　　　　　　　　　图 7-140　输入相关字段

步骤 7　选中 D3、D6、G3、G6、J3、J6 单元格，以及 D8:D12、C14:K43 单元格区域，然
　　　　后在"开始"选项卡下的"数字"组中，单击右下角的对话框启动器按钮，打开"设
　　　　置单元格格式"对话框，并自动切换到"数字"选项卡下，在"分类"列表框中选
　　　　择"货币"选项，设置"小数位数"为 2，"货币符号"为"¥"，"负数"为"¥-1,234.10"，
　　　　单击"确定"按钮，如图 7-141 所示。

步骤 8　返回到工作表中，选中 D2、D4、G2、G4、J2 和 J4 单元格，然后在"开始"选项
　　　　卡下的　"数字"组中，单击右下角的对话框启动器按钮，打开"设置单元格格式"
　　　　对话框，并自动切换到"数字"选项卡下，在"分类"列表框中选择"常规"选项，

单击 "确定" 按钮返回。

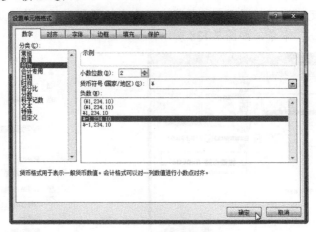

图 7-141   设置货币格式

步骤 9   选中 D5、G5 和 J5 单元格,然后在 "开始" 选项卡下的 "数字" 组中,单击右下角的对话框启动器按钮,打开 "设置单元格格式" 对话框,并自动切换到 "数字" 选项卡下,在 "分类" 列表框中选择 "百分比" 选项,设置 "小数位数" 为 2,单击 "确定" 按钮返回,如图 7-142 所示。

图 7-142   设置百分比格式

步骤 10   单击 "数据" 选项卡下的 "假设分析" 组中的 "方案管理器" 按钮,如图 7-143 所示。

步骤 11   打开 "方案管理器" 对话框,单击 "添加" 按钮,添加方案,如图 7-144 所示。

步骤 12   打开 "编辑方案" 对话框,在 "方案名" 文本框中输入 "方案 1",单击 "可变单元格" 文本框右侧的 "拾取器" 按钮,返回到工作表中,选择 $D$2:$D$7 区域,同时选中 "防止更改" 复选框,然后单击 "确定" 按钮,如图 7-145 所示。

步骤 13   弹出 "方案变量值" 对话框,确定方案 1 中各参量的值,单击 "确定" 按钮,如图 7-146 所示。

图 7-143　单击"方案管理器"按钮

图 7-144　单击"添加"按钮

图 7-145　"编辑方案"对话框

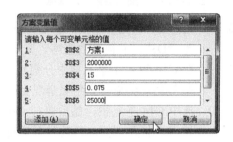

图 7-146　"方案变量值"对话框

步骤 14　完成方案 1 的添加，并返回到"方案管理器"对话框，被添加的方案显示在"方案"列表框内，如图 7-147 所示。

步骤 15　按照添加方案 1 的方法添加方案 2 和方案 3，最终被添加的方案显示在"方案"列表框内，单击"关闭"按钮，完成方案的添加，如图 7-148 所示。

图 7-147　添加了"方案 1"

图 7-148　添加了 3 个方案

步骤 16　选中 C8 单元格，单击"公式"选项卡下的"函数库"组中的"插入函数"按钮，打开"插入函数"对话框，从"或选择类别"下拉列表框中选择"财务"选项，在"选择函数"列表框中选择 PMT 函数，然后单击"确定"按钮，如图 7-149 所示。

步骤 17　弹出"函数参数"对话框，设置 Rate 为"D5/12"，Nper 为"D4*12"，Pv 为"D3"，其他两个参数省略，默认为零值，单击"确定"按钮，如图 7-150 所示。

图 7-149　"插入函数"对话框　　　　图 7-150　设置 PMT 函数参数

步骤 18　选中 C9 单元格，按照上述方法对其进行设置，Rate 为"D5"，Nper 为"D4"，Pv 为"D3"，其他参数省略，默认为零值，单击"确定"按钮。

步骤 19　在 C10 和 C11 单元格中分别输入计算公式"=D6+C8"和"=C10*12"，计算得到每月剩余现金和每年剩余现金。

步骤 20　选中 C14 单元格，然后单击"公式"选项卡下的"函数库"组中的"插入函数"按钮，打开"插入函数"对话框，从"或选择类别"下拉列表框中选择"财务"选项，在"选择函数"列表框中选择 IPMT 函数，单击"确定"按钮。

步骤 21　弹出"函数参数"对话框，设置 Rate 为"$D$5"，Per 为"B14"，Nper 为"$D$4"，Pv 为"$D$3"，Fv 参数省略，默认为零值，单击"确定"按钮，如图 7-151 所示。

步骤 22　选中 E14 单元格，单击"公式"选项卡下的"函数库"组中的"插入函数"按钮，打开"插入函数"对话框，从"或选择类别"下拉列表框中选择"财务"选项，在"选择函数"列表框中选择 PPMT 函数，单击"确定"按钮。

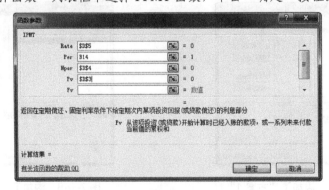

图 7-151　设置 IPMT 函数参数

步骤 23　弹出"函数参数"对话框，设置 Rate 为"$D$5"，Per 为"B14"，Nper 为"$D$4"，Pv 为"$D$3"，Fv 参数省略，默认为零值，单击"确定"按钮。

步骤 24　选中 C14:E14 单元格区域，将鼠标指针移动到 E14 单元格的右下角，待指针变为黑十字形状时，拖动鼠标至 C28:E28 单元格区域。

步骤 25　释放鼠标，C28:E28 单元格区域内复制了 C14:E14 单元格区域中的公式，并得到相应的结果，如图 7-152 所示。

步骤 26　选中 C29 单元格，输入字符"–"，选中 E29 单元格，输入字符"–"；选中 C29:E29 单元格区域，将鼠标指针移动到 E29 单元格的右下角，待指针变为黑十字形状时，拖动鼠标至 C43:E43 单元格区域，然后释放鼠标，C43:E43 单元格区域内复制了 C29:E29 单元格区域中的内容，如图 7-153 所示。

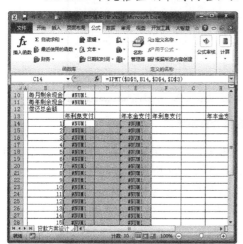

图 7-152　复制内容(1)　　　　　图 7-153　复制内容(2)

步骤 27　在"数据"选项卡下，单击"假设分析"组中的"方案管理器"按钮，打开"方案管理器"对话框，选择"方案 1"，然后单击"显示"按钮，如图 7-154 所示。

步骤 28　单击"关闭"按钮，返回到工作表中，可以看到工作表中的方案 1 及其各个字段的数值都计算并显示出来，如图 7-155 所示。

图 7-154　单击"显示"按钮　　　　　图 7-155　方案 1 显示结果

步骤 29　按照同样的方法完成方案 2 和方案 3 的创建，显示了最终计算结果的工作表如图 7-156 所示。

图 7-156　得到最终计算结果

步骤 30　单击"数据"选项卡下的"假设分析"组中的"方案管理器"按钮，打开"方案管理器"对话框，单击"摘要"按钮，如图 7-157 所示。

步骤 31　打开"方案摘要"对话框，选中"方案摘要"单选按钮，然后单击"结果单元格"文本框右侧的"拾取器"按钮，返回到工作表中确定结果单元格，如图 7-158 所示。

步骤 32　单击"确定"按钮返回到名为"方案摘要"的工作表，如图 7-159 所示，可以看到方案 3 是最佳选择。

图 7-157　单击"摘要"按钮　　　　　图 7-158　"方案摘要"对话框

步骤 33　在"贷款情况分析"工作簿中新插入一个工作表，并将其重命名为"贷款图表分析"。

步骤 34　单击"插入"选项卡下的"图表"组中的"饼图"按钮，从弹出的菜单中选择"分离型饼图"选项。

步骤 35　此时工作表中插入一张空白图表，右击该图表，从弹出的快捷菜单中选择"选择数据"命令，如图 7-160 所示。

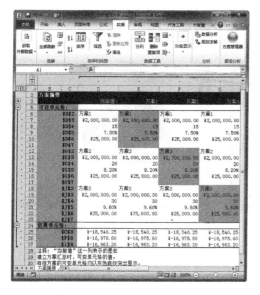

图 7-159　"方案摘要"工作表

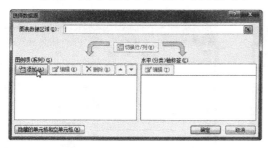

图 7-160　选择"选择数据"命令

步骤 36　打开"选择数据源"对话框，单击"添加"按钮，如图 7-161 所示。

步骤 37　弹出"编辑数据系列"对话框，设置"贷款方案设计"工作表中的 B8 单元格为系列名称、I8 单元格为系列值，然后单击"确定"按钮，如图 7-162 所示。

步骤 38　返回到"选择数据源"对话框中，可以看到添加了"月还款额"数据系列，如图 7-163 所示。

步骤 39　按照同样的方法，将贷款方案 3 中的"每月剩余现金"数据系列添加到"选择数据源"对话框中，如图 7-164 所示。

图 7-161　单击"添加"按钮

图 7-162　"编辑数据系列"对话框

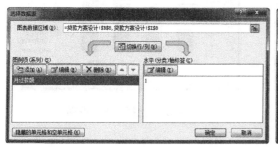

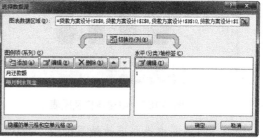

图 7-163　添加"月还款额"数据系列

图 7-164　添加"每月剩余现金"数据系列

步骤 40　单击"切换行/列"按钮，如图 7-165 所示。

步骤 41　单击"确定"按钮后返回到工作表中，生成的图表如图 7-166 所示。

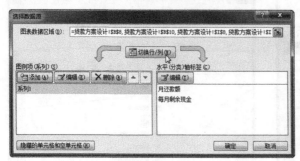

图 7-165　单击"切换行/列"按钮

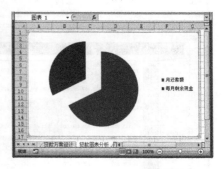

图 7-166　图表效果

7.8　专家指导

7.8.1　隐藏工作表中的网格

为了工作表的美观，可以隐藏其中的网格，具体操作步骤如下。

步骤 1　打开"贷款情况分析"工作簿，在其中新建一张工作表，并重命名为"隐藏网格"，创建表格及其相应的图表，效果如图 7-167 所示。

步骤 2　选中该图表，在"图表工具"下的"布局"选项卡中，单击"坐标轴"组中的"网格线"下拉按钮，从弹出的菜单中选择"主要横网格线"|"无"选项，如图 7-168 所示。

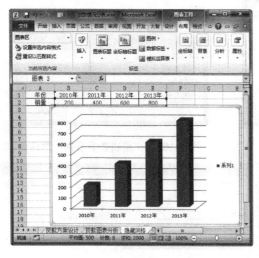

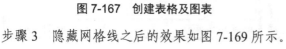

图 7-167　创建表格及图表

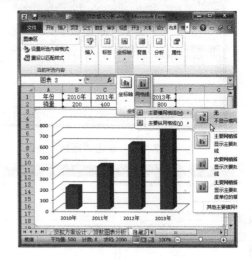

图 7-168　选择"无"选项

步骤 3　隐藏网格线之后的效果如图 7-169 所示。

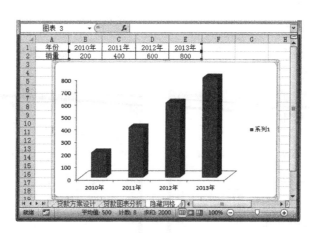

图 7-169　隐藏网格线之后的效果

7.8.2　快速选择工作表的第一个或最后一个单元格

工作表中的表格有时会有很多行或列，在这种情况下，快速选择工作表的第一个或最后一个单元格的具体操作步骤如下。

步骤 1　打开"贷款情况分析"工作簿，在其中新建一张工作表，并重命名为"快速选择"，在其中创建表格，如图 7-170 所示。

步骤 2　要选择该工作表的第一个单元格，可按 Ctrl+Home 组合键；要选择该工作表的最后一个单元格，则可按 Ctrl+End 组合键，效果如图 7-171 所示。

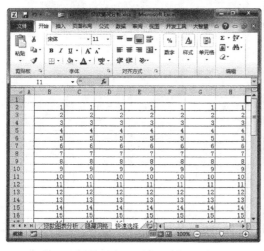

图 7-170　创建表格

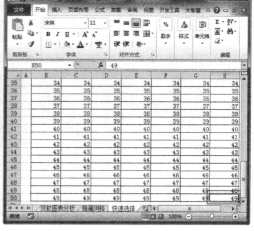

图 7-171　快速选择工作表的最后一个单元格

7.8.3　同时对多个单元格执行相同运算

假设要对多个单元格执行全部加"1"的相同运算，具体操作步骤如下。

步骤 1　打开"贷款情况分析"工作簿中的"快速选择"工作表，在 B1 单元格中输入"1"，

225

如图 7-172 所示。

步骤 2　选中 B1 单元格，单击"开始"选项卡下的"剪贴板"组中的"复制"按钮，如图 7-173 所示。

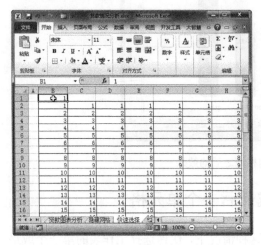

图 7-172　输入"1"　　　　　　　　　　图 7-173　单击"复制"按钮

步骤 3　选择需要执行运算的区域，这里选择 B2:H10 单元格区域，如图 7-174 所示。

步骤 4　单击"开始"选项卡下的"剪贴板"组中的"粘贴"下拉按钮，从弹出的菜单中选择"选择性粘贴"选项，如图 7-175 所示。

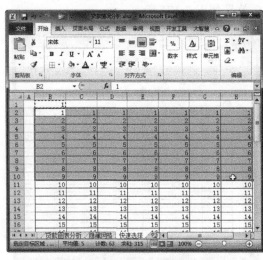

图 7-174　选择需要执行运算的区域　　　图 7-175　选择"选择性粘贴"选项

步骤 5　弹出"选择性粘贴"对话框，在"运算"选项组中选中"加"单选按钮，然后单击"确定"按钮，如图 7-176 所示。

步骤 6　返回到工作表中，得到的结果如图 7-177 所示。

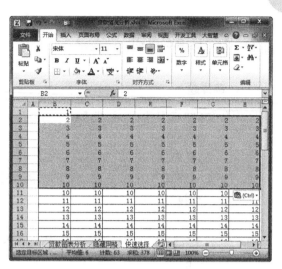

图 7-176　选中"加"单选按钮　　　　　　图 7-177　得到结果

7.8.4　清除最近使用过的工作簿记录

下面将具体介绍如何清除最近使用过的工作簿记录，具体操作步骤如下。

步骤 1　在 Excel 窗口中选择"文件"|"选项"命令。

步骤 2　弹出"Excel 选项"对话框，在左侧窗格中选择"高级"选项，在右侧窗格的"显示"选项组中设置"显示此数目的'最近使用的文档'"选项，最后单击"确定"按钮，如图 7-178 所示。

图 7-178　设置数目

7.9 实战演练

一、选择题

1. 在 IPMT 函数中，per 代表(　　)。

A. 贷款利率　　　　　　　　　　B. 用于计算利息数额的期数

C. 总投资期　　　　　　　　　　D. 未来值

2. "模拟运算表"选项是在"数据"选项卡下的(　　)组中。

A. "连接"　　　　　　　　　　B. "排序和筛选"

C. "数据工具"　　　　　　　　D. "分析"

3. 保本点又被称为盈亏平衡点、盈亏临界点、损益两平点等，记作(　　)。

A. BPE　　　　　　　　　　　　B. BEP

C. EPB　　　　　　　　　　　　D. PBE

4. 长期借款的还本付息方式有(　　)。

A. 等额本息还款方式　　　　　　B. 等额本金还款方式

C. 等额本息下的组合型还款　　　D. 等额本金下的组合型还款

5. 利用(　　)函数可以计算未来投资或支出的总现值、未来收入的总现值以及净现金流量的总现值。

A. IRR　　　　　　　　　　　　B. NPV

C. PMT　　　　　　　　　　　　D. IPMT

二、实训题

1. 了解"等额本金还款方式"，并建立相应的工作表模型，如图 7-179 所示。

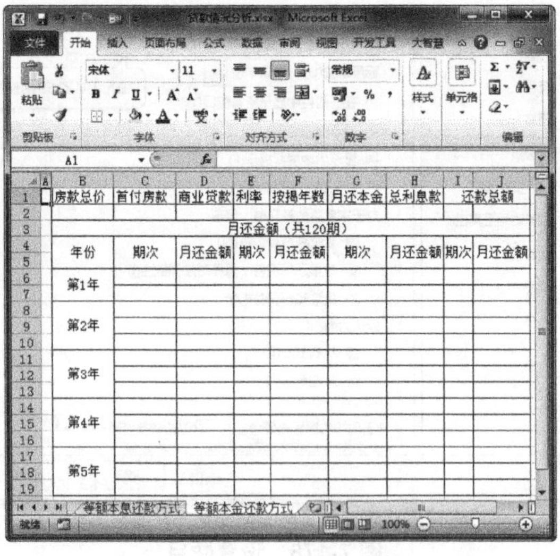

图 7-179　"等额本金还款方式"工作表

提示：假设房款总价为 500000 元，首付房款为 200000 元，商业贷款为 300000 元，利率为 7.74%，按揭年数为 10 年。

2. 建立"单变量模拟运算表"。

提示：利用单变量求解得到产品销量，产品销售单价为 99 元，产品销售成本为 67 元，产品销售利润为 16000 元。

第 8 章

经典实例：利润预测分析

【本章学习重点】

◆ 图表趋势预测法

◆ 时间序列预测法

◆ 相关函数预测法

利润预测是指企业在营业收入预测的基础上，通过对销售量、产品或服务成本、营业费用以及其他对利润发生影响的因素进行研究分析，进而对企业在未来某一时期内可以实现的利润进行预测。利润预测为营销决策服务。

【本章实例展示】

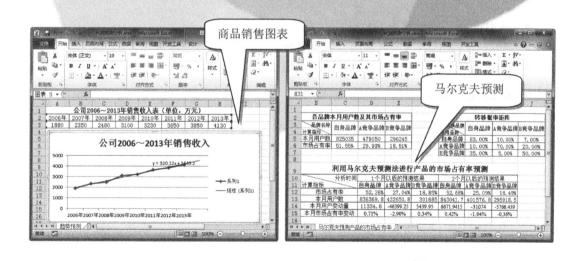

8.1 要点分析

本章通过几个案例介绍如何使用 Excel 进行利润预测分析，侧重点是使用公式和函数预测商品销售产值、最大利润等，在分析过程中会用到 MMULT 函数、FORECAST 函数、SLOPE 函数、INTERCEPT 函数、LOGEST 函数、GROWTH 函数等。

1．MMULT 函数

MMULT 函数用于返回两个数组的矩阵乘积。其语法格式如下：

```
MMULT(array1,array2)
```

其中：参数 array1,array2 是进行矩阵乘法运算的两个数组，可以是单元格区域、数组常量或引用。

需要注意的是：array1 的列数必须与 array2 的行数相同，而且两个数组中都只能包含数值。结果矩阵的行数与 array1 的行数相同，列数与 array2 的列数相同。如果单元格为空白或包含文字，或者 array1 的列数与 array2 的行数不相同，则 MMULT 函数返回错误值"#VALUE!"。对于返回结果为数组的公式，必须以数组公式的形式输入。

2．FORECAST 函数

FORECAST 函数用于根据已有的数值计算或预测未来值。其语法格式如下：

```
FORECAST(x,known_y's,known_x's)
```

其中：
- x 代表需要进行预测的数据点。
- known_y's 代表因变量数组或数据区域。
- known_x's 代表自变量数组或数据区域。

3．SLOPE 函数

SLOPE 函数用于返回根据 known_y's 和 known_x's 中的数据点拟合的线性回归直线的斜率。其语法格式如下：

```
SLOPE(known_y's,known_x's)
```

其中：
- known_y's 代表数字型因变量数据点数组或单元格区域。
- known_x's 代表自变量数据点集合。

4．INTERCEPT 函数

INTERCEPT 函数可利用现有的 x 值与 y 值，计算直线与 y 轴的截距。截距为穿过已知的 known_x's 和 known_y's 数据点的线性回归线与 y 轴的交点。其语法格式如下：

```
INTERCEPT(known_y's,known_x's)
```

其中：

- known_y's 是数字型因变量数据点数组或单元格区域。
- known_x's 是自变量数据点集合。

5．LOGEST 函数

LOGEST 函数用于返回指数回归拟合曲线方程的参数。其语法格式如下：

```
LOGEST(known_y's,known_x's,const,stats)
```

其中：

- known_y's 代表关系表达式 $y=bm^x$ 中已知的 y 值集合。
- known_x's 代表关系表达式 $y=bm^x$ 中已知的 x 值集合。如果省略 known_x's，则假设该数组为 {1,2,3,…}，其大小与 known_y's 相同。
- const 为一逻辑值，用于指定是否将 b 强制设为 1。如果为 TRUE 或省略，b 将正常计算；如果为 FLASE，则 b 将设为 1，而 m 的值满足公式 $y=m^x$。
- stats 为一逻辑值，用于指定是否返回附加回归统计值。如果为 TRUE，则返回附加回归统计值；如果为 FLASE 或省略，则只返回系数 m 和常量 b。

6．GROWTH 函数

GROWTH 函数的功能是根据现有的 x 值和 y 值，返回一组新的 x 值对应的 y 值。其语法格式如下：

```
GROWTH(known_y's,known_x's,new_x's,const)
```

其中：

- known_y's 代表关系表达式 $y=bm^x$ 中已知的 y 值集合。
- known_x's 代表关系表达式 $y=bm^x$ 中已知的 x 值集合。如果省略 known_x's，则假设该数组为 {1,2,3,…}，其大小与 known_y's 相同。
- new_x's 为函数返回的对应 y 值的新 x 值。如果省略 new_x's，将假设它和 known_x's 一样。
- const 为一逻辑值，用于指定是否将 b 强制设为 1。如果为 TRUE 或省略，b 将正常计算；如果为 FALSE，则 b 将设为 1，而 m 的值满足公式 $y=m^x$。

8.2　图表趋势预测法

图表趋势预测法是指根据给出的数据制作散点图或折线图，然后观察图表形状并添加适当类型的趋势线，最后利用趋势线外推或者利用回归方程计算预测值。

8.2.1　添加数据图表趋势线

趋势线能够用图形的方式显示数据的发展趋势，其添加方法如下。

步骤 1　新建一个名为"利润预测分析.xlsx"的工作簿，并将其中的 Sheet1 工作表重命名为

"趋势预测"，然后在该工作表中制作销售收入表，接着选中 A2:H3 单元格区域，再单击"插入"选项卡下的"图表"组中的"折线图"下拉按钮，从弹出的菜单中选择"带数据标记的折线图"选项，如图 8-1 所示。

步骤 2　此时工作表中显示出插入的折线图，选中该图表，然后在"图表工具"下的"布局"选项卡中，单击"标签"组中的"图表标题"下拉按钮，从弹出的菜单中选择"图表上方"选项，如图 8-2 所示。

图 8-1　选择"带数据标记的折线图"选项

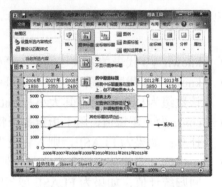

图 8-2　选择"图表上方"选项

步骤 3　在图表上方输入标题，如图 8-3 所示。

步骤 4　单击图表，然后在"图表工具"下的"布局"选项卡中，单击"分析"组中的"趋势线"下拉按钮，从弹出的菜单中选择"线性趋势线"选项，如图 8-4 所示。

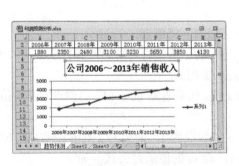

图 8-3　添加图表标题

图 8-4　选择"线性趋势线"选项

步骤 5　此时系统会在原图表中为选中的数据添加线性趋势线，效果如图 8-5 所示。

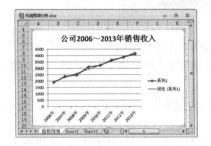

图 8-5　添加线性趋势线

8.2.2　通过线性趋势线预测销售数量

在图表上添加了趋势线之后，就可以根据其变化规律，用趋势线进行数据的预测，具体操作步骤如下。

步骤1　在"趋势预测"工作表中单击图表中要设置的趋势线，然后在"图表工具"下的"布局"选项卡中，单击"分析"组中的"趋势线"下拉按钮，从弹出的菜单中选择"其他趋势线选项"选项，如图8-6所示。

步骤2　弹出"设置趋势线格式"对话框，在左侧窗格中选择"趋势线选项"选项，在右侧窗格的"趋势预测"选项组中的"前推"文本框中输入向前预测的周期，这里输入"1"，选中"显示公式"复选框，如图8-7所示。

图8-6　选择"其他趋势线选项"选项

图8-7　"设置趋势线格式"对话框

步骤3　单击"关闭"按钮后返回到工作表中，得到2014年的预测点和预测公式，如图8-8所示。根据图中的公式和趋势线的外推，有两种确定2014年预测销售收入的方法：一是在趋势线的延伸线上，直接根据要预测的 x 值找出对应的 y 值；二是利用预测公式($y=320.12x+1643.2$，x 代表是第几个年份对应的数据点，y 代表对应年份的销售收入)来计算预测结果，即 $y_{2014}=320.12×9+1643.2=4524.3$(万元)。

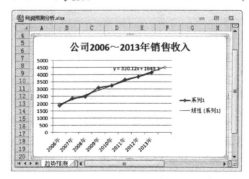

图8-8　得到预测结果

8.2.3 通过指数趋势线预测销售数量

利用指数趋势线进行预测，要求创建的图表呈现指数变化趋势，下面以散点图为例进行介绍，具体操作步骤如下。

步骤 1 在"利润预测分析"工作簿中重命名 Sheet2 工作表为"指数趋势线预测"，然后在该工作表中输入相关数据，并根据这些数据快速制作一个散点图，效果如图 8-9 所示。

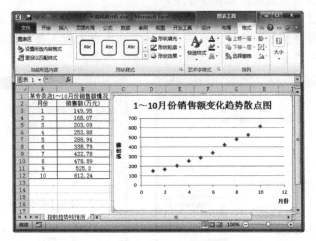

图 8-9 输入数据并制作散点图

步骤 2 单击图表，然后在"图表工具"下的"布局"选项卡中，单击"分析"组中的"趋势线"下拉按钮，从弹出的菜单中选择"指数趋势线"选项，如图 8-10 所示。

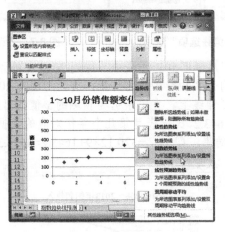

图 8-10 选择"指数趋势线"选项

步骤 3 右击指数趋势线，从弹出的快捷菜单中选择"设置趋势线格式"命令，弹出"设置趋势线格式"对话框，然后在左侧窗格中选择"趋势线选项"选项，在右侧窗格的"趋势预测"选项组中的"前推"文本框中输入"2"，再选中"显示公式"和"显示 R 平方值"两个复选框，如图 8-11 所示。

步骤 4　单击"关闭"按钮后返回到工作表中，指数趋势线的预测公式就显示到散点图上了，
　　　　如图 8-12 所示。根据趋势线的外推情况，可以大致预测 11 月和 12 月两个月的销售
　　　　额。若想获得精确的销售预测数据，可以将 $x=11$ 和 $x=12$ 代入指数预测公式
　　　　$y=127.79e^{0.1613x}$，计算结果分别为 750.46 万元和 881.55 万元。

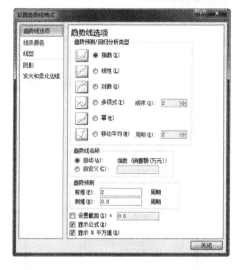

图 8-11　"设置趋势线格式"对话框

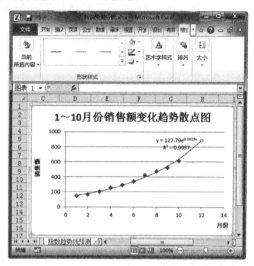

图 8-12　利用指数趋势线进行预测分析

8.2.4　通过多项式趋势线预测销售费用

问题：某公司销售部经理为加强费用的控制，随机抽取本公司 25 名销售员在 10 月份的
销售额和销售费用情况，如表 8-1 所示。请绘制二者关系的散点图，并添加相应类型的趋势
线，然后根据预测公式，合理地确定出该公司销售额和销售费用之间的关系。

表 8-1　随机抽取 25 个销售员 10 月的销售额和销售费用

编号	销售额/元	销售费用/元	编号	销售额/元	销售费用/元
1	10879.00	1715.00	14	26036.00	608.00
2	14697.00	1286.00	15	26128.00	957.00
3	17043.00	1483.00	16	27025.00	757.00
4	18952.00	1093.00	17	46483.00	1110.00
5	19481.00	1178.00	18	28520.00	905.00
6	21022.00	891.00	19	28819.00	569.00
7	21597.00	857.00	20	29463.00	905.00
8	21988.00	857.00	21	29555.00	730.00
9	22356.00	1105.00	22	53015.00	1456.00
10	23522.00	1032.00	23	30337.00	627.00
11	24265.00	874.00	24	31418.00	851.00
12	24288.00	1086.00	25	40618.00	944.00
13	42251.00	833.00			

本题的解决思路与上一节比较类似，具体操作步骤如下。

步骤 1 在"利润预测分析"工作簿中重命名 Sheet3 工作表为"多项式趋势线预测"，然后根据表 8-1 中的信息创建表格，再制作散点图，效果如图 8-13 所示。

步骤 2 为图表添加趋势线，然后右击趋势线，从弹出的快捷菜单中选择"设置趋势线格式"命令，接着在弹出的对话框的左侧窗格中选择"趋势线选项"选项，在右侧窗格的"趋势预测/回归分析类型"选项组中选中"多项式"单选按钮，并设置"顺序"为"2"，再在"趋势预测"选项组中设置"前推"为"2.0"，并选中"显示公式"和"显示 R 平方值"两个复选框，如图 8-14 所示。

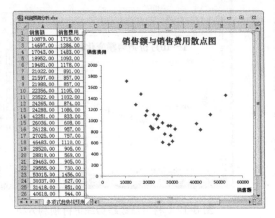

图 8-13　创建"多项式趋势线预测"工作表　　　　图 8-14　"设置趋势线格式"对话框

步骤 3 单击"关闭"按钮，这时即可发现多项式趋势线、回归方程、R 平方值均显示在散点图上，如图 8-15 所示。从图中可知，采用二阶趋势线之后，对应的 R 平方值为 0.7873。

步骤 4 改为三阶趋势线。参考前面步骤打开"设置趋势线格式"对话框，然后在左侧窗格中选择"趋势线选项"选项，在右侧窗格的"趋势预测/回归分析类型"选项组中设置"顺序"为"3"，再单击"关闭"按钮，即可看到趋势线和回归方程如图 8-16 所示。从图中可知，采用三阶趋势线之后，R 平方值为 0.7881，与二阶趋势线相比，变化不大，因此，这里采用二次多项式回归已足够。对该趋势线和回归方程的理解是：产品刚开始销售时，为了开拓市场，投入的费用比较大，但是对应的销售额不是很高；而随着产品市场的份额不断增大，销售费用相对开始减少，并且销售额趋于稳定；但是，对于销售额较高的大笔业务，还需要投入更多的销售费用。

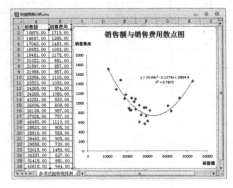

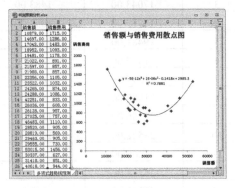

图 8-15　二阶趋势线　　　　　　　　　　　　图 8-16　三阶趋势线

8.3　时间序列预测法

时间序列预测法是指根据某一时间序列的基本信息，研究该时间序列长期变动过程中所存在的一些规律性，如长期变动趋势、周期波动规律、季节性变动规律等。本节主要介绍时间序列预测方面的移动平均法、指数平滑法以及季度调整分析法。

8.3.1　移动平均法预测销售数量

移动平均法可利用过去若干期实际值的平均数来预测未来趋势。移动平均公式为

$$M_{t+1} = \frac{1}{N} \sum_{j=1}^{n} A_{t-j+1}$$

其中：N 为期数；A_{t-j+1} 为第 $(t-j+1)$ 期的实际值；M_{t+1} 为第 $(t+1)$ 期的预测值。

对于移动期数 N 的选取，应尽量与现象的发展周期相一致，这样可以用 N 项的平均数组成的新序列来削弱原序列中的波动性。N 值过大虽然趋势更为平坦，但是会去掉更多的观测值；N 值过小则不能消除其他因素的影响。

有时，为了消除季节变动因素的影响，通常对月度数据或者季节数据进行 12 项或者 4 项移动平均，即移动期数 N 为偶数。此时，经常需要进行所谓移动平均的中心化，也就是取连续的两个移动平均值的平均值作为该月份或季度的值。

移动平均法在 Excel 中的实现有三种方法：第一种是根据原有观察数据制作散点图，并在其中添加趋势线；第二种是直接编辑公式，计算平均值，并进行趋势预测；第三种是使用"移动平均"分析工具来进行分析与预测。下面对后两种方法进行介绍。

1. 通过编辑公式进行移动平均预测分析

这里的平均值计算直接使用 AVERAGE 函数，具体操作步骤如下。

步骤 1　在"利润预测分析"工作簿中新建"移动平均预测分析 1"工作表，然后在该工作表中制作表格并输入相关数据，如图 8-17 所示。

步骤 2　在 D7 单元格中输入公式"=AVERAGE(C2:C13)"，按 Enter 键确认，接着向下填充公式至 D43 单元格，计算出 D8:D43 单元格区域中的第一次的移动平均值，如图 8-18 所示(在截取图片时对第 14～37 行进行了隐藏处理)。

步骤 3　在 E8 单元格中输入公式"=AVERAGE(D7:D8)"，按 Enter 键确认，接着向下填充公式至 E43 单元格，计算出 E9:E43 单元格区域中的第二次的移动平均值，如图 8-19 所示(在截取图片时对第 14～37 行进行了隐藏处理)。

步骤 4　选中 C1:C49,E1:E49 单元格，然后在"插入"选项卡下的"图表"组中单击"折线图"按钮，从弹出的菜单中选择"带数据标记的折线图"选项，创建如图 8-20 所示的折线图。

步骤 5　在图表中右击"二次平均值"数据系列，从弹出的快捷菜单中选择"设置数据系列格式"命令，弹出"设置数据系列格式"对话框，在左侧窗格中选择"数据标记选

项"选项,接着在右侧窗格中选中"无"单选按钮,再单击"关闭"按钮,取消"二次平均值"数据系列上的数据标记。

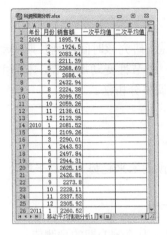

图 8-17　创建表格

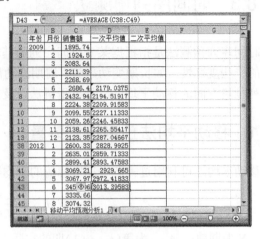

图 8-18　得到第一次的移动平均值

图 8-19　得到第二次的移动平均值

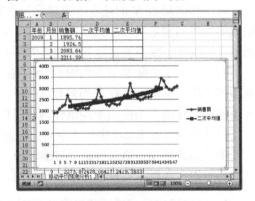

图 8-20　创建折线图

步骤 6　修改水平轴标签的数据源(改为 B1:B49 单元格区域)和图例位置(在底部显示图例),在图表上方添加图表标题,最终效果如图 8-21 所示。由图可以看出,原时间序列中的销售额呈现明显的周期波动,一般是在 6 月份达到全年的最高销售额,之前的上半年销售趋势是递增的,之后的下半年销售趋势是递减的。

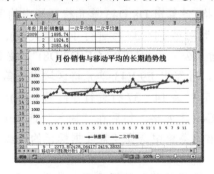

图 8-21　月份销售与移动平均的长期趋势线

2. 使用"移动平均"分析工具进行趋势预测

下面将介绍使用 Excel 中的"移动平均"分析工具进行长期趋势分析的方法。具体操作步骤如下。

步骤 1　在"利润预测分析"工作簿中新建"移动平均预测分析 2"工作表，然后在该工作表中制作表格并输入相关数据，接着在"数据"选项卡下的"分析"组中单击"数据分析"按钮，弹出"数据分析"对话框，在"分析工具"列表框中选择"移动平均"选项，如图 8-22 所示。

步骤 2　单击"确定"按钮后，弹出"移动平均"对话框，设置"输入区域"为"$C$1:$C$49"、"间隔"为"12"，将"标志位于第一行"、"图表输出"、"标准误差"三个复选框全部选中，并设置"输出区域"为"$E$2"，如图 8-23 所示。

图 8-22　"数据分析"对话框　　　　图 8-23　"移动平均"对话框

步骤 3　设置完成后，单击"确定"按钮，计算出移动平均的结果，如图 8-24 所示。

步骤 4　在 E1 单元格和 F1 单元格中分别输入"移动平均值"和"标准误差"，把相关单元格中显示的"#N/A"符号删除，并对表格的边框进行一定的格式设置，隐藏第 14～37 行，最终效果如图 8-25 所示。从图中可以看出，使用"移动平均"分析工具也很好地消除了周期波动的影响，得到了比较平稳的长期发展趋势，该企业的销售额呈现逐月稳步增长的发展趋势。

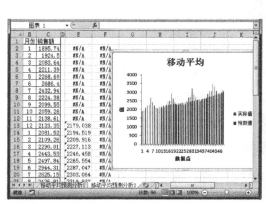

图 8-24　计算出相关结果

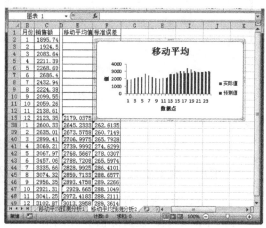

图 8-25　最终效果

可以看出，使用移动平均法来反映时间序列的趋势比较方便，但它也有不足之处：第一，计算一次移动平均值必须存储多个实际值，当项目很多时要占据很大的空间；第二，只注重最近的几个实际值，没有利用以前的数据；第三，只对最近的一期进行预测，不能对更远的未来做出预测计划。

8.3.2 指数平滑法预测销售数量

指数平滑法通过对历史时间序列进行逐层平滑计算，来消除随机因素的影响，识别经济现象基本变化趋势，并以此预测未来。

1. 直接编辑递推公式进行预测值的计算

下面将介绍直接编辑公式进行预测值计算的方法，选取 0.3 作为平滑系数，具体操作步骤如下。

步骤 1　在"利润预测分析"工作簿中新建"指数平滑预测分析 1"工作表，然后在该工作表中制作表格并输入相关数据，如图 8-26 所示。

步骤 2　在 E2 单元格中输入公式"=AVERAGE(D2:D7)"；在 E3 单元格中输入公式"=0.3*D2+0.7*E2"，然后选择 E3 单元格，通过复制公式计算出 E4:E15 单元格区域中的值，如图 8-27 所示。

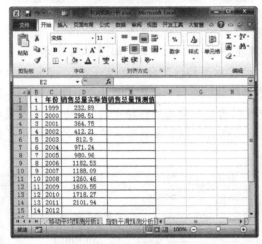

图 8-26　创建表格

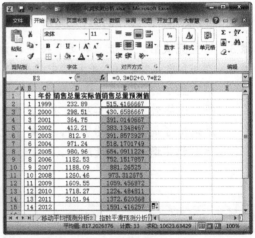

图 8-27　得到相关结果

步骤 3　绘制出实际值和预测值的折线效果图，如图 8-28 所示。从图表结果可以看出，实际值与预测值相差较大，该模型的效果并不理想。

2. 使用"规划求解"工具确定最佳平滑系数

从上述预测结果来看，选取 0.3 作为平滑系数不合理，需要重新考虑平滑系数的确定，而最佳的平滑系数应使实际值和预测值之间的差最小。

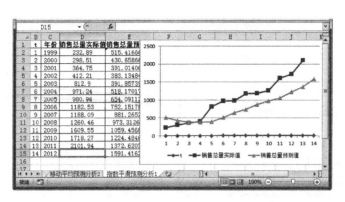

图 8-28　相关结果与图表显示

下面使用 Excel 中的"规划求解"工具来确定最佳平滑系数，具体操作步骤如下。

步骤 1　在"利润预测分析"工作簿中新建"指数平滑预测分析 2"工作表，然后在该工作表中制作表格并输入相关数据，如图 8-29 所示。

步骤 2　在 J1 单元格中直接输入平滑系数；在 E2 单元格中输入公式"=AVERAGE(D2:D7)"；在 E3 单元格中输入公式"=$J$1*D2+(1-$J$1)*E2"，然后选择 E3 单元格，通过复制公式计算出 E4:E15 单元格区域中的值，如图 8-30 所示。

图 8-29　创建表格

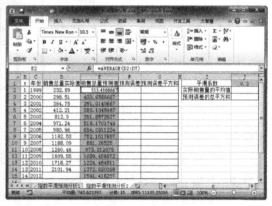

图 8-30　得到相关结果

步骤 3　在 F2 单元格中输入公式"=E2-D2"，按 Enter 键确认，然后选取该单元格，拖动填充柄，将其中的公式一直复制到 F3:F14 单元格区域；在 J2 单元格中输入公式"=AVERAGE(D2:D14)"；在 G2 单元格中输入公式"=(F2^2+(E2-$J$2)^2)/12"，按 Enter 键确认，再将公式复制到 G3:G14 单元格区域；在 J3 单元格中输入公式"=SUM(G2:G14)"，如图 8-31 所示。

步骤 4　单击"数据"选项卡下的"分析"组中的"规划求解"按钮，如图 8-32 所示。

步骤 5　弹出"规划求解参数"对话框，将鼠标指针定位在"设置目标"文本框中，然后单击 J3 单元格；选中"最小值"单选按钮；将鼠标指针定位在"通过更改可变单元格"文本框中，接着单击 J1 单元格，最后单击"添加"按钮，如图 8-33 所示。

步骤 6　弹出"添加约束"对话框，设置约束条件"$J$1<=1"（见图 8-34）、"$J$1>=0"。

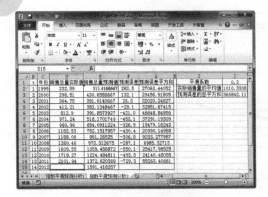

图 8-31　得到其他相关结果

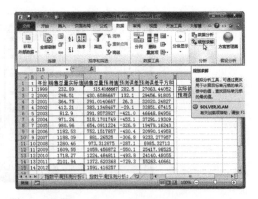

图 8-32　单击"规划求解"按钮

图 8-33　"规划求解参数"对话框

图 8-34　"添加约束"对话框

步骤 7　单击"确定"按钮返回"规划求解参数"对话框，其中各个条件已经设置完成，然后单击"求解"按钮，如图 8-35 所示。

步骤 8　弹出"规划求解结果"对话框，单击"确定"按钮，就可以将当前结果保存起来，如图 8-36 所示。此时的平滑曲线如图 8-37 所示。

图 8-35　单击"求解"按钮

图 8-36　"规划求解结果"对话框

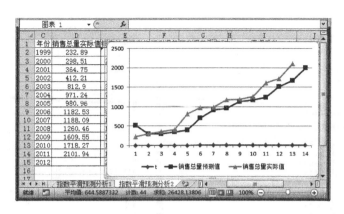

图 8-37　指数平滑曲线

3．使用"指数平滑"工具进行趋势预测

下面使用"指数平滑"工具进行指数平滑分析与预测，具体操作步骤如下。

步骤 1　在"利润预测分析"工作簿中新建"指数平滑预测分析 3"工作表，然后在该工作表中制作表格并输入相关数据，如图 8-38 所示。

步骤 2　单击"数据"选项卡下的"分析"组中的"数据分析"按钮，弹出"数据分析"对话框，在"分析工具"列表框中选择"指数平滑"选项，再单击"确定"按钮，如图 8-39 所示。

图 8-38　创建表格

图 8-39　选择"指数平滑"选项

步骤 3　弹出"指数平滑"对话框，将鼠标指针定位在"输入区域"文本框中，然后选取 D1:D14 单元格区域；在"阻尼系数"文本框中输入"0.24"，并选中"标志"、"图表输出"、"标准误差"三个复选框；将鼠标指针定位在"输出区域"文本框中，接着选取 F2 单元格，如图 8-40 所示。

步骤 4　单击"确定"按钮，指数平滑结果被计算出来，如图 8-41 所示。

步骤 5　对结果进行优化，并计算 2012 年的预测值。在 F1 单元格和 G1 单元格中分别输入"预测值"和"标准误差"，选择 F14 单元格，向下拖动填充柄，复制公式至 F15 单元格，得到 2012 年的预测值，最终效果如图 8-42 所示。

图 8-40 "指数平滑"对话框　　　　　　　　图 8-41 显示出计算结果

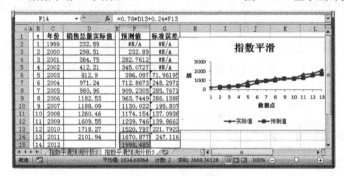

图 8-42 最终效果

8.3.3　预测商品随季节变动的销售额

对于销售数量随季节变动而变化的商品，在进行基于时间序列的市场销售额预测时，必须要对其季节性特征进行识别，并做出必要的季节调整分析，这样一来预测结果才会更加准确。测定季节波动的主要方法是计算季节比率，用它来反映季节变动的程度，季节比率高的说明为商品销售的"旺季"，反之则为商品销售的"淡季"。计算季节比率的公式为

季节比率=历年同月平均数/总的月平均数×100%

预测商品随季节变动的销售额的具体操作步骤如下。

步骤 1　在"利润预测分析"工作簿中新建"季节变动"工作表，然后在该工作表中创建表格，并在其中输入基础数据，如图 8-43 所示。

步骤 2　在 B6 单元格中输入公式 "=AVERAGE(B2:B5)"，并将公式复制至 E6 单元格。

步骤 3　在 B7 单元格中输入公式 "=AVERAGE(B2:E5)"；在 B8 单元格中输入公式 "=B6/$B$7"，并将公式复制至 E8 单元格。

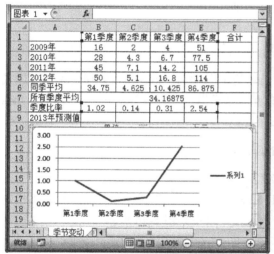

图 8-43　创建"季节变动"工作表

步骤 4　根据计算出的季度比率制作折线图，效果如图 8-44 所示。

步骤 5　在 F2 单元格中输入公式 "=SUM(B2:E2)"，并将公式复制至 F5 单元格。

步骤 6　在 F9 单元格中输入公式 "=F5*1.15"；在 B9 单元格中输入公式 "=$F$9/4*B8"，并将公式复制至 E9 单元格，计算出 2013 年各季度销售额的预测值，如图 8-45 所示。

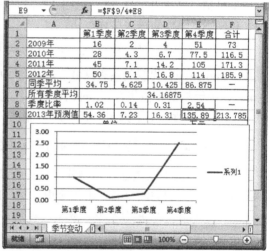

图 8-44　制作折线图　　　　　图 8-45　计算出 2013 年各季度销售额的预测值

8.4　相关函数预测法

对于线性回归模型和指数回归模型，除了使用"散点图+趋势线"法和"回归分析工具"法进行预测之外，在 Excel 中还提供了一些专门的预测函数，这些预测函数在市场预测中可以发挥重要的作用，下面将进行具体介绍。

8.4.1　拟合函数 LINEST 的应用

直线拟合函数 LINEST，可以根据已知数据之间的线性关系，拟合出相应的线性回归方程。它不仅可用于一元线性回归，也适用于多元线性回归。下面将进行具体介绍。

1．LINEST 函数的基础知识

LINEST 函数使用最小二乘法对已知数据进行最佳直线拟合，返回描述该直线的数组。因此，LINEST 函数必须以数组公式的形式输入，结果也是以数组的形式输出。

对于只有一个变量的情况来说，直线回归方程为

$$y=mx+b$$

其中：因变量 y 是自变量 x 的函数值；m 值是与 x 值相对应的系数；b 为常量。此时，LINEST 函数返回的数组的内容，就是 m 和 b 的拟合结果值。得到 m 和 b 的数值之后，对于给定的 x 值，就能通过公式计算出相对应的 y 值，从而起到数据预测的作用。

如果在多个区域中有不同的 x 值，则回归方程为

$$y=m_1x_1+m_2x_2+\cdots+b$$

其中：因变量 y 是自变量 x 的函数值；各个 m_i 值是与各个 x_i 值相对应的系数；b 为常量。此时，LINEST 函数返回的数组为 $\{m_n,m_{n-1},\cdots,m_1,b\}$。然后对于给出的一组 x_i 值，就可以计算出对应的 y 值，从而起到了多元线性回归和数据预测的作用。

LINEST 函数的语法格式如下：

```
LINEST(known_y's,known_x's,const,stats)
```

其中：known_y's 代表关系表达式 $y=mx+b$ 中已知的 y 值集合；known_x's 代表关系表达式 $y=mx+b$ 中已知的 x 值集合；const 代表一个逻辑值，用于指定是否将常量 b 强制设为 0；stats 代表一个逻辑值，用于指定是否返回附加回归统计值。

2．LINEST 函数在一元线性回归分析中的应用

利用 LINEST 函数进行预测的具体操作步骤如下。

步骤 1　在"利润预测分析"工作簿中新建"LINEST 函数预测 1"工作表，然后在该工作表中制作表格并输入相关数据，再制作散点图，效果如图 8-46 所示。

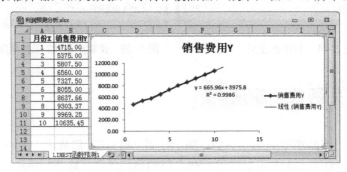

图 8-46　创建图表

步骤 2　在"LINEST 函数预测 1"工作表中，设置如图 8-47 所示的表格样式，并输入相关数据，然后利用相关回归函数来进行 11 月和 12 月销售费用的计算。

步骤 3　在 E2 单元格中输入公式"=INDEX(LINEST($B$2:$B$11,$A$2:$A$11),1)"，在 E3 单元格中输入公式"=INDEX(LINEST($B$2:$B$11,$A$2:$A$11),2)"，在 E4 单元格中输入公式"="y="&TEXT(E3,"0.00")&"+"&TEXT(E2,"0.00")&"x""，在 E6 单元格

中输入公式"=$E$2*D6+$E$3"，在 E7 单元格中输入公式"=$E$2*D7+$E$3"，计算得出的结果如图 8-48 所示。

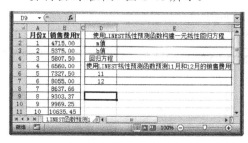

图 8-47　创建表格

图 8-48　得到预测结果

3．LINEST 函数在多元线性回归分析中的应用

下面介绍 LINEST 函数在多元线性回归分析中的应用，具体操作步骤如下。

步骤1　在"利润预测分析"工作簿中新建"LINEST 函数预测 2"工作表，然后在该工作表中制作表格并输入相关数据，如图 8-49 所示。

步骤2　在 G3 单元格中输入公式"=INDEX(LINEST($B$3:$B$12,$C$3:$D$12),3)"，在 G4 单元格中输入公式"=INDEX(LINEST($B$3:$B$12,$C$3:$D$12),2)"，在 G5 单元格中输入公式"=INDEX(LINEST($B$3:$B$12,$C$3:$D$12),1)"，在 G8 单元格中输入公式"=G3+G4*G6+G5*G7"，得到的结果如图 8-50 所示。

图 8-49　创建表格

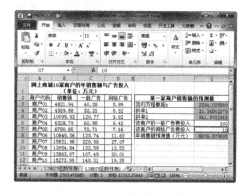

图 8-50　得到预测结果

8.4.2　线性趋势函数 TREND 的应用

线性趋势函数 TREND 的功能是返回一条线性回归拟合线的一组纵坐标的值(y 值)，即使用最小二乘法，找到适合已知数组 known_y's 和 known_x's 的直线，并返回指定数组 new_x's 在直线上对应的 y 值。其语法格式如下：

```
TREND(known_y's,known_x's,new_x's,const)
```

其中：const 为一逻辑值，用于指定是否将常量 b 强制设为 0。如果为 TRUE 或省略，b 将正常计算；如果为 FALSE，b 将被设为 0，并同时调整 m 值，使 $y=mx$。

Excel 在市场营销与销售管理中的应用

利用 TREND 函数进行预测的具体操作步骤如下。

步骤 1　在"利润预测分析"工作簿中新建"利用 TREND 函数预测"工作表，然后在该工作表中制作表格并输入相关数据，如图 8-51 所示。

步骤 2　在 E10 单元格中输入公式"=TREND($B$2:$B$11,$A$2:$A$11,D10)"，在 E11 单元格中输入公式"=TREND($B$2:$B$11,$A$2:$A$11,D11)"，得到的结果如图 8-52 所示。

图 8-51　创建表格

图 8-52　得到预测结果

8.4.3　其他线性预测函数的应用

1. FORECAST 函数

FORECAST 函数的作用与 TREND 函数一样，但是在使用的时候参数的位置有所不同，需要引起注意。下面利用 FORECAST 函数进行预测，具体操作步骤如下。

步骤 1　在"利润预测分析"工作簿中新建"FORECAST 函数预测"工作表，然后在该工作表中制作表格并输入相关数据，如图 8-53 所示。

步骤 2　在 E14 单元格中输入公式"=FORECAST(D14,$B$2:$B$11,$A$2:$A$11)"，在 E15 单元格中输入公式"=FORECAST(D15,$B$2:$B$11,$A$2:$A$11)"，得到的结果如图 8-54 所示。

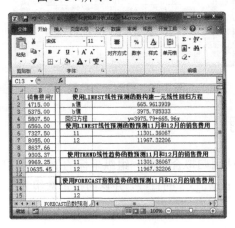

图 8-53　创建表格

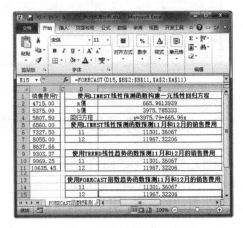

图 8-54　得到预测结果

2. SLOPE 函数

SLOPE(known_y's, known_x's)函数的参数可以是数字，或者是包含数字的名称、数组或引用参数。如果数组或引用参数包含文本、逻辑值或空白单元格，则这些值将被忽略；但包含零值的单元格将计算在内。如果 known_y's 和 known_x's 为空或其数据点个数不同，SLOPE 函数将返回错误值"#N/A"。

3. INTERCEPT 函数

INTERCEPT 函数与 SLOPE 函数组合在一起，可以进行一元线性回归的分析与预测。利用 INTERCEPT 函数与 SLOPE 函数进行 11 月和 12 月的销售费用预测的具体操作步骤如下。

步骤 1　在"利润预测分析"工作簿中新建"INTERCEPT 函数预测"工作表，然后在该工作表中制作表格并输入相关数据，如图 8-55 所示。

步骤 2　在 E2 单元格中输入公式"=SLOPE($B$2:$B$11,$A$2:$A$11)"，在 E3 单元格中输入公式"=INTERCEPT($B$2:$B$11,$A$2:$A$11)"，在 E4 单元格中输入公式"="y="&TEXT (E3,"0.00")&"+"&TEXT(E2,"0.00")&"x""，在 E6 单元格中输入公式"=$E$2*D6+$E$3"，在 E7 单元格中输入公式"=$E$2*D7+$E$3"，得到的结果如图 8-56 所示。

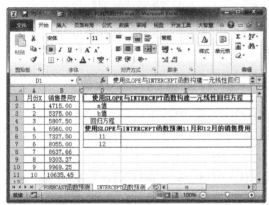

图 8-55　创建图表并输入相关数据　　　　图 8-56　得到预测结果

8.4.4　指数趋势函数 LOGEST 和 GROWTH 的应用

指数曲线拟合函数 LOGEST 可用于计算最符合数据的指数回归拟合曲线，并返回描述该曲线的数值数组。因为此函数返回数值数组，所以该函数也必须以数组公式的形式输入。对于只有一个变量的情况，指数模型方程为

$$y=bm^x$$

其中：因变量 y 是自变量 x 的函数值；m 值是与 x 值相对应的系数；b 为常量。此时，LOGEST 函数返回的数组的内容，就是 b 和 m 的拟合结果值。得到 b 和 m 的数值之后，对于给定的 x 值，就能通过公式计算出相对应的 y 值，从而起到数据预测的作用。

如果在多个区域中有不同的 x 值，则指数模型方程为

$$Y = bm_1^{x_1} m_2^{x_2} m_3^{x_3} ...$$

其中：因变量 y 是自变量 x 的函数值；各个 m_i 值是与各个 x_i 值相对应的系数；b 为常量。此时，LOGEST 函数返回的数组为 $\{m_n, m_{n-1}, \cdots, m_1, b\}$。然后对于给出的一组 x_i 值，就可以计算出对应的 y 值，从而起到了多变量指数函数数据预测的作用。

GROWTH 函数的功能是根据现有的 x 值和 y 值，返回一组新的 x 值对应的 y 值。可以使用 GROWTH 函数来拟合满足现有 x 值和 y 值的指数曲线(方程式为 $y=bm^x$)。

使用 LOGEST 函数和 GROWTH 函数对数据进行拟合、确定回归方程的具体操作步骤如下。

步骤 1 在"利润预测分析"工作簿中新建"GROWTH 函数预测"工作表，然后在该工作表中制作销售额的表格，并创建如图 8-57 所示的散点图。

步骤 2 在该工作表中再输入相关数据，并设置好利用相关函数来进行 11 月和 12 月销售额计算的相关单元格，如图 8-58 所示。下面使用 LOGEST 预测函数构建回归方程，并用方程来预测 11 月和 12 月的销售额。

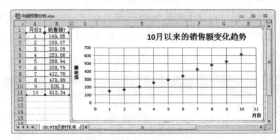

图 8-57　创建散点图

图 8-58　创建表格

步骤 3 在 E2 单元格中输入公式 "=INDEX(LOGEST($B$2:$B$11,$A$2:$A$11),1)"，按 Ctrl+Shift+Enter 组合键确认输入；在 E3 单元格中输入公式"=INDEX(LOGEST($B$2:$B$11,$A$2:$A$11),2)"，得到的结果如图 8-59 所示。

步骤 4 在 E4 单元格中输入公式 "=″y=″&TEXT(E3,″0.00″)&″+″&TEXT(E2,″0.00″)&″^x″"，结果如图 8-60 所示。

图 8-59　得到 m 值和 b 值

图 8-60　得到回归方程

步骤 5 在 E6 单元格中输入公式"=$E$3*$E$2^D6"，在 E7 单元格中输入公式"=$E$3*$E$2^D7"，结果如图 8-61 所示。

步骤 6 在 E10 单元格中输入公式 "=GROWTH($B$2:$B$11,$A$2:$A$11,D10)"，在 E11 单

元格中输入公式"=GROWTH($B$2:$B$11,$A$2:$A$11,D11)"，结果如图8-62所示。从图中可以看出，采用两种不同的函数，得到的预测结果是一致的。GROWTH函数在预测方面显得更为简单和直接。

图8-61　使用LOGEST函数得到的预测结果

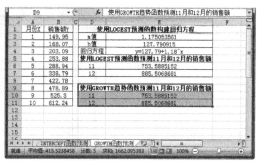

图8-62　使用GROWTH函数得到的预测结果

8.5　专家指导

8.5.1　应用一元线性回归法进行市场销售额预测

一元线性回归分析是最基本的回归分析，其目的是研究两个变量之间的关系。对应于两个变量(自变量 x 和因变量 y)，其一元线性回归方程为 $y=mx+b$。这样，只要能够确定出一元线性回归方程，就可以进行市场销售额预测，具体操作步骤如下。

步骤1　在"利润预测分析"工作簿中新建"一元线性回归法预测"工作表，然后在该工作表中创建表格，并输入数据内容，如图8-63所示。

步骤2　单击"数据"选项卡下的"分析"组中的"数据分析"按钮，弹出"数据分析"对话框，在"分析工具"列表框中选择"回归"选项，然后单击"确定"按钮，如图8-64所示。

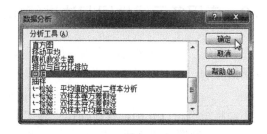

图8-63　创建表格　　　　　　　　　　图8-64　"数据分析"对话框

步骤3　弹出"回归"对话框，在其中进行相关设置，单击"Y值输入区域"文本框右侧的折叠按钮，然后选取 C2:C12 单元格区域；单击"X值输入区域"文本框右侧的折叠按钮，然后选取 B2:B12 单元格区域；选中"标志"复选框；选中"置信度"复选框，并在后面的文本框中保持默认的95%；在"输出选项"选项组中选中"输出区域"单选按钮，单击其文本框右侧的折叠按钮后，选择A15单元格，如图8-65所示。

图 8-65 "回归"对话框

步骤 4 单击"确定"按钮，得到一元线性回归的计算结果如图8-66所示。可以看到，一元线性方程 $y=mx+b$ 的回归系数 m、b 分别在B32单元格和B31单元格中显示，所以该方程为 $y=0.133x-65.32$。根据该方程，可以预测出当2013年人均可支配收入达到2200元时，该市场总销售额的预测值为 $y_{2013}=227.28$(万元)。

图 8-66 输出结果

8.5.2 应用多元线性回归法进行市场销售额预测

在客观现实中，许多情况下因变量都不只受一个因素的影响，而是会有多个自变量对其有显著的影响，这个时候就需要进行多元线性分析。多元线性回归方程为

$$y=m_1x_1+m_2x_2+\cdots+b$$

下面将举例进行介绍，具体操作步骤如下。

步骤 1 在"利润预测分析"工作簿中新建"多元线性回归法预测"工作表，然后在该工作表中创建表格，并输入数据内容，如图8-67所示。

步骤 2 单击"数据"选项卡下的"分析"组中的"数据分析"按钮，弹出"数据分析"对话框，然后在"分析工具"列表框中选择"回归"选项，并单击"确定"按钮，接着在弹出的"回归"对话框中的"Y 值输入区域"文本框中输入"$B$2:$B$12"，在“X 值输入区域” 文本框中输入“$C$2:$D$12”，选中“标志”和“置信度”两个复选框，并设置置信度为 95%，再选中“输出区域”单选按钮，并在右侧的文本框中输入“$A$15”，如图 8-68 所示。

	A	B	C	D
1	2012年B网上商城10家商户的年销售量与投入（单位：万元）			
2	商户代码	销售额	传统费用	网络费用
3	商户01	4821.94	40.26	5.89
4	商户02	4369.88	32.21	6.32
5	商户03	10095.93	120.77	9.82
6	商户04	6328.79	60.98	9.42
7	商户05	6780.85	70.71	7.16
8	商户06	10849.36	123.74	11.63
9	商户07	15821.98	220.96	27.07
10	商户08	12054.84	132.58	13.53
11	商户09	13863.07	107.49	20.01
12	商户10	15273.99	140.31	19.35

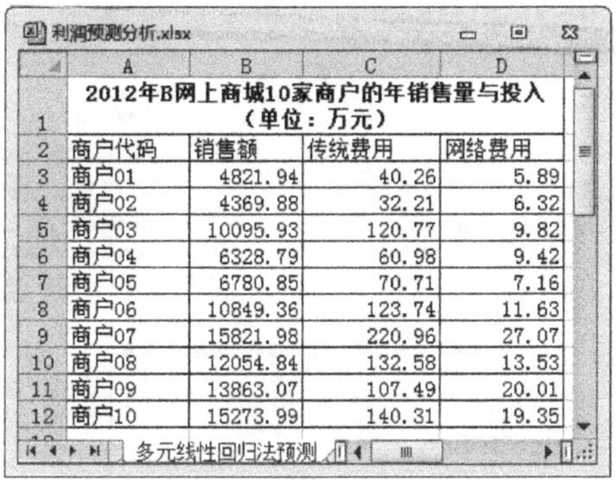

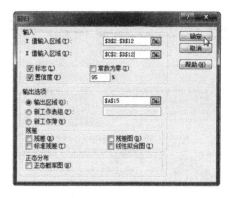

图 8-67　创建“多元线性回归法预测”工作表

图 8-68　“回归”对话框

步骤 3　单击“确定”按钮，得到多元线性回归的计算结果如图 8-69 所示。

	A	B	C	D	E	F	G	H	I
15	SUMMARY OUTPUT								
16									
17	回归统计								
18	Multiple R	0.9447108							
19	R Square	0.8924786							
20	Adjusted R	0.8617581							
21	标准误差	1586.826							
22	观测值	10							
23									
24	方差分析								
25		df	SS	MS	F	gnificance F			
26	回归分析	2	146305069.9	73152535	29.05165	0.000408			
27	残差	7	17626117.29	2518016.76					
28	总计	9	163931187.2						
29									
30		Coefficient	标准误差	t Stat	P-value	Lower 95%	Upper 95%	下限 95.0%	上限 95.0%
31	Intercept	2291.0355	1132.806091	2.02244279	0.082831	-387.625	4969.696	-387.625	4969.696
32	传统费用	31.345022	19.41491559	1.61448149	0.150457	-14.564	77.254	-14.564	77.254
33	网络费用	341.30329	156.3838342	2.1824717	0.065402	-28.4857	711.0923	-28.4857	711.0923

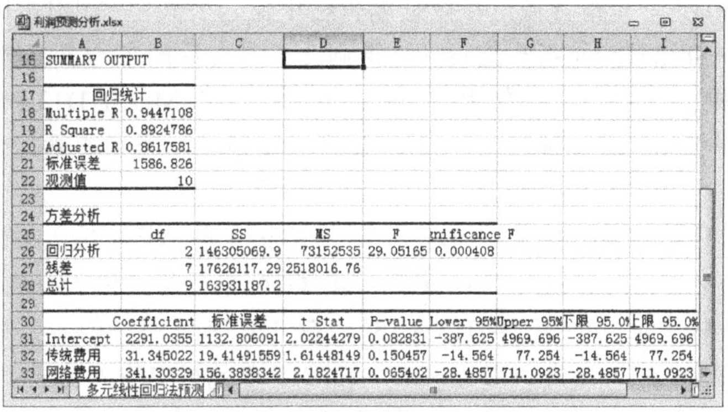

图 8-69　输出结果

8.5.3　利用马尔克夫法预测产品的市场占有率

马尔克夫预测法不需要大量的统计资料，只需要有限的近期资料，即可实现定量预测。而且，在短期预测的基础上，只要状态转移矩阵滚动次数足够多，马尔克夫预测法同时可适用于长期预测，但要求市场比较稳定，并在一定时期内没有大的变动。

利用马尔克夫法预测产品市场占有率的具体操作步骤如下。

步骤 1　在“利润预测分析”工作簿中新建“马尔克夫预测产品的市场占有率”工作表，然后在该工作表中创建利用马尔克夫法来预测市场占有率的表格，并输入数据内容，如图 8-70 所示。

步骤 2　在 C6 单元格中输入公式“=C5/SUM($C$5:$E$5)”，并将公式复制到 D6:E6 单元格区域中，计算本月各自的市场占有率；选中 D12:F12 单元格区域，在数据编辑栏中输入公式“=MMULT(C6:E6,H5:J7)”，并按 Ctrl+Shift+Enter 组合键确认，得到 1 个月后各自的市场占有率；选中 D13:F13 单元格区域，在数据编辑栏中输入公式 "=MMULT(C5:E5,H5:J7)"，并按 Ctrl+Shift+Enter 组合键确认，得到 1 个月后各自的本月用户数，如图 8-71 所示。

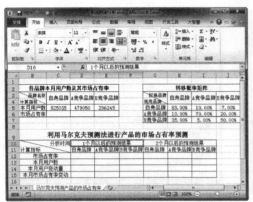

图 8-70　创建表格

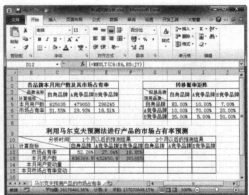

图 8-71　得到相关计算结果(1)

步骤 3　选中 G12:I12 单元格区域，在数据编辑栏中输入公式 "=MMULT(D12:F12,H5:J7)"，并按 Ctrl+Shift+Enter 组合键确认，得到 2 个月之后的市场占有率；选中 G13:I13 单元格区域，在数据编辑栏中输入公式 "=MMULT(D13:F13,H5:J7)"，并按 Ctrl+Shift+Enter 组合键确认，得到 2 个月之后的本月用户数，计算结果如图 8-72 所示。

步骤 4　在 D14 单元格中输入公式 "=D13-C5"，在 E14 单元格中输入公式 "=E13-D5"，在 F14 单元格中输入公式 "=F13-E5"，在 G14 单元格中输入公式 "=G13-D13"，在 H14 单元格中输入公式 "=H13-E13"，在 I14 单元格中输入公式 "=I13-F13"，在 D15 单元格中输入公式 "=D12-C6"，在 E15 单元格中输入公式 "=E12-D6"，在 F15 单元格中输入公式 "=F12-E6"，在 G15 单元格中输入公式 "=G12-D12"，在 H15 单元格中输入公式 "=H12-E12"，在 I15 单元格中输入公式 "=I12-F12"，计算得到用户数与市场占有率的变动情况，结果如图 8-73 所示。

图 8-72　得到相关计算结果(2)

图 8-73　得到最终计算结果

8.5.4　利用德尔菲法预测新产品的销售额

德尔菲法是一种常用的定性预测方法。在德尔菲法中，为了消除成员之间的相互影响，参加的专家可以互不了解，它用匿名方式，反复多次征询意见和进行交流，充分发挥他们的智慧、知识和经验，最后汇总得出一个比较能反映群体意志的预测结果。

利用德尔菲法预测新产品销售额的具体操作步骤如下。

步骤1　在"利润预测分析"工作簿中新建"德尔菲法预测"工作表，然后在该工作表中创建表格，并输入数据内容，如图8-74所示。

步骤2　在C16单元格中输入公式"=AVERAGE(C4:C14)"，并将公式复制到D16:E16单元格区域中，计算出各自的平均值；在C17单元格中输入公式"=MEDIAN(C4:C14)"，并将公式复制到D17:E17单元格区域中，计算出各自的中位数，如图8-75所示。

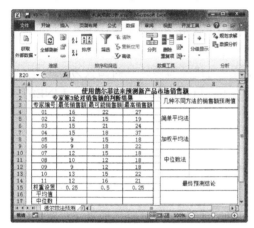
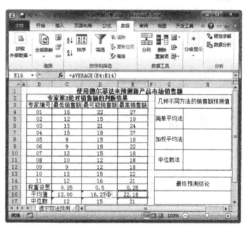

图8-74　创建表格　　　　　　　　　图8-75　得到计算结果

步骤3　采用简单平均法、加权平均法和中位数法三种不同的数据处理方法，计算销售额的预测值。在H4单元格中输入公式"=AVERAGE(C16:E16)"，在H7单元格中输入公式"=SUMPRODUCT(C15:E15,C16:E16)"，在H10单元格中输入公式"=SUMPRODUCT(C15:E15,C17:E17)"，得到的计算结果如图8-76所示。

步骤4　在G16单元格中输入公式"="预测销售额在"&ROUND(MIN(H4:H12),2)&"到"&ROUND(MAX(H4:H12),2)&"之间""，计算得到最终的预测结论，如图8-77所示。

图8-76　得到三种预测结果　　　　　　图8-77　得到最终计算结论

8.6 实战演练

一、选择题

1. 代表带数据标记的折线图的是(　　)。

   A. [图标]　　　　　B. [图标]　　　　　C. [图标]　　　　　D. [图标]

2. 代表线性预测趋势线的是(　　)。

   A. [图标]　　　　　B. [图标]　　　　　C. [图标]　　　　　D. [图标]

3. "移动平均"分析工具在(　　)选项卡下。

   A. "页面布局"　　　B. "公式"　　　C. "数据"　　　D. "开发工具"

4. 计算平滑值的方法有(　　)。

   A. 直接编辑公式　　　　　　　　　B. 使用"指数平滑"工具

   C. 使用"规划求解"工具　　　　　　D. 使用"移动平均"工具

5. 根据已知数据之间的线性关系，拟合出相应的线性回归方程的函数为(　　)。

   A. SLOPE　　　　　B. TREND　　　　　C. FORECAST　　　　D. LINEST

二、实训题

1. 练习使用一元线性回归法预测销售额。
2. 练习使用指数趋势线预测销售产值。

第 9 章

经典实例：营销决策分析

【本章学习重点】

◆ 通过建立决策模型进行营销决策

◆ 数据表在净利润敏感度分析中的应用

◆ 单变量求解在销售利润目标确定中的应用

◆ 利用"规划求解"工具分析营销决策

在现在的市场竞争中，各个企业为了促进市场开发、推进产品销售、提高企业产品销售利润，总是在想方设法地推出新的营销策略，本章讲解的就是利用 Excel 构建营销决策模型的方法。

【本章实例展示】

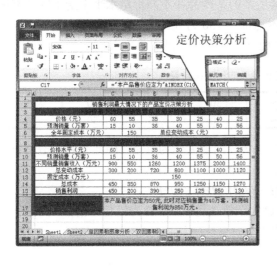

定价决策分析

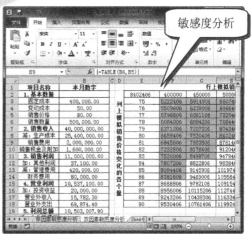

敏感度分析

9.1　要点分析

本章利用 Excel 帮助解决营销决策问题，内容涉及单变量求解、规划求解、方案管理器等。

- 单变量求解：单变量求解是指通过确定某个公式中的一个变量值，来使公式值等于目标值。利用单变量求解可以解决销售利润目标计划确定中遇到的问题，它特别适用于确定利润目标某一引用数据的特定值。
- 规划求解：规划求解是一组命令的组成部分，这些命令有时也称作假设分析工具，它通过调整所指定的可更改单元格中的值，从目标单元格公式中求得所需的结果。
- 方案管理器：方案管理器是一组宏工具，包括分析工具库、规划求解加载项和欧元工具等。

9.2　通过建立决策模型进行营销决策

进行营销决策的常见方法是根据决策的实际需要，建立相应的决策模型。

9.2.1　产品定价决策问题描述与解决的基本思路

企业市场营销中的一个重要决策问题就是产品定价，销售利润则是企业管理追求的一个重要目标，而销售利润的大小与产品的定价具有重要的关联关系。

如果产品价格定得过高，那么单位产品的销售利润相应地也会增加，但是总的销售量可能会减少，从而会影响总的产品销售利润；反之，产品价格定得过低，虽然销售数量可能会大幅增长，但是因为单位产品的销售利润不高，因此也会影响到总的产品销售利润。

下面是一个产品定价决策的问题描述，以及相应的解决问题的基本思路。

表 9-1 所示为某公司根据市场分析，对其生产的某产品在不同价格水平下给出的预测销售量。假设该公司生产该产品的全年固定成本为每年 150 万元，全年的生产能力为 55 万套，每套产品的变动成本为 20 元。请问：该公司应该如何对该产品定价？

表 9-1　不同价格水平下的预测销售量

价格/元	60	55	35	30	25	40	25
预测销量/万套	15	10	36	40	55	50	56

问题分析：这里的产品定价，应该就是以销售利润最大化为目标，因此需要构造销售利润的计算公式。根据相关变量之间的关系，这里销售利润的计算公式为

$$L=S-C=PQ-(F+V\times Q)=(P-V)\times Q-F$$

其中：L 为全年销售利润；S 为全年销售额；C 为全年销售成本；P 为销售价格；F 为全年固定成本；V 为单位变动成本；Q 为预测的销售量。

通过上面的公式，就可以计算出来不同价格水平下，对应不同预测销售量时的销售利润；然后根据销售利润最大化的原则，即可将其对应价格作为最佳的决策价格。

9.2.2　构建销售利润最大化的产品定价决策模型

下面就可以利用 Excel 建立模型，来进行以上的销售利润辅助计算，操作步骤如下。

步骤 1　新建"营销决策"工作簿，在 Sheet1 工作表中，根据已知数据以及销售利润计算公式，制作出如图 9-1 所示的 Excel 模型表格。

步骤 2　选取 C9 单元格，输入公式"= C4"，获取第一个价格水平，然后向右拖动填充柄，一直复制公式到 I9 单元格，获取其他价格水平，如图 9-2 所示。

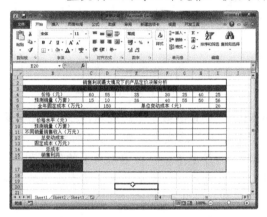

图 9-1　销售利润最大化的产品定价所用表格

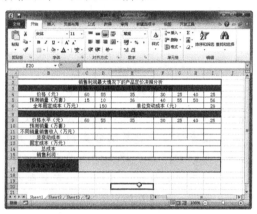

图 9-2　获取价格水平

步骤 3　选取 C10 单元格，输入公式"= C5"，获取第一个预测销量，然后向右拖动填充柄，一直复制公式到 I10 单元格，获取其他预测销量，如图 9-3 所示。

步骤 4　选取 C11 单元格，输入公式"=C9*C10"，计算出第一个不同销量销售收入，然后向右拖动填充柄，一直复制公式到 I11 单元格，计算出其他不同销量销售收入，如图 9-4 所示。

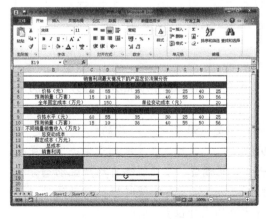

图 9-3　获取预测销量

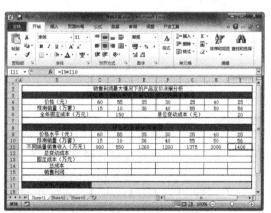

图 9-4　计算出不同销量销售收入

步骤 5　选取 C12 单元格，输入公式 "=C5*$I$6"，计算出第一个总变动成本，然后向右拖动填充柄，一直复制公式到 I12 单元格，计算出其他总变动成本，如图 9-5 所示。

步骤 6　选取 C13 单元格，输入公式 "=$D$6"，计算出固定成本，如图 9-6 所示。

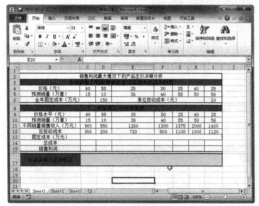
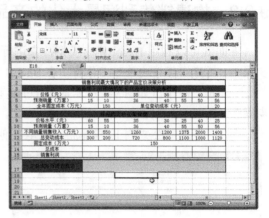

图 9-5　计算出总变动成本　　　　　　　　　　图 9-6　计算出固定成本

步骤 7　选取 C14 单元格，输入公式 "=C12+$C$13"，计算出第一个总成本，然后向右拖动填充柄，一直复制公式到 I14 单元格，计算出其他总成本，如图 9-7 所示。

步骤 8　选取 C15 单元格，输入公式 "=C11-C14"，计算出第一个价格水平下的销售利润，然后向右拖动填充柄，一直复制公式到 I15 单元格，计算出其他价格水平下的销售利润，如图 9-8 所示。

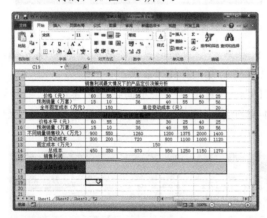
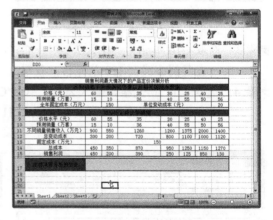

图 9-7　计算出总成本　　　　　　　　　　图 9-8　计算出不同价格水平下的销售利润

　　通过图 9-8 可以看出最大的销售利润是 850 万元，对应的价格水平是 40 元，此时相对应的预测销量是 50 万套。但是，上面这种目测产生决策结果的方法不符合决策模型的要求，作为一个决策模型，必须能够自动产生动态分析的结论。当图 9-8 中已知的数据发生变动的时候，要能随时根据变动的数据产生新的结论，并自动显示到决策分析结论的设计位置。

步骤 9　选取 C17 单元格，输入公式"="本产品售价应定为"&INDEX(C4:I4,MATCH(MAX(C15:I15),
　　　　C15:I15,0))&"元，此时对应销售量为"&INDEX(C5:I5,MATCH(MAX(C15:I15),
　　　　C15:I15,0))&"万套，预测销售利润为"&MAX(C15:I15)&"万元""，得出销售利润最
　　　　大化的产品定价决策模型的分析结果，如图 9-9 所示。

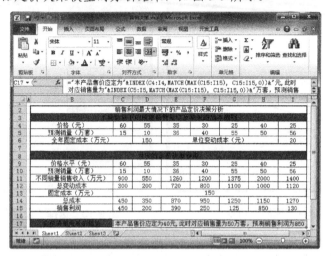

图 9-9　销售利润最大化的产品定价决策模型的分析结果

9.2.3　产品定价决策模型中有关变量的图表分析

下面根据产品定价决策模型制作数据图表，操作步骤如下。

步骤 1　按住 Ctrl 键，依次选取 B9:I9、B12:I12 和 B14:I15 单元格区域。

步骤 2　在"插入"选项卡下的"图表"组中单击"折线图"按钮，从弹出的菜单中选择"带
　　　　数据标记的折线图"选项，如图 9-10 所示。

步骤 3　制作出的带数据标记的折线图的初始效果如图 9-11 所示。

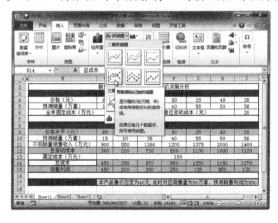

图 9-10　选择"带数据标记的折线图"选项

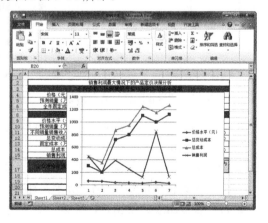

图 9-11　带数据标记的折线图的初始效果

步骤 4　将图表移动到合适的位置。

步骤 5 右击图表的水平坐标轴，从弹出的快捷菜单中选择"删除"命令，如图 9-12 所示，删除水平坐标轴。

步骤 6 右击图例，从弹出的快捷菜单中选择"设置图例格式"命令，如图 9-13 所示。

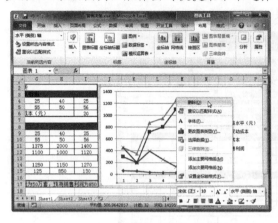

图 9-12 选择"删除"命令

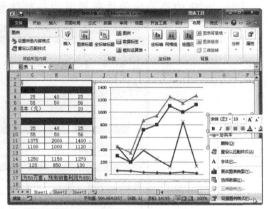

图 9-13 选择"设置图例格式"命令

步骤 7 弹出"设置图例格式"对话框，在"图例选项"选项卡中选中"底部"单选按钮，在"边框颜色"选项卡中选中"实线"单选按钮，并设置颜色为黑色，如图 9-14 所示。

步骤 8 在图表中，右击"价格水平(元)"折线条，从弹出的快捷菜单中选择"添加数据标签"命令，如图 9-15 所示，为数据添加标签。

图 9-14 "设置图例格式"对话框

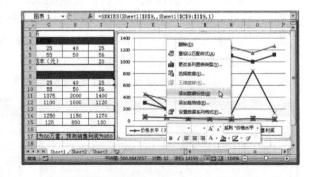

图 9-15 选择"添加数据标签"命令

步骤 9 右击添加的数据标签，从弹出的快捷菜单中选择"设置数据系列格式"命令，如图 9-16 所示。

步骤 10 弹出"设置数据系列格式"对话框，在"系列选项"选项卡中选中"次坐标轴"单选按钮，如图 9-17 所示，建立双轴图表。

步骤 11 右击图表的绘图区，从弹出的快捷菜单中选择"设置绘图区格式"命令，如图 9-18 所示。

步骤 12 弹出"设置绘图区格式"对话框，在"填充"选项卡中，设置填充色为"纯色填充"，填充颜色为浅橙色，如图 9-19 所示。

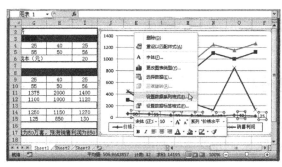

图 9-16　选择"设置数据系列格式"命令　　图 9-17　　"设置数据系列格式"对话框

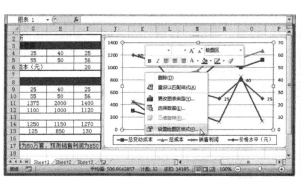

图 9-18　选择"设置绘图区格式"命令　　图 9-19　　"设置绘图区格式"对话框

步骤 13　添加图表标题"销售利润最大情况下产品定价决策的图表分析"，并进行一定的文字格式效果设置。

步骤 14　适当调整图表的大小，使之大小适当，对 A1:S1、A18:S18、A2:A17、S2:S17 单元格区域设置填充色、调整宽度，做出模型周围的边框效果，构造出基于 Excel 的销售利润最大化的产品定价决策模型，如图 9-20 所示。

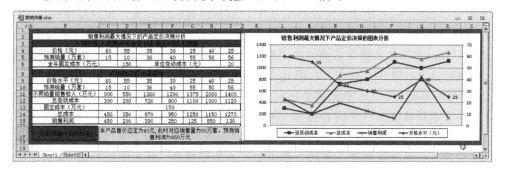

图 9-20　销售利润最大化的产品定价决策模型最终制作效果

9.3 数据表在净利润敏感度分析中的应用

敏感度分析又称“What-if 分析”，其用途是测定当一个参数发生变化时，它连带的中间变量如何变化，以及由中间变量引起的最终结果会发生什么样的变化。

9.3.1 产品销售净利润值敏感度分析

在 Sheet2 工作表中新建如图 9-21 所示的表格，左边部分给出了某公司某月产品的简易损益表，而右边部分给出了从基本数据输入开始，到最终的净利润输出为止，中间的数据计算规则。

从图中可以看出，该月该产品的净利润约为 840 万元。现在假设下个月想使净利润达到 870 万元，要在只能改变销售价格和销售数量的情况下，对净利润值的敏感度进行分析。通过改变销售价格和销售数量，可以进行利润值敏感度的分析，引起利润值的变化，更加方便地选择达到即定值的数据。在 Excel 2010 中，利用“模拟运算表”工具能够完成该任务。

	A	B	C	D
1	项目名称	本月数字		原始数据及其中间数据计算公式说明
2	1. 基本数据			
3	固定成本	400,000.00		*固定成本：原始数据
4	变动成本	50.00		*变动成本：原始数据
5	销售价格	80.00		*销售价格：原始数据
6	销售数量	500,000.00		*销售数量：原始数据
7	2. 销售收入	40,000,000.00		销售收入＝销售价格*销售数量
8	减：生产成本	25,400,000.00		生产成本＝固定成本+（销售数量*变动成本）
9	销售费用	2,000,000.00		销售费用＝销售收入*0.05
10	销售税金及附加	1,600,000.00		销售税金＝销售收入*0.04
11	3. 销售利润	11,000,000.00		销售利润＝销售收入-生产成本－销售费用－销售税金
12	加：其他利润	37,100.00		*其他利润：原始数据
13	减：管理费用	420,000.00		管理费用＝销售收入*0.0105
14	财务费用	80,000.00		财务费用＝销售收入*0.002
15	4. 营业利润	10,537,100.00		营业利润＝销售利润+其他利润－管理费用－财务费用
16	加：投资收益	20,000.00		*投资收益：原始数据
17	营业外收入	15,782.30		*营业外收入：原始数据
18	营业外支出	69,874.40		*营业外支出：原始数据
19	5. 利润总额	10,503,007.90		利润总额＝营业利润+投资收益+营业外收入－营业外支出
20	减：企业所得税	2,100,601.58		企业所得税＝利润总额*0.2
21	6. 净利润	8,402,406.32		净利润＝利润总额－企业所得税

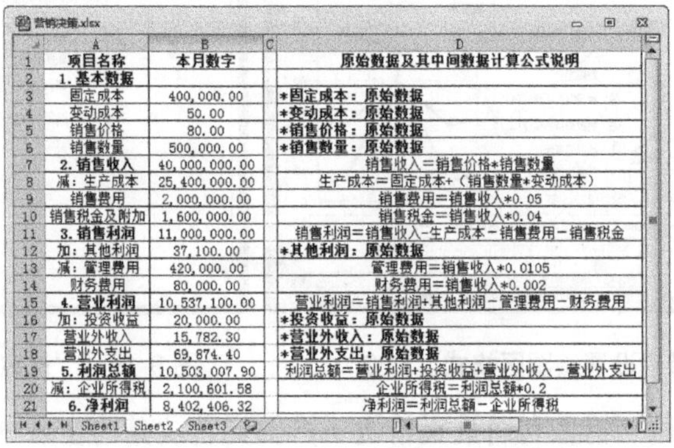

图 9-21 某公司某产品某月的简易损益表

9.3.2 价格调整引起的利润变化

下面就以在图 9-21 所示的产品损益表中，根据销售价格的变化来模拟净利润的变化为例，说明利用“模拟运算表”工具进行单因素敏感度分析的方法，具体操作步骤如下。

步骤 1 将 Sheet3 工作表重命名为“单因素敏感度分析”，然后将图 9-21 中的简易损益表复制到该工作表中，并在其右侧建立单变量数据表的初始结构，如图 9-22 所示。

步骤 2 在 D5 单元格和 D6 单元格中分别输入“75”和“76”，然后选取 D5:D6 单元格区域，向下拖动填充柄一直到 D20 单元格，并在 E4 单元格内输入公式“= B21”，如图 9-23 所示。

步骤 3 给要进行数据敏感度分析的数据表范围设置填充色，然后选取 D4:E20 单元格区域，在“数据”选项卡下的“数据工具”组中单击“模拟分析”按钮，从弹出的菜单中选择“模拟运算表”选项，如图 9-24 所示。

步骤 4　本例是在列上模拟销售价格的变化，销售价格的数据存储在 B5 单元格中，所以在弹出的"模拟运算表"对话框中，在"输入引用列的单元格"文本框中输入"$B$5"，如图 9-25 所示。

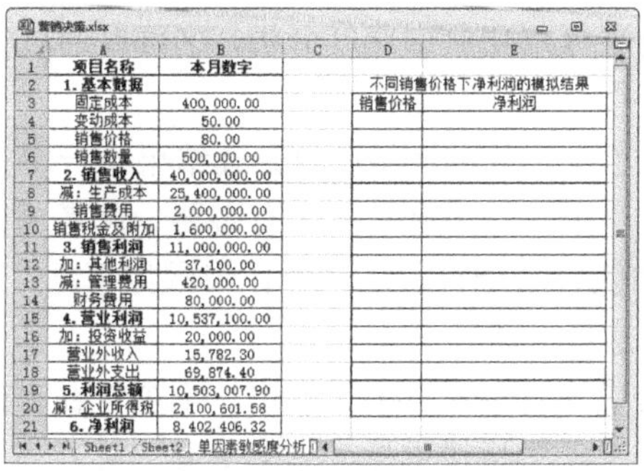

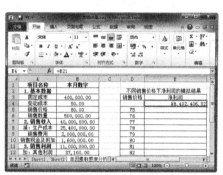

图 9-22　建立单变量数据表的初始结构　　　　图 9-23　利用公式和复制功能填入数据

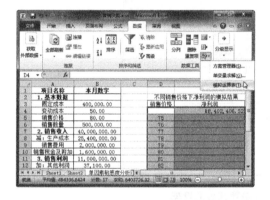

图 9-24　选择"模拟运算表"选项　　　　图 9-25　"模拟运算表"对话框

步骤 5　单击"确定"按钮，单变量数据表制作完成，效果如图 9-26 所示。在每一个价格数字的右侧，已经计算出在其他变量都保持不变的情况下，对应净利润的金额。从图中可以看出，在保持其他变量都不变的情况下，要想实现净利润达到 870 万，只要将价格调整到 81 元，也就是上涨 1 元即可，此时对应的净利润为 8761406 元。

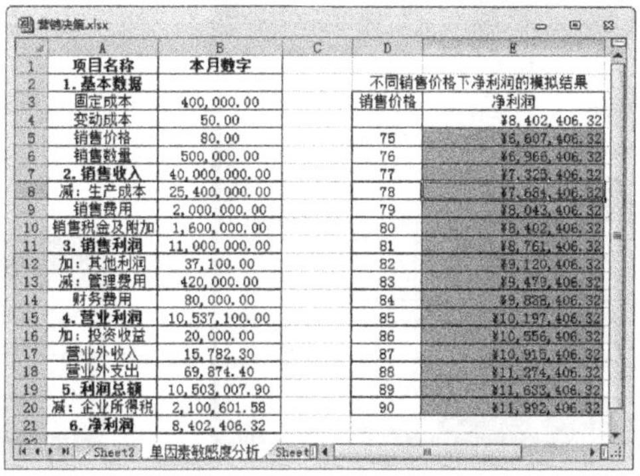

图 9-26　单因素利润敏感度分析的结果

9.3.3 价格与数量同时变动引起的利润变化

进行单变量敏感度分析，只是分析改变一个输入变量对公式计算结果的影响。如果想要分析改变两个变量对公式计算结果的影响，就需要进行双变量敏感度分析，这可以通过使用双变量数据表来实现。

例如，前面通过改变销售价格一个参数，分析单变量的利润敏感度，其结果不一定完全准确。因为当价格变化时可能会引起销售数量也发生一定的变化，所以有必要一起考虑。下面同时考虑价格和数量两个因素，进行双变量利润敏感度分析，具体操作步骤如下。

步骤 1　插入一个工作表，并重命名为"双因素敏感度分析"。

步骤 2　将图 9-21 中的简易损益表复制到"双因素敏感度分析"工作表中，并在其右侧建立双变量数据表的初始结构，接着在 F2:L2 单元格区域中输入销售数量，并在 E2 单元格中输入公式"= B21"，如图 9-27 所示。

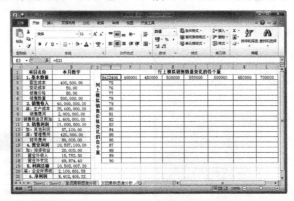

图 9-27　创建双变量数据表的框架

步骤 3　选取 E2:L18 单元格区域，在"数据"选项卡下的"数据工具"组中单击"模拟分析"按钮，从弹出的菜单中选择"模拟运算表"选项，如图 9-28 所示。

步骤 4　弹出"模拟运算表"对话框，在"输入引用行的单元格"文本框中输入"$B$6"，在"输入引用列的单元格"文本框中输入"$B$5"，如图 9-29 所示。

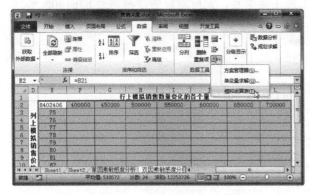

图 9-28　选择"模拟运算表"选项

图 9-29　"模拟运算表"对话框

步骤5　单击"确定"按钮，双变量数据表制作完成，如图9-30所示。

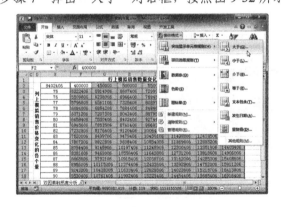

图9-30　按照价格和数量得到的双变量数据表结果

　　　图9-31所示的双变量数据表中的计算结果，以及图9-26所示的单变量数据表中的计算结果，都是通过数组公式得到的，所以不能直接复制；在数据表中也不能直接把它们转化为常量；只能采用先复制，再到其他位置进行"选择性粘贴" | "粘贴值"的方法得到。

步骤6　为了将结果大于870万元的数字用特殊效果显示，可以为模拟结果设置条件格式。选取F2:L18单元格区域，在"开始"选项卡下的"样式"组中单击"条件格式"按钮，从弹出的菜单中选择"突出显示单元格规则" | "大于"选项，如图9-31所示。

步骤7　弹出"大于"对话框，按照图9-32所示设置条件格式，最后单击"确定"按钮。

图9-31　选择"大于"选项　　　　　　　图9-32　"大于"对话框

步骤8　如图9-33所示，净利润大于870万元的"价格/数量"组合，都分布在整个区域对角线的右下部分，这是因为净利润与销售价格和数量之间都是同比增长关系。但是，根据价格与数量之间的关系，其中只有一部分的组合具有较大的可能性。例如F16、H9、K14等单元格，都已经达到了870万元的净利润，并且也是比较可行的几种方案。以F16单元格为例，其意味着"价格如果涨到88元，销售数量只要达到40万个，就可以实现净利润大于 870 万元”。而 H9 单元格则意味着“销售数量如果保持 50 万个，价格只要上涨到 81 元，也可以实现净利润大于 870 万元”。

营销决策.xlsx

	C	D	E	F	G	H	I	J	K	L
1			行上模拟销售数量变化的各个量							
2		列上模拟销售价格变化的各个量	8402406	400000	450000	500000	550000	600000	650000	700000
3			75	5222406	5914906	6607406	7299906	7992406	8684906	9377406
4			76	5509606	6238006	6966406	7694806	8423206	9151606	9880006
5			77	5796806	6561106	7325406	8089706	8854006	9618306	10382606
6			78	6084006	6884206	7684406	8484606	9284806	10085006	10885206
7			79	6371206	7207306	8043406	8879506	9715606	10551706	11387806
8			80	6658406	7530406	8402406	9274406	10146406	11018406	11890406
9			81	6945606	7853506	8761406	9669306	10577206	11485106	12393006
10			82	7232806	8176606	9120406	10064206	11008006	11951806	12895606
11			83	7520006	8499706	9479406	10459106	11438806	12418506	13398206
12			84	7807206	8822806	9838406	10854006	11869606	12885206	13900806
13			85	8094406	9145906	10197406	11248906	12300406	13351906	14403406
14			86	8381606	9469006	10556406	11643806	12731206	13818606	14906006
15			87	8668806	9792106	10915406	12038706	13162006	14285306	15408606
16			88	8956006	10115206	11274406	12433606	13592806	14752006	15911206
17			89	9243206	10438306	11633406	12828506	14023606	15218706	16413806
18			90	9530406	10761406	11992406	13223406	14454406	15685406	16916406

双因素敏感度分析

图 9-33　对双变量敏感度分析的结果进行条件格式化设置

9.4　单变量求解在销售利润目标确定中的应用

在“营销决策”工作簿中新插入一张工作表，在其中制作某公司编制的本月损益简表，如图 9-34 所示。其中，右边部分是各变量之间的相互关系及计算方法，左边部分“本月数字”列中带有填充色的单元格是利用 D 列中的计算公式进行计算得出的结果。

问题分析：从图 9-34 中可以看出，本月净利润为 78 万元左右。假如公司确定下个月净利润要达到 80 万元，其他原始数据和计算模型中的各个参数都保持不变。那么，销售收入应该增长到多少，才能实现净利润达到 80 万元的目标呢？

营销决策.xlsx

	A	B	C	D
1	项目名称	本月数字		原始数据及其中间数据计算公式说明
2	1. 销售收入	11,000,000.00		*销售收入：原始数据
3	减：销售成本	4,950,000.00		销售成本=销售收入*0.45
4	销售费用	550,000.00		销售费用=销售收入*0.05
5	销售税金及附加	4,400,000.00		销售税金=销售收入*0.4
6	2. 销售利润	1,100,000.00		销售利润=销售收入－销售成本－销售费用－销售税金
7	加：其他利润	18,056.00		*其他利润：原始数据
8	减：管理费用	115,500.00		管理费用=销售收入*0.0105
9	财务费用	22,000.00		财务费用=销售收入*0.002
10	3. 营业利润	980,556.00		营业利润=销售利润+其他利润－管理费用－财务费用
11	加：投资收益	15,600.00		*投资收益：原始数据
12	营业外收入	36,789.00		*营业外收入：原始数据
13	减：营业外支出	51,980.50		*营业外支出：原始数据
14	4. 利润总额	980,964.50		利润总额=营业利润+投资收益+营业外收入－营业外支出
15	减：企业所得税	196,192.90		企业所得税=利润总额*0.2
16	5. 净利润	784,771.60		净利润=利润总额－企业所得税
17				

单因素敏感度分析 / 双因素敏感度分析 / Sheet3

图 9-34　某公司编制的本月损益简表

下面将介绍如何利用“单变量求解”工具来解决上述问题。

9.4.1　确定目标利润对应的销售收入

下面采用单变量求解的方法确定目标利润对应的销售收入，具体操作步骤如下。

步骤1　选定要确定目标利润对应的单元格，也就是净利润数据所在的 B16 单元格。

步骤2　在"数据"选项卡下的"数据工具"组中单击"模拟分析"按钮，从弹出的菜单中选择"单变量求解"选项，如图 9-35 所示。

步骤3　弹出"单变量求解"对话框，在"目标值"文本框中输入"800000"，在"可变单元格"文本框中输入这里需要确定的可变量，即销售收入所在的"$B$2"单元格，如图 9-36 所示。

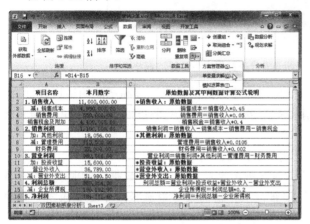

图 9-35　选择"单变量求解"选项　　　　图 9-36　"单变量求解"对话框

步骤4　单击"确定"按钮，弹出如图 9-37 所示的"单变量求解状态"对话框，说明已经找到解，并且与目标值完全一致。

步骤5　单击"确定"按钮，得到单变量求解的结果，如图 9-38 所示。要实现净利润增长到800000.00 元，销售收入需要增加到 11217548.57 元。

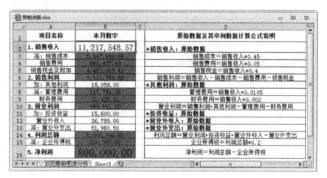

图 9-37　"单变量求解状态"对话框　　　　图 9-38　单变量求解的结果

9.4.2　确定新产品的保本销售量

新插入一张工作表，然后在工作表中制作"新开发产品的保本点计算"表格，如图 9-39 所示。其中，B4:C14 单元格区域中是某公司为一种新产品进行的销售利润测算，按照目前设定的数据，计算出来的销售利润为负数。下面利用"单变量求解"工具确定新产品的保本销售量。

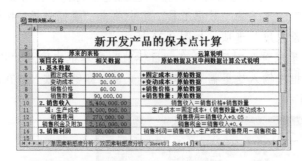

图 9-39　"新开发产品的保本点计算"表格

假设其他数据都不能改变，而唯一能够做出改进的是设法提高产品的销售数量。请问：销售数量提高到多少时，本产品的销售才能够保本？下面就来介绍如何利用单变量求解解决这个问题，具体操作步骤如下。

步骤 1　将 B4:C14 单元格中的内容复制到 B17:C27 单元格区域。

步骤 2　选中 C27 单元格，也就是销售利润所在的单元格，在"数据"选项卡下的"数据工具"组中单击"模拟分析"按钮，从弹出的菜单中选择"单变量求解"选项，如图 9-40 所示。

步骤 3　弹出"单变量求解"对话框，在"目标值"文本框中输入"0"，在"可变单元格"文本框中输入这里需要确定的可变量，即销售数量所在的"$C$22"单元格，如图 9-41 所示。

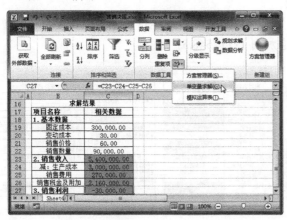

图 9-40　选择"单变量求解"选项　　　　图 9-41　"单变量求解"对话框

步骤 4　单击"确定"按钮，弹出如图 9-42 所示的"单变量求解状态"对话框，说明已经找到一个解，并且与目标值完全一致。

步骤 5　单击"确定"按钮，得到单变量求解的结果，如图 9-43 所示。可以看出，保本销售量为 100000，也就是说，如果其他各量都不变，必须销售 100000 个以上的本产品，才能实现赢利。

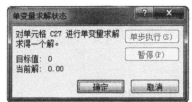

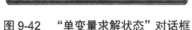

图 9-42 "单变量求解状态"对话框　　图 9-43 利用单变量求解确定保本销售量

9.5 利用"规划求解"工具分析营销决策

在实际的销售管理中，要完成一项目标任务的时候，经常会存在多个因素，这些因素都具有一定的约束条件。下面将介绍如何在约束条件下进行最优确定。

9.5.1 规划问题的特点以及"规划求解"工具的组成

对于规划求解问题，Excel 中专门提供了"规划求解"加载宏工具。

1. 规划问题的特点

在计划管理当中，往往会遇到各种各样的规划问题，如人力资源的调度、产品生产的安排、运输线路的规划、生产材料的搭配、采购批次的确定等。这类问题有一个共同的要求，那就是：合理地利用各种约束资源达到最佳的经济效益，也就是达到产量最高、利润最大、成本最低、费用最省等目标。

一般来说，这类规划问题都具有如下三个特点。

(1) 所求的问题都有一个单一的目标，如求生产的最低成本、求运输的最佳路线、求产品的最大盈利、求产品周期的最短时间以及求其他目标函数的最优值等。

(2) 总是有明确的不等式约束的条件。比如库存不能低于一定的数量，否则就会造成原料短缺或产品缺货的情况；生产的产品不能超过一定的额度，否则会造成商品积压等。

(3) 问题都有直接或间接影响约束条件的一组输入值。

2. Excel "规划求解"工具的组成

规划求解就是在满足约束条件的前提下，调整决策变量，实现目标函数最优。因此，可以说"规划求解"工具包括决策变量、目标函数和约束条件三个部分。

(1) 决策变量：是指在实际问题中存在的一些待解决的未知因素。一个规划问题中可能有一个决策变量，也可能有多个决策变量。一组决策变量代表一个规划求解的方案。在 Excel 的规划求解模型中，决策变量通常用可变单元格来表示。

(2) 目标函数：用来表示规划求解要达到的最终目标，如求最短路径、最大利润、最小成本、最佳产品组合等。在规划求解模型中，目标函数应该是决策变量的函数。也就是说，在 Excel 中目标函数与可变单元格有着直接或间接的联系，它可以是线性函数(对应规划问题称为"线性规划")，也可以是非线性函数(对应规划问题称为"非线性规划")。

(3) 约束条件：是指实现目标的限制条件。规划求解是否有解，与约束条件有着密切的关系，它对可变单元格中的值起着直接限制的作用。约束条件可以是等式，也可以不是等式。

9.5.2 利用"规划求解"工具解决规划求解问题的流程

某电脑销售公司主要销售"戴尔"和"华硕"两种笔记本。因担心进货积压，公司规定"戴尔"笔记本一次性最多进货 200 台，"华硕"笔记本一次性最多进货 200 台。而受公司资金的限制，两种笔记本的单次总进货量不得超过 300 台。其中，"戴尔"笔记本的平均利润为 400 元/台，若"戴尔"笔记本每多进 10 台，单台"戴尔"笔记本的利润会增长 5 元；"华硕"笔记本的平均利润为 350 元/台，若"华硕"笔记本每多进 10 台，单台"华硕"笔记本的利润会上涨 8 元。那么该公司应如何确定两种笔记本的单次进货量，才能使效益最大化呢？

下面介绍如何利用"规划求解"工具来解决上述问题，具体操作步骤如下。

步骤 1　在"开发工具"选项卡下的"加载项"组中单击"加载项"按钮，如图 9-44 所示。

步骤 2　弹出"加载宏"对话框，在"可用加载宏"列表框中选中"规划求解加载项"复选框，单击"确定"按钮，如图 9-45 所示。

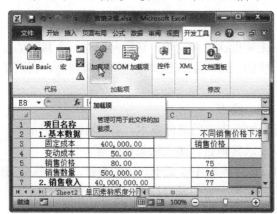

图 9-44　单击"加载项"按钮

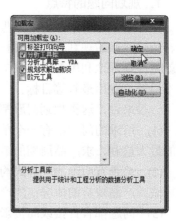

图 9-45　"加载宏"对话框

步骤 3　这时在"数据"选项卡下的"分析"组中会增加一个"规划求解"按钮，说明加载成功，然后在 Sheet5 工作表中建立如图 9-46 所示的规划模型。

步骤 4　在 B4 单元格中输入公式 "= SUM(B2+B3)"，按 Enter 键计算总进货量，接着在 B6 单元格中输入公式 "=(400+B2/10*5)*B2+(350+B3/10*8)*B3"，按 Enter 键计算总利润，如图 9-47 所示。

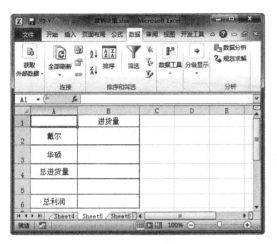

图 9-46　规划模型框架　　　　　图 9-47　输入相关公式

步骤 5　在"数据"选项卡下的"分析"组中单击"规划求解"按钮，如图 9-48 所示。

步骤 6　弹出"规划求解参数"对话框，在"设置目标"文本框中输入"$B$6"，然后在"通过更改可变单元格"文本框中输入"$B$2:$B$3"，接着选中"最大值"单选按钮，最后单击"添加"按钮，如图 9-49 所示。

图 9-48　单击"规划求解"按钮　　　图 9-49　"规划求解参数"对话框

步骤 7　弹出"添加约束"对话框，在"单元格引用"文本框中输入"$B$2"，选择"<="约束条件，在"约束"文本框中输入"200"，然后单击"添加"按钮，如图 9-50 所示。

步骤 8　在"单元格引用"文本框中输入"$B$3"，选择"<="约束条件，在"约束"文本框中输入"200"，然后单击"添加"按钮，如图 9-51 所示。

图 9-50　为 B2 单元格添加约束条件　　　　图 9-51　为 B3 单元格添加约束条件

步骤 9　在"单元格引用"文本框中输入"$B$4"，选择"<="约束条件，在"约束"文本框中输入"300"，最后单击"确定"按钮，如图 9-52 所示。

步骤 10　返回"规划求解参数"对话框，单击"求解"按钮，如图 9-53 所示。

图 9-52　为 B4 单元格添加约束条件　　　　图 9-53　参数设置后的结果

步骤 11　弹出"规划求解结果"对话框，选中"保留规划求解的解"单选按钮，单击"确定"按钮，如图 9-54 所示。

步骤 12　此时，在工作表中即可看到求解结果，如图 9-55 所示。当"戴尔"笔记本单笔进货 200 台、"华硕"笔记本单笔进货 100 台时，获得的利润最大。

图 9-54　"规划求解结果"对话框　　　　图 9-55　规划求解的计算结果

9.5.3 利用"规划求解"工具确定商品运输方案

某公司需将存储在三个物流中心 L1、L2、L3 的同一种货物分别运输到 C1、C2、C3 三个城市。L1、L2、L3 的可发货数量分别为 300 吨、200 吨、300 吨，C1、C2、C3 的货物需求量分别为 270 吨、230 吨、300 吨。假设各物流中心到各城市的发货量如表 9-21 所示。

表 9-2　各物流中心到各城市的发货量

收货城市 / 发货数量/吨 / 物流中心	C1	C2	C3	可发货数量/吨
L1	90	80	130	300
L2	90	50	60	200
L3	90	100	110	300
需要收货数量/吨	270	230	300	

各物流中心到各城市的运输费用如表 9-3 所示。下面要通过计算来设计运输方案，以使得公司成本最低。

表 9-3　各物流中心到各城市的运输费用

收货城市 / 物流中心	运输费用/(元/吨)		
	C1	C2	C3
L1	50	75	80
L2	40	75	100
L3	80	85	120

因为各物流中心到各城市的运费不同，而各物流中心的可发货数量以及各城市的需要收货数量也都有限制，因此现在需要确定满足这些限制时，使运输成本最小的方案。

下面介绍如何利用"规划求解"工具来解决上述问题，具体操作步骤如下。

步骤 1　按照如表 9-2 和表 9-3 所示的样式，建立规划求解的模型，如图 9-56 所示。其中，B2:D4 单元格区域为不同物流中心向各个城市发货的数量，作为将来规划求解中的可变单元格；E2:E4 单元格区域是各物流中心的实际发货数量，各单元格使用的公式分别为 "=SUM(B2:D2)"、"=SUM(B3:D3)"、"=SUM(B4:D4)"；B5:D5 单元格区域是各物流中心的实际收货数量，各单元格使用的公式分别为 "=SUM(B2:B4)"、"=SUM(C2:C4)"、"=SUM(D2:D4)"；E2:G4 单元格区域以及 B5:D7 单元格区域是本问题的六个约束控制条件；B11:D13 单元格区域是根据题目中的条件输入的各物流中心到各城市的运输费用；F5 单元格用来计算总运输费用，属于规划求解中的目标单元格，公式为 "=SUMPRODUCT(B2:D4,B11:D13)"。

步骤 2　在"数据"选项卡下的"分析"组中单击"规划求解"按钮，弹出"规划求解参数"对话框，在"设置目标"文本框中输入 "$F$5"，然后在"通过更改可变单元格"

Excel 在市场营销与销售管理中的应用

文本框中输入"$B$2:$D$4",接着选中"最小值"单选按钮,最后单击"添加"按钮,如图 9-57 所示。

步骤 3 弹出"添加约束"对话框,在"单元格引用"文本框中输入"$B$2:$D$4",选择">="约束条件,在"约束"文本框中输入"0",然后单击"添加"按钮,如图 9-58 所示。

步骤 4 在"单元格引用"文本框中输入"$B$5:$D$5",选择"="约束条件,在"约束"文本框中输入"$B$7:$D$7",然后单击"添加"按钮,如图 9-59 所示。

图 9-56 运输成本最小问题的规划求解模型

图 9-57 "规划求解参数"对话框

图 9-58 设置第一个约束条件

图 9-59 设置第二个约束条件

步骤 5 在"单元格引用"文本框中输入"$E$2:$E$4",选择"="约束条件,在"约束"文本框中输入"$G$2:$G$4",如图 9-60 所示。

步骤 6 单击"确定"按钮,返回"规划求解参数"对话框,单击"求解"按钮,如图 9-61 所示。

步骤 7 弹出"规划求解结果"对话框,选中"保留规划求解的解"单选按钮,如图 9-62 所示。

步骤 8 单击"确定"按钮,此时在工作表中即可看到求解结果,如图 9-63 所示。可知最佳运输方案为:物流中心 L1 的 300 吨货物全部运输到 C3 城市;物流中心 L2 的 200 吨货物全部运输到 C1 城市;物流中心 L3 的 300 吨货物分别运输到 C1 城市 70 吨,运输到 C2 城市 230 吨。这样各个城市的需求量都得到了满足,各个物流中心也没有超过发货数量,总运输费用为 57150 元。

图 9-60　设置最后一个约束条件

图 9-61　参数设置后的结果

图 9-62　"规划求解结果"对话框

图 9-63　规划求解的计算结果

9.5.4　利用"规划求解"工具设置快捷酒店网点布局

M 快捷酒店计划进入 T 市进行网点布局，根据该市的整体状况，该公司营销部将其分成了核心主城区、经济开发区、周边郊县区和高新技术区四个区域，并从这四个不同区域中拟订了 12 个网点设置 $L_i(i=1,2,3,\cdots,12)$。根据市场调查，这 12 个网点位置的初始投资额和每年的利润预测值如表 9-4 所示。

表 9-4　各区域中每一个网点的初始投资额及其年利润的预测值　　单位：万元

区域 科目	核心主城区				经济开发区		周边郊县区			高新技术区		
	L1	L2	L3	L4	L5	L6	L7	L8	L9	L10	L11	L12
所需投资额	100	180	116	100	210	194	242	88	109	81	178	124
预测年利润	32	45	30	28	64	70	96	25	42	32	78	50

目前，公司总部提出了如下的网点布局指导原则。

● 在该市核心主城区，至少要从 L1、L2、L3、L4 中，选择开发两个网点。
● 在该市经济开发区，至少要从 L5、L6 中，选择开发一个网点。

● 在该市周边郊县区，至多从 L7、L8、L9 中，选择开发两个网点。

● 在该市高新技术区，至多从 L10、L11、L12 中，选择开发两个网点。

请问：在该市的总投资额不超过 1000 万元的前提下，该饭店的营销部应该选择哪几个地点来开发和建设快捷连锁酒店，才能使总的年利润最大？

快捷连锁酒店经营地点的设置问题，是连锁企业经常遇到的一种网点布局问题，类似的还有超市的网点布局、银行储蓄所的网点布局等。对于每一个网点，都存在开发与不开发两种情况，所以这个问题一般用 0-1 整数规划问题来解决。

根据题目中的要求，先要建立网点布局问题的规划求解模型。设 $X_i(i=1,2,3,\cdots,12)$ 为 $0\sim1$ 的变量，也就是说 $X_i=0$ 或者 $X_i=1$。其中结果为 0 表示 Li 网点没有被选中，而结果为 1 则表示 Li 网点被选中。本问题的目标就是使总利润最大，因此，目标函数为

$$MAX_z=32X_1+45X_2+30X_3+28X_4+64X_5+70X_6+96X_7+25X_8+42X_9+32X_{10}+78X_{11}+50X_{12}$$

约束条件有以下几条。

(1) 全部投资总预算不大于 1000 万元，也就是说：$100X_1+180X_2+116X_3+100X_4+210X_5+194X_6+242X_7+88X_8+109X_9+81X_{10}+178X_{11}+124X_{12}\leq1000$。

(2) 在核心主城区，至少选择两个，则有 $X_1+X_2+X_3+X_4\geq2$。

(3) 在经济开发区，至少选择一个，则有 $X_5+X_6\geq1$。

(4) 在周边郊县区，至多选择两个，则有 $X_7+X_8+X_9\leq2$。

(5) 在高新技术区，至多选择两个，则有 $X_{10}+X_{11}+X_{12}\leq2$。

下面介绍如何利用"规则求解"工具来解决上述问题，具体操作步骤如下。

步骤 1　根据上述分析，建立规划求解问题的模型表格，并进行相关项目的格式设置和公式输入，如图 9-64 所示。其中，C5:N6 单元格区域是已知数据所在的单元格区域；C10:N10 单元格区域是决策变量(可变参数)所在的单元格区域；G13:K17 单元格区域是约束条件所在的单元格区域；M15 单元格(合并了 M15:N17 单元格区域后的单元格)为目标函数所在的单元格。在 G13 单元格中输入公式 "=SUMPRODUCT(C5:N5,C10:N10)"；在 G14 单元格中输入公式 "=SUM(C10:F10)"；在 G15 单元格中输入公式 "=SUM(G10:H10)"；在 G16 单元格中输入公式 "=SUM(I10:K10)"；在 G17 单元格中输入公式 "=SUM(L10:N10)"；在 M15 单元格中输入公式 "=SUMPRODUCT(C10:N10,C6:N6)"。

步骤 2　在"数据"选项卡下的"分析"组中单击"规划求解"按钮，弹出"规划求解参数"对话框，在"设置目标"文本框中输入 "$M$15"，然后在"通过更改可变单元格"文本框中输入 "$C$10:$N$10"，接着选中"最大值"单选按钮，最后单击"添加"按钮，如图 9-65 所示。

步骤 3　弹出"添加约束"对话框，在"单元格引用"文本框中输入 "$C$10:$N$10"，选择 "bin" 约束条件，在"约束"文本框中输入"二进制"，然后单击"添加"按钮，如图 9-66 所示。

步骤 4　在"单元格引用"文本框中输入 "$C$10:$N$10"，选择 ">=" 约束条件，在"约束"文本框中输入"0"，然后单击"添加"按钮，如图 9-67 所示。

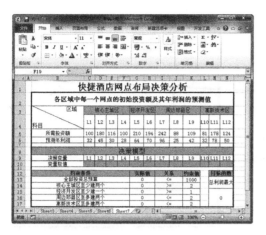

图 9-64　快捷酒店网点布局决策分析的规划求解模型

图 9-65　"规划求解参数"对话框

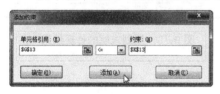

图 9-66　添加第一个约束条件

图 9-67　添加第二个约束条件

步骤 5　在"单元格引用"文本框中输入"$G$13"，选择"<="约束条件，在"约束"文本框中输入"$K$13"，然后单击"添加"按钮，如图 9-68 所示。

步骤 6　在"单元格引用"文本框中输入"$G$14:$G$15"，选择">="约束条件，在"约束"文本框中输入"$K$14:$K$15"，然后单击"添加"按钮，如图 9-69 所示。

图 9-68　添加第三个约束条件

图 9-69　添加第四个约束条件

步骤 7　在"单元格引用"文本框中输入"$G$16:$G$17"，选择"<="约束条件，在"约束"文本框中输入"$K$16:$K$17"，如图 9-70 所示。

步骤 8　单击"确定"按钮返回"规划求解参数"对话框，单击"求解"按钮，如图 9-71 所示。

步骤 9　弹出"规划求解结果"对话框，选中"保留规划求解的解"单选按钮，如图 9-72 所示。

步骤 10　单击"确定"按钮，此时在工作表中即可看到求解结果，如图 9-73 所示。最佳网点布局方案为：在核心主城区的 L1、L2、L3 和 L4 进行网点开发，在经济开发区的 L5 和 L6 进行网点开发，在周边郊县区的 L7 进行网点开发，在高新技术区的 L11 进行网点开发。

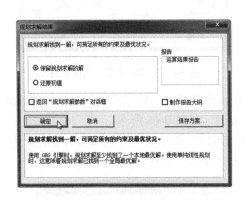

图 9-70　添加最后一个约束条件　　　　图 9-71　设置好参数的"规划求解参数"对话框

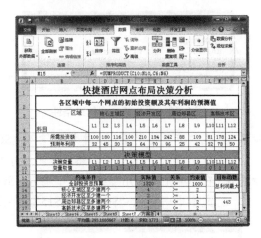

图 9-72　"规划求解结果"对话框　　　　图 9-73　规划求解的计算结果

9.6　专家指导

9.6.1　利用"方案管理器"甄选销售利润的增长方案

利用"方案管理器"工具，可以为任意多的变量存储输入值的不同组合，并为每个组合命名；可以根据名称选择一组值，Excel 会显示使用这组值之后得到的相应数据表。另外，它还可以创建汇总报告，显示不同值组合下的效果，汇总报告既可以是内容纲要，也可以是数据透视表。

下面就通过一个甄选企业销售利润增长方案的实例，说明"方案管理器"的应用方法。如图 9-74 所示，上面部分为某公司 9 月份销售利润计算表，其中带有填充色的单元格是利用右侧单元格中的计算公式计算出来的；下面部分给出了 10 月份的销售计划调整方案，总共给出了 4 种可选方案。

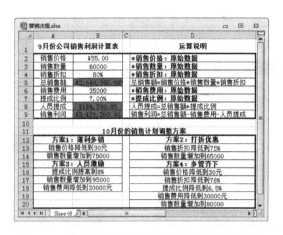

图 9-74   某公司销售利润计算表和计划调整方案

现在要求在不考虑各个方案实施难度的情况下，以图 9-74 中各个方案的相关计划数字，分别计算各种方案下 10 月份的销售利润，并指出哪种方案所带来的销售利润最大，具体操作步骤如下。

步骤 1   单击利润计算表中的任意一个单元格，激活要建立方案的工作表。

步骤 2   在"数据"选项卡下的"数据工具"组中单击"模拟分析"按钮，从弹出的菜单中选择"方案管理器"选项，如图 9-75 所示。

步骤 3   弹出"方案管理器"对话框，单击"添加"按钮，如图 9-76 所示。

图 9-75   选择"方案管理器"选项   图 9-76   "方案管理器"对话框

步骤 4   弹出"添加方案"对话框，在"方案名"文本框中输入"薄利多销"，在"可变单元格"文本框中输入"$B$2:$B$3"，如图 9-77 所示。

步骤 5   单击"确定"按钮，弹出"方案变量值"对话框，在其中输入方案 1"薄利多销"中确定的销售价格"30"和销售数量"75000"，如图 9-78 所示。

步骤 6   单击"确定"按钮，方案 1"薄利多销"创建完毕。

步骤 7   返回"方案管理器"对话框，单击"添加"按钮，在"添加方案"对话框中的"方案名"文本框中输入"打折优惠"，在"可变单元格"文本框中输入"$B$3:$B$4"，如图 9-79 所示。

步骤 8 单击"确定"按钮，弹出"方案变量值"对话框，在其中输入方案 2"打折优惠"中确定的销售数量"65000"和销售折扣"0.75"，如图 9-80 所示。

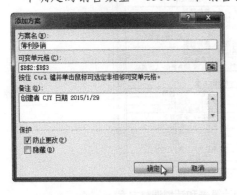

图 9-77 添加方案 1"薄利多销"

图 9-78 "方案变量值"对话框(1)

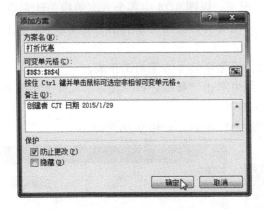

图 9-79 添加方案 2"打折优惠"

图 9-80 "方案变量值"对话框(2)

步骤 9 单击"添加"按钮，弹出"添加方案"对话框，在"方案名"文本框中输入"人员激励"，在"可变单元格"中输入"$B$7,$B$3,$B$6"，如图 9-81 所示。

步骤 10 单击"确定"按钮，弹出"方案变量值"对话框，在其中输入方案 3"人员激励"中确定的提成比例"0.08"、销售数量"95000"和销售费用"30000"，如图 9-82 所示。

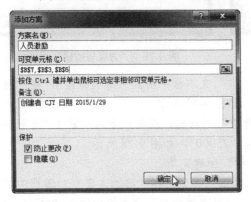

图 9-81 添加方案 3"人员激励"

图 9-82 "方案变量值"对话框(3)

步骤 11　单击"添加"按钮，弹出"添加方案"对话框，在"方案名"文本框中输入"多管齐下"，在"可变单元格"文本框中输入"$B$2,$B$4,$B$7,$B$6,$B$3"，如图 9-83 所示。

步骤 12　单击"确定"按钮，弹出"方案变量值"对话框，在其中输入方案 4"多管齐下"中确定的销售价格"30"、销售折扣"0.76"、提成比例"0.065"、销售费用"30000"和销售数量"80000"，如图 9-84 所示。

步骤 13　单击"确定"按钮，返回"方案管理器"对话框，这时可以看到设置的 4 个方案，如图 9-85 所示。

步骤 14　选取某一个方案，然后单击"显示"按钮，就可以看到该方案所对应的销售利润计算表的变化情况。如图 9-86 所示就是在选择"多管齐下"方案之后，对应的利润计算表的变化情况。可以看到，在"多管齐下"方案下，销售利润为 1675440 元。

图 9-83　添加方案 4"多管齐下"

图 9-84　"方案变量值"对话框(4)

图 9-85　添加 4 个方案后的"方案管理器"

图 9-86　"多管齐下"方案下对应的销售利润

步骤 15　如果逐个查看各个方案的结果不是很方便，用户也可以通过建立方案摘要，很方便地查看 4 个方案的比较结果。方法是在"数据"选项卡下的"数据工具"组中单击"模拟分析"按钮，从弹出的菜单中选择"方案管理器"选项，打开"方案管理器"对话框，单击"摘要"按钮，弹出"方案摘要"对话框，如图 9-87 所示。

步骤 16　在"方案摘要"对话框中，选择报表类型为"方案摘要"，并在"结果单元格"文本框中输入保存方案执行结果的单元格，这里我们输入销售利润数据所在的 B9 单元格。

步骤 17　单击"确定"按钮，方案摘要制作完成，如图 9-88 所示。从图中可以看出，4 种方案中，"人员激励"方案效果最好，其次是"多管齐下""薄利多销""打折优惠"方案。

图 9-87　"方案摘要"对话框

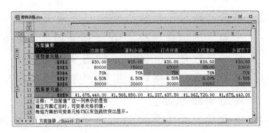

图 9-88　方案摘要

9.6.2　利用 RANDBETWEEN 随机函数模拟有奖销售抽奖

在 Excel 中，专门有一个随机函数即 RAND，其功能就是返回一个大于等于 0、小于 1 的随机数，其语法格式如下：

```
RAND()
```

除了用 RAND 函数能产生位于 0 和 1 之间的随机数之外，Excel 中还有一个 RANDBETWEEN 函数，其功能是产生位于两个指定数值之间的随机数，其语法格式如下：

```
RANDBETWEEN(bottom,top)
```

其中：参数 bottom 为返回的最小随机数；参数 top 为返回的最大随机数。

利用 RANDBETWEEN 函数，可以在进行的有奖促销活动中进行抽奖。例如，某个商场为了促销，举行了一次根据购物小票进行随机抽奖的活动。现在假设 2011 年 10 月份本商场开出购物小票的范围为 2011100001～2011109999。试用 RANDBETWEEN 函数，从这些购物小票中随机抽选出 20 名幸运顾客，并按序号排列。可以用 RANDBETWEEN 函数确定随机抽取出的购物小票编号，然后再利用 SMLL 函数进行排序，具体操作步骤如下。

步骤 1　打开工作簿，插入一个工作表，并重命名为"RANDBETWEEN 函数简单随机抽样"。

步骤 2　在"RANDBETWEEN 函数简单随机抽样"工作表中，按照如图 9-89 所示的样式，输入购物小票的编号范围，并建立用来存储抽取出的幸运小票和对应消费者名单的表格。

步骤 3　选取 D4:D23 单元格区域，输入公式"=RANDBETWEEN($B$3,$B$4)"，按 Ctrl+Enter 组合键，则 D4:D23 单元格区域将随机产生 20 个在给定范围内的购物小票编号，如图 9-90 所示。

说明

　　　　在步骤 3 中的公式中，直接利用 RANDBETWEEN 函数可以很快地产生需要范围内的随机数；而如果使用 RAND 函数，则需要输入公式"=2011100001+INT(1000*RAND())"。

　　　　在输入公式后，要按 Ctrl+Enter 组合键结束，其作用是实现在选定单元格区域中快速输入相同的公式，而不是确认数组公式的输入。

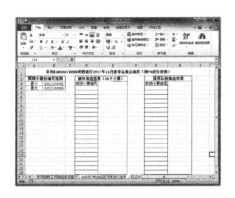

图 9-89　建立表格

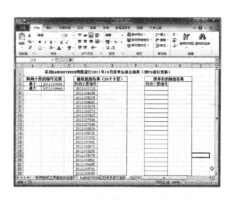

图 9-90　计算出随机的 20 个购物小票编号

步骤 4　选取 G4 单元格，输入公式"=SMALL($D$4:$D$23,ROW()-3)"，获取抽取出的 20
个购物小票中最小的编号；然后选择 G4 单元格，向下拖动填充柄，复制公式至 G23
单元格，获取按序列排列的所有购物小票；之后就建立了随机抽取出的并按编号顺
序排列的 20 个购物小票，如图 9-91 所示。

图 9-91　成功利用 RANDBETWEEN 随机函数模拟有奖销售抽奖

　　步骤 4 是对抽取出的编号，按照数字大小进行升序排列。因为通过"排序"
按钮直接在抽取出的结果上排序不是很方便，所以利用了 SMALL 函数进行排
序。SMALL 函数的第 2 个参数使用了一个无参数函数 ROW()，其作用是返回
当前活动单元格所在的行号。

　　在上面的抽取结果中，如果某一个小票丢失，无人领奖，想重新再选取一
组，则不必重复以上操作，只要按 F9 功能键，就会再重新抽取一组新的编号。
这是随机函数的一个特点——在工作表中输入公式，工作表保存后再打开，或
者按 F9 功能键，RAND 函数和 RANDBETWEEN 函数都会重新产生新的随机
数。如果已经确定抽取的结果，不想再让其变化，可以利用"选择性粘贴"功
能，将抽取出来的结果所在的单元格区域中的公式转化为数值。

9.6.3 利用"抽样"分析工具模拟幸运客户的随机抽选

在 Excel 的"分析工具"加载项中，专门提供了一个"抽样"工具。应用"抽样"工具，可以不必产生随机数而直接实现简单的随机抽样。例如某公司在举行一个产品展销会，会议结束的时候，决定从现场参加产品咨询的 200 个客户中，随机选取 10 名客户赠送样品。假设与会的客户都持有一个编号范围为 001～200 的会议胸牌，现在要用"抽样"工具，抽选出 10 名幸运客户，并按胸牌号排列。

我们可以先用序列输入的方法输入 200 个编号，然后再利用"抽样"工具抽选 10 名幸运客户，最后再利用 SMALL 函数进行排序，具体操作步骤如下。

步骤1 插入一个工作表，并重命名为"使用抽样工具抽选幸运客户"，然后在该工作表中，按照如图 9-92 所示的样式，输入 200 个胸牌的编号，并建立用来存储抽取出的幸运客户编号的表格。

进行上面的操作时，可以先在 A3:A22 单元格区域中输入序列数字；然后在 B3 单元格中输入公式"= A3+20"，按 Enter 键之后，再选取 B3 单元格，并向右拖动填充柄，一直到 J3 单元格，获取 B3:J3 单元格区域的数据；最后，选取 B3:J3 单元格区域，向下拖动填充柄，一直到 B22:J22 单元格区域，这样整个 A3:J22 单元格区域就得到了 200 个数字。

步骤2 在"数据"选项卡下的"分析"组中单击"数据分析"按钮，如图 9-93 所示。

图 9-92 创建表格

图 9-93 单击"数据分析"按钮

步骤3 弹出"数据分析"对话框，在"分析工具"列表框中选择"抽样"选项，然后单击"确定"按钮，如图 9-94 所示。

步骤4 弹出"抽样"对话框，在"输入区域"文本框中，选择前面输入的 200 个数字所在的 A3:J22 单元格区域；在"抽样方法"选项组中选中"随机"单选按钮，在"样本数"文本框中输入本例中设置的幸运客户数量"10"；在"输出选项"选项组中，选中"输出区域"单选按钮，并设定 L3:L12 单元格区域为输出区域，如图 9-95 所示。

图 9-94　"数据分析"对话框

图 9-95　"抽样"对话框

技巧

　　在步骤 4 的操作中，"输出区域"文本框中的"$L$3:$L$12"用户不必自己手动输入，只要将光标定位到其中，然后在工作表中选取对应的区域即可；另外，从"输出选项"选项组中给出的其他选项可以看出，抽样的结果还可以输出到其他的工作表甚至工作簿。

步骤 5　单击"确定"按钮，在指定输出区域就产生了 10 个随机数，如图 9-96 所示。

图 9-96　利用"抽样"工具产生的随机数

步骤 6　选取 N3 单元格，输入公式"=SMALL($L$3:$L$12,ROW()-2)"，获取产生的 10 个随机数中最小的数字；然后选取 N3 单元格，向下拖动填充柄一直复制公式到 N12 单元格，获取按序排列的所有随机数字，也就是随机抽取出的并按顺序排列的 10 个中奖者胸牌编号，如图 9-97 所示。

图 9-97　制作好的按序号排列的 10 个中奖者的胸牌编号

9.6.4　快速选择数据类型相同的单元格

在工作表中如何能快速选中所有数据类型相同的单元格呢？比如说要选择数据类型都是含有公式的"数字"单元格，可是这些单元格都是分散的，有什么好的方法可以快速地把它们全部找出来呢？在 Excel 中，可以利用"定位条件"选项来快速地找到这些单元格，具体操作步骤如下。

步骤 1　在"开始"选项卡下的"编辑"组中单击"查找和选择"按钮，从弹出的菜单中选择"定位条件"选项，如图 9-98 所示。

步骤 2　弹出"定位条件"对话框，选择要定位的数据类型，这里选中"公式"单选按钮，然后选中"数字"复选框，如图 9-99 所示。

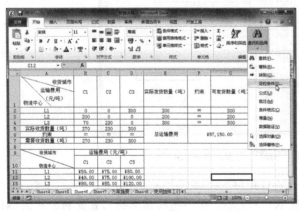

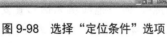

图 9-98　选择"定位条件"选项　　　　图 9-99　"定位条件"对话框

步骤 3　单击"确定"按钮，这时表格中含有公式的"数字"单元格已经全部选中，如图 9-100 所示。

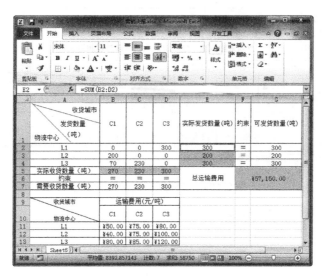

图 9-100　含有公式的"数字"单元格已经全部选中

9.7　实战演练

一、选择题

1. 安装完分析工具库后，"数据分析"按钮会出现在(　　)选项卡下。

　　A. "数据"　　　　　　　　　　B. "加载项"

　　C. "视图"　　　　　　　　　　D. "公式"

2. 下列关于删除坐标轴的说法中，正确的是(　　)。

　　A. 单击要删除的坐标轴，按 Delete 键

　　B. 右击要删除的坐标轴，从弹出的快捷菜单中选择"删除"命令

　　C. 在"图表工具"下的"布局"选项卡中，在"坐标轴"组中单击"坐标轴"按钮，从弹出的菜单中选择"主要横(纵)坐标轴" | "无"选项

　　D. 以上说法均正确

3. 在 Excel 中，"规划求解"工具的组成不包括(　　)。

　　A. 决策变量　　　　　　　　　B. 目标值

　　C. 目标函数　　　　　　　　　D. 约束条件

二、实训题

1. 如图 9-101 所示为某汽车配件公司在进行车轮生产决策时的规划求解模型。请分析该模型的含义，并根据"规划求解参数"对话框中相关内容的设置，分析这里是如何使用"规划求解"工具来解决生产决策中的总利润最大化决策问题的。

图 9-101　车轮生产规划求解模型

2.　添加"方案管理器"功能按钮。

第 10 章

经典实例：投资风险分析

由于环境、条件及有关因素的变动和主观预测能力的局限，一个投资项目的最终收益可能会和预测估计的不一样，但是相差不应很大，不应影响企业后面的发展计划。本章将介绍如何进行投资风险分析，力争让你的预测分析结果靠近真实值。

【本章实例展示】

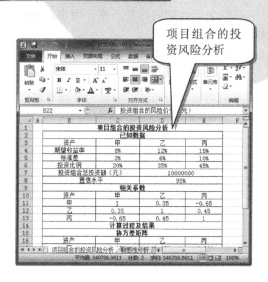

项目组合的投资风险分析

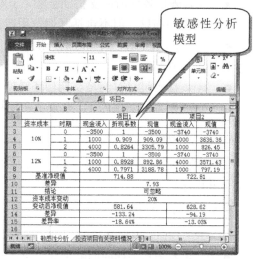

敏感性分析模型

10.1　要点分析

本章将围绕投资风险问题，重点介绍投资风险的衡量、盈亏平衡分析、敏感性分析、概率分析、模拟分析等风险分析方法，以及在一定的风险条件下和通货膨胀风险条件下的投资决策方法等内容，在分析过程中会用到 SQRT 函数、PV 函数、NPV 函数、IRR 函数等。

1．风险价值

风险价值是指在正常的市场条件下和给定的置信度内，市场波动导致某项资产或投资组合在既定时期内可能遭受的最大价值损失。

2．SQRT 函数

SQRT 函数用于返回正平方根。其语法格式如下：

```
SQRT(number)
```

其中：number 表示要计算平方根的数，若为负数，SQRT 函数将返回"#NUM!"错误值。

3．PV 函数

PV 函数用于返回投资的现值。现值为一系列未来付款的当前值的累积和。其语法格式如下：

```
PV(rate,nper,pmt,fv,type)
```

其中：

- rate 表示各期利率。
- nper 表示总投资期，即该项投资的付款期总数。
- pmt 表示各期所应支付的金额，其数值在整个年金期间保持不变。通常，pmt 包括本金和利息，但不包括其他费用或税款。
- fv 表示未来值，或在最后一次支付后希望得到的现金余额，如果省略 fv，则假设其值为 0。
- type 指定付息时间是在期初还是期末，其值可以为 0 或 1。如果为 0 或省略，则表示在期末；如果为 1，则表示在期初。

4．NPV 函数

NPV 函数通过使用贴现率以及一系列未来支出(负值)和收入(正值)，返回一项投资的净现值。其语法格式如下：

```
NPV(rate,value1,value2,…)
```

其中：

- rate 表示某一期间的贴现率，是一固定值。
- value1,value2,…是代表支出及收入的 1～254 个参数。

5．IRR 函数

IRR 函数用于返回由数值代表的一组现金流的内部收益率。这些现金流不必为均衡的，但作为年金，它们必须按固定的间隔产生，如按月或按年。内部收益率为投资的回收利率，其中包含定期支付(负值)和定期收入(正值)。IRR 函数的语法格式如下：

```
IRR(values,guess)
```

其中：

- values 表示数组或单元格的引用，包含用来计算返回的内部收益率的数字。
- guess 表示对 IRR 函数计算结果的估计值。

10.2　投资风险的衡量

由于市场经济不断波动，投资者会不可避免地面临着风险的威胁，对风险进行合理计量和控制是财务管理的重要内容。方差、标准差、协方差、相关系数和 β 系数等作为测算风险程度的数量指标已得到广泛应用。

10.2.1　个别项目的投资风险

对个别项目的投资风险进行分析的具体操作步骤如下。

步骤 1　新建"投资风险分析"工作簿，并将 Sheet1 工作表重命名为"个别项目的投资风险分析"。

步骤 2　在"个别项目的投资风险分析"工作表中创建表格，如图 10-1 所示。

步骤 3　根据实际情况录入相关数据，如图 10-2 所示。

图 10-1　创建表格

图 10-2　录入数据

步骤 4　在 B8 单元格中输入公式 "=NORMSINV(1-C6)"，计算得到 Z 值，如图 10-3 所示。

步骤 5　在 B9 单元格中输入公式 "=C3*(C8*C5+C4)"，计算得到风险价值，如图 10-4 所示。结果显示，该投资者在 1 年内的最大可能投资损失为 54958.84 元。

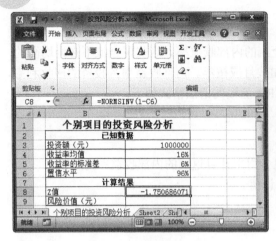

图 10-3　计算得到 Z 值　　　　　　　　　图 10-4　计算得到风险价值

10.2.2　项目组合的投资风险

对项目组合的投资风险进行分析的具体操作步骤如下。

步骤 1　打开"投资风险分析"工作簿，将 Sheet2 工作表重命名为"项目组合的投资风险分析"。

步骤 2　在"项目组合的投资风险分析"工作表中创建表格，如图 10-5 所示。

步骤 3　根据实际情况录入相关数据，如图 10-6 所示。

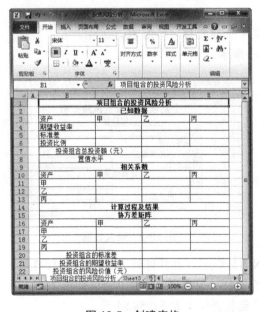

图 10-5　创建表格　　　　　　　　　　图 10-6　录入数据

步骤 4　在 C17 单元格中输入公式"=C11*$C$5*C5"，然后向右填充公式至 E17 单元格，计算得到协方差，如图 10-7 所示。

步骤 5　在 C18 单元格中输入公式"=C12*$D$5*C5"，然后向右填充公式至 E18 单元格，计算得到协方差，如图 10-8 所示。

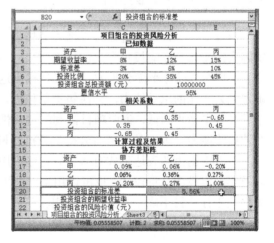

图 10-7　计算得到部分协方差(1)　　　　　　图 10-8　计算得到部分协方差(2)

步骤 6　在 C19 单元格中输入公式"=C13*$E$5*C5"，然后向右填充公式至 E19 单元格，计算得到协方差，如图 10-9 所示。

步骤 7　在 D20 单元格中输入公式"=SQRT(SUMPRODUCT(MMULT(C6:E6,C17:E19),C6:E6))"，计算得到投资组合的标准差，如图 10-10 所示。

图 10-9　计算得到部分协方差(3)　　　　　　图 10-10　计算得到投资组合的标准差

步骤 8　在 D21 单元格中输入公式"=SUMPRODUCT(C4:E4,C6:E6)"，计算得到投资组合的期望收益率，如图 10-11 所示。

步骤 9　在 D22 单元格中输入公式"=D7*(NORMSINV(1−D8)*D20+D21)"，计算得到投资组合的风险价值，如图 10-12 所示。结果表明，在 95%的置信水平下，该投资组合的风险价值为 340706.9611 元。

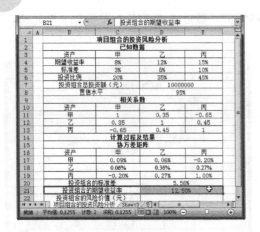

图 10-11　计算得到投资组合的期望收益率

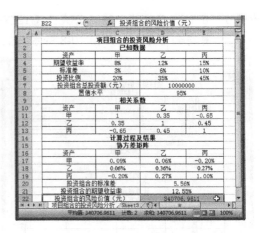

图 10-12　计算得到投资组合的风险价值

10.3　公司特有风险的分析方法

公司特有风险的分析方法有盈亏平衡分析、敏感性分析、概率分析、模拟分析四种，下面将具体进行介绍。

10.3.1　盈亏平衡分析

盈亏平衡分析是通过盈亏平衡点分析项目成本与收益的平衡关系的一种方法。各种不确定因素的变化会影响投资方案的经济效果，当这些因素的变化达到某一临界值时，就会影响方案的取舍。盈亏平衡分析的目的就是找出这个临界值，即盈亏平衡点，判断投资方案对不确定因素变化的承受能力，为决策提供依据。

盈亏平衡点越低，说明项目盈利的可能性越大，亏损的可能性越小，即项目有较大的抗经营风险能力。因为盈亏平衡分析是分析产量、成本与利润的关系，所以又称量本利分析。

盈亏平衡点的表达形式有多种。它可以用实物产量、单位产品售价、单位产品可变成本以及年固定成本总量表示，也可以用生产能力利用率等相对量表示，其中产量与生产能力利用率是进行项目不确定性分析中应用较广的。根据生产成本、销售收入与产量之间是否呈线性关系，盈亏平衡分析可分为线性盈亏平衡分析和非线性盈亏平衡分析。

10.3.2　敏感性分析

敏感性分析是用来衡量投资项目中某个因素的变动对该项目预期结果影响程度的一种方法。通过敏感性分析，可以明确敏感的关键问题，避免绝对化偏差，防止决策失误，进而增强在关键环节问题上的执行力。在复杂的投资环境中，影响投资项目净现值的因素是多方面的，各方面因素又是相互关联的，要实现预期目标，需要采取综合措施。借助于 Excel，可以实现自动化分析。用 Excel 进行敏感性分析的具体操作步骤如下。

步骤 1 打开"投资风险分析"工作簿，将 Sheet3 工作表重命名为"敏感性分析"。

步骤 2 在"敏感性分析"工作表中创建表格，如图 10-13 所示。

步骤 3 根据实际情况录入相关数据，如图 10-14 所示。

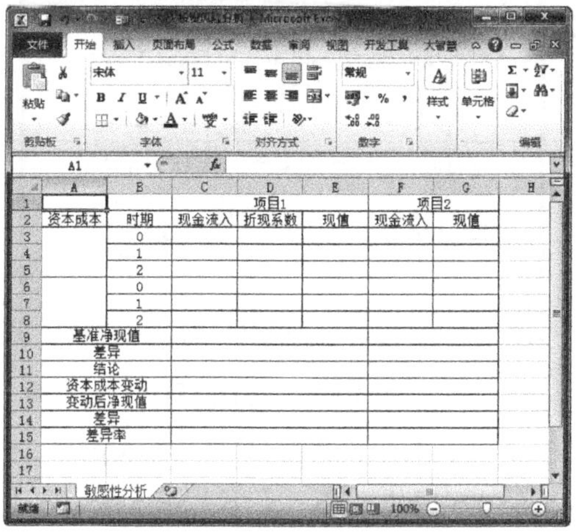

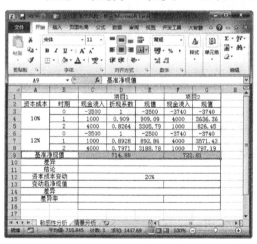

图 10-13 创建表格

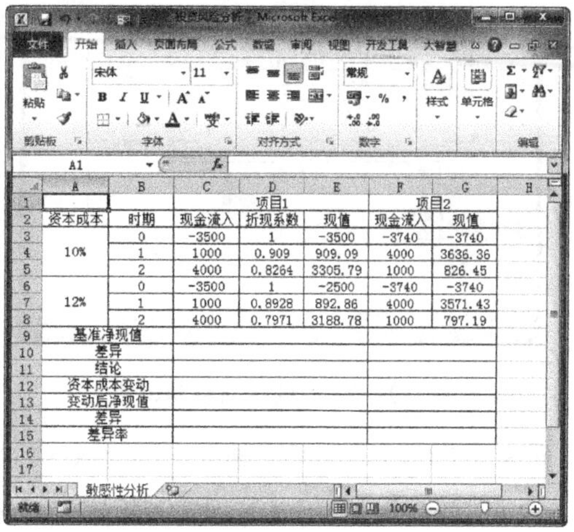

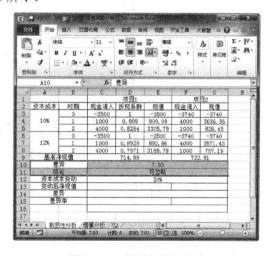

图 10-14 录入数据

步骤 4 在 C9 单元格中输入公式"=E3+E4+E5"，在 F9 单元格中输入公式"=G3+G4+G5"，得到基准净现值，如图 10-15 所示。

步骤 5 在 C10 单元格中输入公式"=F9-C9"，得到两项目之间的基准净现值差异为 7.93，因此，结论为"可忽略"，如图 10-16 所示。

图 10-15 得到基准净现值

图 10-16 得到差异和结论

步骤 6 在 C13 单元格中输入公式"=E6+E7+E8"，在 F13 单元格中输入公式"=G6+G7+G8"，得到变动后净现值，如图 10-17 所示。

步骤 7 在 C14 单元格中输入公式"=C13-C9"，在 F14 单元格中输入公式"=F13-F9"，得到净现值差异，如图 10-18 所示。

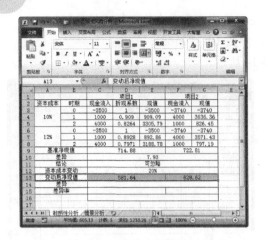

	A	B	C	D	E	F	G
1			项目1			项目2	
2	资本成本	时期	现金流入	折现系数	现值	现金流入	现值
3	10%	0	-3500	1	-3500	-3740	-3740
4		1	1000	0.909	909.09	4000	3636.36
5		2	4000	0.8264	3305.79	1000	826.45
6	12%	0	-3500	1	-3500	-3740	-3740
7		1	1000	0.8928	892.86	4000	3571.43
8		2	4000	0.7971	3188.78	1000	797.19
9	基准净现值		714.88			722.81	
10	差异		7.93				
11	结论		可忽略				
12	资本成本变动		20%				
13	变动后净现值		581.64			628.62	
14	差异						
15	差异率						

图 10-17　得到变动后净现值

	A	B	C	D	E	F	G
1			项目1			项目2	
2	资本成本	时期	现金流入	折现系数	现值	现金流入	现值
3	10%	0	-3500	1	-3500	-3740	-3740
4		1	1000	0.909	909.09	4000	3636.36
5		2	4000	0.8264	3305.79	1000	826.45
6	12%	0	-3500	1	-3500	-3740	-3740
7		1	1000	0.8928	892.86	4000	3571.43
8		2	4000	0.7971	3188.78	1000	797.19
9	基准净现值		714.88			722.81	
10	差异		7.93				
11	结论		可忽略				
12	资本成本变动		20%				
13	变动后净现值		581.64			628.62	
14	差异		-133.24			-94.19	
15	差异率						

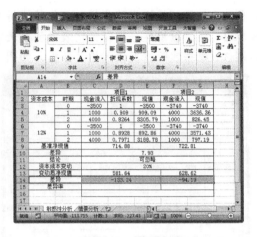

图 10-18　得到差异

步骤 8　在 C15 单元格中输入公式“=C14/C9”，在 F15 单元格中输入公式“=F14/F9”，得到变动前后差异率，如图 10-19 所示。从表中可以看出，资本成本上升，净现值均下降，且下降速度均小于上升速度，因此，净现值的变动对于资本成本的变动不敏感；两项目相比，项目 1 的净现值变动对于资本成本变动的敏感性大于项目 2，因此，项目 1 风险更大。

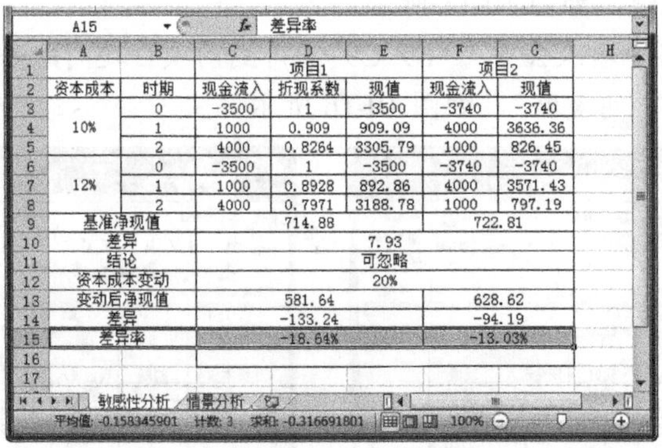

	A	B	C	D	E	F	G
1			项目1			项目2	
2	资本成本	时期	现金流入	折现系数	现值	现金流入	现值
3	10%	0	-3500	1	-3500	-3740	-3740
4		1	1000	0.909	909.09	4000	3636.36
5		2	4000	0.8264	3305.79	1000	826.45
6	12%	0	-3500	1	-3500	-3740	-3740
7		1	1000	0.8928	892.86	4000	3571.43
8		2	4000	0.7971	3188.78	1000	797.19
9	基准净现值		714.88			722.81	
10	差异		7.93				
11	结论		可忽略				
12	资本成本变动		20%				
13	变动后净现值		581.64			628.62	
14	差异		-133.24			-94.19	
15	差异率		-18.64%			-13.03%	

图 10-19　得到差异率

10.3.3　概率分析

投资项目敏感性分析反映了投资项目中某个因素的变动对该项目预期结果的影响程度，有助于抓住重点因素以寻求对策。但敏感性分析没有解决影响投资项目的各个因素在未来向不利方向变动的可能性大小问题。因此，投资项目风险的全面分析，仅用敏感性分析还不够。应通过敏感性分析，找到关键因素，进一步进行概率分析，进而对投资项目风险做出综合判断。

概率分析是指通过图形或列表方式来分析投资项目产生的现金流序列，对各种可能情况估计出其发生的概率，在此基础上计算投资项目净现值的期望值、标准差和变差系数，从而判断投资风险的一种方法。概率分析包括各年现金流完全无关、各年现金流完全相关、各年

现金流部分相关三种不同情况的分析。

　　各年现金流完全无关是指投资项目的各期现金流之间没有因果关系，即某年现金流发生哪种结果不依赖于上一年的情况。各年现金流完全相关是指投资项目各年现金流以完全一样的方式发生偏离，即每年的实际现金流相对于预计现金流分布的均值的偏离程度都相同，某年现金流发生哪种结果完全取决于上一年现金流的情况。各年现金流部分相关是指投资项目各年现金流既不完全相关也不完全无关，某年现金流发生哪种结果在一定程度上取决于上一年现金流的情况。

　　在各年现金流完全无关的情况下，衡量投资项目风险的有关指标的计算公式如下：

　　第 t 年净现金流量的期望值

$$= \sum_{m=1}^{n} \text{第}t\text{年第}m\text{种情况下的净现金流量} \times \text{第}t\text{年第}m\text{种情况发生的概率}$$

其中：n 为第 t 年出现可能情况的种数。

　　第 t 年净现金流量的标准差=

$$\sqrt{\sum_{m=1}^{n} \left(\text{第}t\text{年第}m\text{种情况下的净现金流量} - \text{第}t\text{年净现金流量的期望值} \right)^2 \times \text{第}t\text{年第}m\text{种情况发生的概率}}$$

投资项目净现值的期望值 $= \sum_{t=0}^{j} \dfrac{\text{第}t\text{年净现金流量的期望值}}{\left(1 + \text{无风险利率}\right)^{t}}$

其中：j 为投资项目的寿命期。因为投资项目的风险已经通过概率来反映，所以计算现值时所用的贴现率为无风险利率。

投资项目净现值的总体标准差 $= \sqrt{\sum_{t=1}^{j} \dfrac{\text{第}t\text{年现金流量的标准差}^2}{\left(1 + \text{无风险利率}\right)^{2t}}}$

变差系数 $= \dfrac{\text{投资项目净现值的标准差}}{\text{投资项目净现值的期望值}}$

　　在各年现金流完全相关的情况下，每年净现金流量的期望值、标准差以及投资项目净现值的期望值和变差系数的计算与各年现金流完全无关情况的计算公式一样，所不同的是投资项目净现值的总体标准差的计算，其计算公式为

投资项目净现值的总体标准差 $= \sqrt{\sum_{t=1}^{j} \dfrac{\text{第}t\text{年现金流量的标准差}}{\left(1 + \text{无风险利率}\right)^{t}}}$

　　在各年现金流部分相关的情况下，第一年现金流的结果不依赖于以前的情况，每一种现金流发生的概率称为初始概率；从第二年开始，每一年现金流的结果将取决于上一年的情况，因此每一种可能的现金流发生的概率称为条件概率；各年的现金流序列构成多种可能的组合，每一种特定的现金流组合可能发生的概率称为联合概率。在各年现金流部分相关的情况下，投资项目净现值的期望值和总体标准差的计算公式为

投资项目净现值的期望值 $= \sum_{m=1}^{n} \text{以无风险利率计算的各种组合的净现值} \times \text{第}m\text{种现金流组合的联合概率}$

$$总体标准差=\sqrt{\sum_{m=1}^{n}\left(每种组合的净现值-净现值的期望值\right)^2 \times \begin{array}{c}第m种现金流\\组合的联合概率\end{array}}$$

下面在 Excel 中设计表格，显示投资项目有关资料情况，具体操作步骤如下。

步骤 1　打开"投资风险分析"工作簿，新建一张工作表，并且将其重命名为"投资项目有关资料情况"。

步骤 2　根据实际情况设计表格，效果如图 10-20 所示。

步骤 3　在 B15 单元格中输入"=SUMPRODUCT(A8:A12,B8:B12)"。

步骤 4　在 B16 单元格中输入"=SUMPRODUCT(C8:C12,D8:D12)"。

步骤 5　在 B17 单元格中输入"=SUMPRODUCT(E8:E12,F8:F12)"。

步骤 6　在 E15 单元格中输入"=SQRT(SUMPRODUCT((A8:A12−B15)^2,B8:B12))"。

步骤 7　在 E16 单元格中输入"=SQRT(SUMPRODUCT((C8:C12−B16)^2,D8:D12))"。

步骤 8　在 E17 单元格中输入"=SQRT(SUMPRODUCT((E8:E12−B17)^2,F8:F12))"。

步骤 9　在 D19 单元格中输入"=NPV(D5,B15:D17)−D3"。

步骤 10　在 D20 单元格中输入"=SQRT(E15^2/(1+D5)^2+E16^2/(1+D5)^4+E17^2/(1+D5)^6)"。

步骤 11　在 D21 单元格中输入"=D20/D19"。

步骤 12　在 D23 单元格中输入"=NPV(D5,B15:D17)−D3"。

步骤 13　在 D24 单元格中输入"=SQRT(E15/(1+D5) +E16/(1+D5)^2+E17/(1+D5)^3)"。

步骤 14　在 D25 单元格中输入"=D24/D23"。

步骤 15　输入完成后得到计算结果，如图 10-21 所示。

图 10-20　设置表格　　　　　　　　图 10-21　计算结果

计算结果表明，该项目的净现值期望值在各年现金流完全无关和完全相关两种情况下是相同的，但各年现金流完全无关时，该投资项目净现值的总体标准差和变差系数都大于各年现金流完全相关时的对应值，这说明各年现金流完全相关具有分散风险的效应。下面对项目进行风险分析，具体操作步骤如下。

步骤 1　打开"投资风险分析"工作簿，新建一张工作表，并重命名为"投资项目风险分析模型"。

步骤 2　根据实际情况设计表格，效果如图 10-22 所示。

步骤 3　定义各现金流序列对应的净现值计算公式。在 H8 单元格中输入"=NPV($D$5,A8,C8,E8)-$D$3"。

步骤 4　拖动 H8 单元格右下角的填充柄到 H19 单元格，得到 H9:H19 单元格区域的公式。

步骤 5　定义各现金流序列对应的联合概率的计算公式。在 I8 单元格中输入"=B8*D8*F8"。

步骤 6　拖动 I8 单元格右下角的填充柄到 I19 单元格，得到 I9:I19 单元格区域的公式。

步骤 7　定义投资项目净现值的期望值的计算公式。在 F21 单元格中输入"=SUMPRODUCT(H8:H19,I8:I19)"。

步骤 8　定义投资项目净现值的标准差的计算公式。在 F22 单元格中输入"=SQRT(SUMPRODUCT((H8:H19-F21)^2,I8:I19))"。

步骤 9　定义变差系数的计算公式。在 F23 单元格中输入"=F22/F21"。

步骤 10　计算完成后，得到的结果如图 10-23 所示。

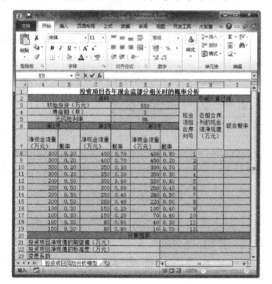

图 10-22　设置表格

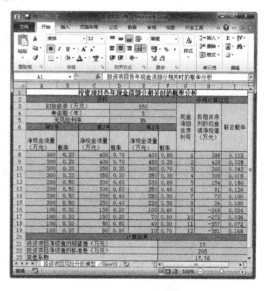

图 10-23　计算结果

计算结果表明，在 12 种现金流组合序列中，有 8 种现金流组合的净现值为正，4 种现金流组合的净现值为负，投资项目净现值的期望值为 15 万元，标准差为 265 万元，变差系数为 17.76，这一方面说明投资项目具有可行性，另一方面又表明该投资项目的风险较大。

10.3.4　模拟分析

在 Excel 中，利用蒙特卡罗模拟法分析投资项目风险的基本思路和方法是：估计影响投资项目净现值的各关键因素各种可能结果的概率，对每个因素根据其各种可能出现结果的概率分配相应的随机数，形成每个因素所服从的概率分布，利用 Excel 随机函数

RANDBETWEEN 产生随机数，然后利用 VLOOKUP 函数来查找对应随机数的变量数值，根据每个因素选定的数值，应用评价模型计算投资项目的净现值指标，完成一次模拟过程，将结果存储起来，重复进行模拟计算，进行足够多次的模拟计算后，得到投资项目净现值的期望值、标准差及变差系数，从而判断投资项目的风险。

用蒙特卡罗模拟法对投资项目风险进行计算分析的具体操作步骤如下。

步骤 1 打开"投资风险分析"工作簿，新建一张工作表，并将其重命名为"蒙特卡罗模拟方法"。

步骤 2 在"蒙特卡罗模拟方法"工作表中创建表格，如图 10-24 所示。

步骤 3 根据实际情况录入相关数据，如图 10-25 所示。

图 10-24　创建表格　　　　　　　　图 10-25　录入数据

步骤 4 在 A20 单元格中输入第 1 年销售量的随机数计算公式"=RANDBETWEEN(0,99)"，并将此单元格公式复制到 C20、F20、H20、K20、M20 单元格中，计算出第 1 年单位变动成本随机数以及第 2 年、第 3 年的销售量和单位变动成本的随机数，如图 10-26 所示。

步骤 5 在 B20 单元格中输入公式"=VLOOKUP(A20,$G$8:$H$11,2)"，在 G20 单元格中输入公式"=VLOOKUP(F20,$K$8:$L$11,2)"，在 L20 单元格中输入公式"=VLOOKUP(K20,$O$8:$P$11,2)"，查找得到第 1 年、第 2 年、第 3 年销售量的可能值，如图 10-27 所示。

步骤 6 在 D20 单元格中输入公式"=VLOOKUP(C20,$G$12:$H$15,2)"；在 I20 单元格中输入公式"=VLOOKUP(H20,$K$12:$L$15,2)"；在 N20 单元格中输入公式"=VLOOKUP(M20,$O$12:$P$15,2)"，查找得到第 1 年、第 2 年、第 3 年单位变动成本的可能值，如图 10-28 所示。

步骤 7 在 E20 单元格中输入公式"=(B20*($M$5-D20)-$M$4)*(1-$M$3)+($E$2-$E$4)/$E$3*$M$3"，在 J20 单元格中输入公式"=(G20*($M$5-I20)-$M$4)*(1-$M$3)+($E$2-$E$4)/$E$3*$M$3"，

在 O20 单元格中输入公式 "=(L20*($M$5-N20)-$M$4)*(1-$M$3)+($E$2-$E$4)/$E$3*$M$3"，得到第 1 年、第 2 年、第 3 年的净现金流量，如图 10-29 所示。

图 10-26　得到随机数

图 10-27　得到销售量的可能值

图 10-28　得到变动成本的可能值

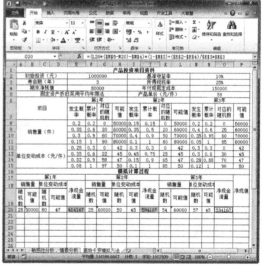

图 10-29　得到净现金流量

步骤 8　在 P20 单元格中输入公式 "=NPV($M$2,E20,J20,O20)-$E$2"，完成对投资项目的净现值进行的第一次模拟运算，如图 10-30 所示。

步骤 9　利用 Excel 的自动填充功能快速进行公式的复制。选取单元格区域 A20:P20，拖动右下角的填充柄至 A39:P39，得到 20 次模拟计算结果，如图 10-31 所示。

图 10-30　得到净现值　　　　　　图 10-31　得到 20 次模拟计算结果

步骤 10　进行统计分析。在 R9 单元格中输入公式"=AVERAGE(P20:P39)"，在 R10 单元格中输入公式"=STDEV(P20:P39)"，在 R11 单元格中输入公式"=COUNTIF (P20:P39,"<0")/COUNT(P20:P39)"，结果如图 10-32 所示。

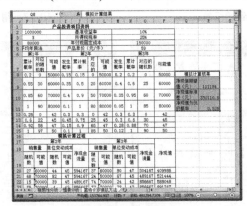

图 10-32　得到计算结果

10.4　市场风险的分析方法

市场风险是指因市场价格的不利变动而使银行表内和表外业务发生损失的风险。市场风险存在于银行的交易和非交易业务中。

10.4.1　单一经营法

单一经营法是指首先在市场上寻找与投资项目生产相同产品的已上市的单一经营公司，再根据该单一经营公司股票的 β 系数确定投资项目的 β 系数。因为已上市的公司有股票价格的历史数据，根据这些历史数据和股票市场指数之间的关系可以求出股票的 β 系数，而且有些证券经营或研究机构还会定期公布很多公司股票的β系数供投资者参考。

10.4.2 会计法

会计法即会计收益率法，是指使用会计报表数据和会计收益与成本理论计算投资回报率的方法，常用于投资项目评估。

会计收益率的计算公式如下：

会计收益率=年平均收益/原始投资额

下面将举例说明如何得到会计收益率，其中两种方案的资金成本均为14%，具体操作步骤如下。

步骤1 打开"投资风险分析"工作簿，新建一张工作表，并将其重命名为"会计法"，在其中创建表格，如图10-33所示。

步骤2 在该表格中输入相关数据，如图10-34所示。

图10-33 创建表格

图10-34 输入相关数据

步骤3 选中D4单元格，在其中输入计算公式"=(C5+C6+C7+C8+C9)/5/B4"，按Enter键，得到方案一的会计收益率，如图10-35所示。

步骤4 选中G4单元格，在其中输入计算公式"=(F5+F6+F7+F8)/4/E4"，按Enter键，得到方案二的会计收益率，如图10-36所示。由于方案一、二的会计收益率均大于资金成本，所以二者均可取。但因方案二比方案一具有较高的会计收益率，故选择方案二。

图10-35 得到方案一的会计收益率

图10-36 得到方案二的会计收益率

会计法的优点包括：它是一种衡量盈利性的简单方法，使用的概念易于理解；使用财务报告的数据容易取得；考虑了整个项目寿命期的全部利润；揭示了采纳一个项目后财务报表将如何变化，使经理人员知道业绩的预期，也便于对项目的评估。

会计法的缺点包括：使用账面收益而非现金流量，忽视了折旧对现金流量的影响；忽视了净收益的时间分布对于项目经济价值的影响。

10.5 风险条件下的投资决策

风险条件下的投资决策是一个重要的环节。人们在评价长期投资决策时，大多假定现金流量或投资贴现率是确定的，而投资活动实际上存在着不确定性。若面临的风险较小，那么在进行投资决策分析时，可以忽略风险；若面临的风险较大，就需重新估计和评价备选方案。

投资项目风险管理的关键是投资项目风险处置问题，投资项目风险处置就是针对风险对投资项目的影响，适当地对风险因素加以分析与计量，然后再进行投资项目的评价，方法有按风险调整贴现率法和按风险调整现金流量法。

10.5.1 按风险调整贴现率法

按风险调整贴现率法的思路是，对于高风险的投资项目采用较高的贴现率计算净现值，以剔除高风险对长期投资项目决策的影响，从而能够比较稳健地进行项目评估分析。风险调整后的净现值计算公式为

$$风险调整后净现值=\sum_{t=0}^{n}\frac{预期现金流量}{(1+风险调整贴现率)^t}$$

该方法的关键在于如何根据风险的大小来确定风险调整贴现率。风险调整贴现率是风险项目满足投资人要求的报酬率，项目的风险越大，要求的报酬率越高。风险调整贴现率的计算公式为

风险调整贴现率=无风险报酬率+项目的β系数×(市场平均报酬率-无风险报酬率)

下面将举例说明按风险调整贴现率法的应用，具体操作步骤如下。

步骤1 打开"投资风险分析"工作簿，新建一张工作表，并将其重命名为"按风险调整贴现率法"，在其中创建表格，如图10-37所示。

步骤2 根据实际情况输入相关数据，如图10-38所示。

步骤3 在D6单元格中输入公式"=$D$2+D4*($D$3-$D$2)"，按Enter键，得到甲项目的风险调整贴现率，如图10-39所示。

步骤4 在D7单元格中输入公式"=$D$2+D5*($D$3-$D$2)"，按Enter键，得到乙项目的风险调整贴现率，如图10-40所示。

步骤5 在D9单元格中输入公式"=-PV($D$2,B9,,1)"，按Enter键，然后利用Excel的自动填充技术定义D10:D14单元格区域和D16:D21单元格区域中各单元格的公式，如图10-41所示。

步骤6 在E9单元格中输入公式"=-PV($D$6,B9,,1)"，按Enter键，然后利用Excel的自

动填充技术定义 E10:E14 单元格区域中各单元格的公式，如图 10-42 所示。

图 10-37　创建表格

图 10-38　输入相关数据

图 10-39　得到甲项目的风险调整贴现率

图 10-40　得到乙项目的风险调整贴现率

图 10-41　得到现值系数(风险未调整)

图 10-42　得到甲项目的现值系数(风险调整)

步骤 7　在 E16 单元格中输入公式 "=-PV($D$7,B16, ,1)"，按 Enter 键，然后利用 Excel 的

自动填充技术定义 E17:E21 单元格区域中各单元格的公式，如图 10-43 所示。

步骤 8 在 F9 单元格中输入公式 "=C9*D9"，按 Enter 键，然后利用 Excel 的自动填充技术定义 F10:F14 单元格区域和 F16:F21 单元格区域中各单元格的公式，如图 10-44 所示。

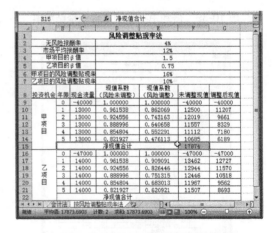

图 10-43 得到乙项目的现值系数(风险调整)　　　图 10-44 得到未调整现值

步骤 9 在 G9 单元格中输入公式 "=C9*E9"，按 Enter 键，然后利用 Excel 的自动填充技术定义 G10:G14 单元格区域和 G16:G21 单元格区域中各单元格的公式，如图 10-45 所示。

步骤 10 在 F15 单元格中输入公式 "=SUM(F9:F14)"，按 Enter 键确认输入，得到甲项目的未调整现值总和，如图 10-46 所示。

图 10-45 得到调整后现值　　　图 10-46 得到甲项目的未调整现值总和

步骤 11 在 G15 单元格中输入公式 "=SUM(G9:G14)"，按 Enter 键确认输入，得到甲项目的调整后现值总和，如图 10-47 所示。

步骤 12　在 F22 单元格中输入公式 "=SUM(F16:F21)"，按 Enter 键确认输入，得到乙项目的未调整现值总和，如图 10-48 所示。

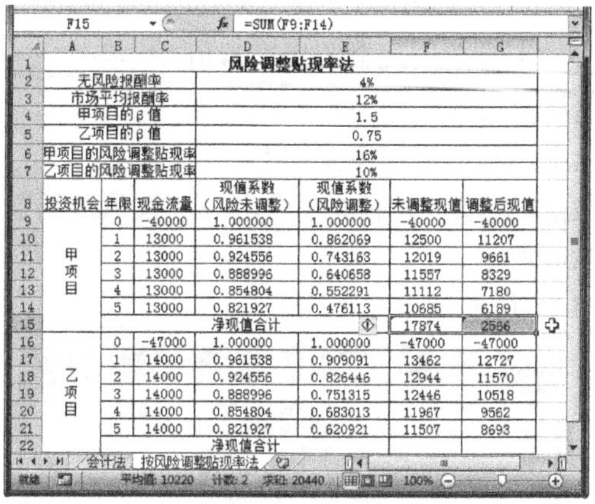

图 10-47　得到甲项目的调整后现值总和 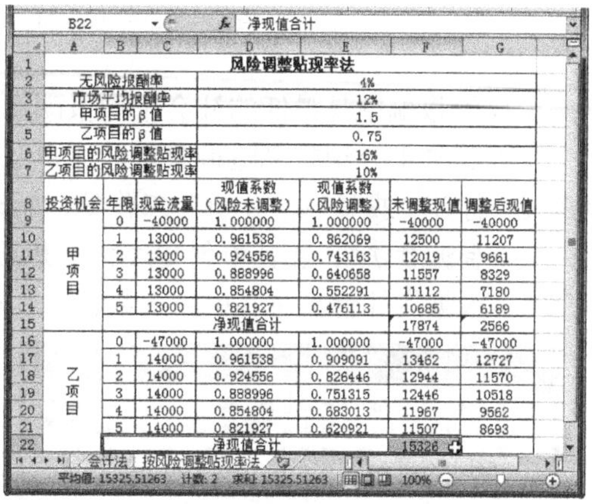　　　　图 10-48　得到乙项目的未调整现值总和

步骤 13　在 G22 单元格中输入公式 "=SUM(G16:G21)"，按 Enter 键确认输入，得到乙项目的调整后现值总和，如图 10-49 所示。从图中可以看出，贴现率调整前，对比甲项目和乙项目的净现值，甲项目要优于乙项目；使用贴现率调整后，乙项目要明显优于甲项目。因此，如果不进行调整，就有可能导致错误的决策。在实际工作中，风险调整贴现率比肯定当量系数容易估计，同时，使用贴现率也更符合人们的决策习惯。

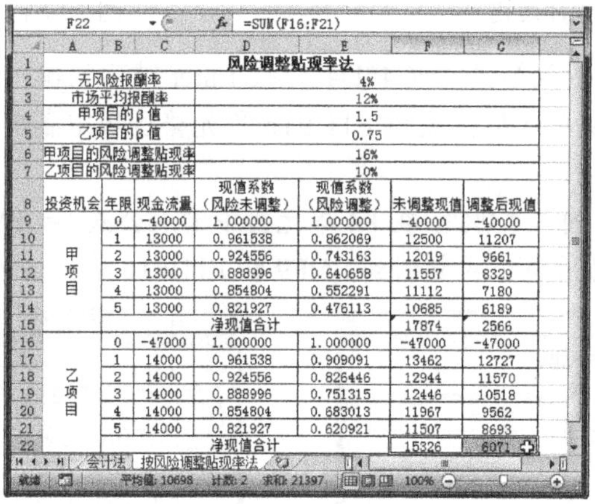

图 10-49　得到乙项目的调整后现值总和

10.5.2　按风险调整现金流量法

按风险调整现金流量法又称肯定当量法，它是将不确定的期望现金流量按肯定当量系数调整为确定的现金流量，然后再用无风险报酬率来评价风险投资项目的方法。其计算公式如下：

$$风险调整后净现值=\sum_{t=0}^{n}\frac{第t年的现金流量的肯定当量系数\times现金流量期望值}{(1+无风险报酬率)^{n}}$$

$$某年的现金流量肯定当量系数=\frac{肯定的现金流量}{不肯定的现金流量期望值}$$

无风险报酬率是最低的社会平均报酬率，往往根据国库券的利率确定。

下面将详细介绍按风险调整现金流量法的应用，具体操作步骤如下。

步骤 1　打开"投资风险分析"工作簿，新建一张工作表，并将其重命名为"按风险调整现金流量法"，在其中创建表格，如图 10-50 所示。

步骤 2　根据实际情况向其中输入数据，如图 10-51 所示。

图 10-50　创建表格

图 10-51　输入相关数据

步骤 3　在 E4 单元格中输入公式"=C4*D4"，按 Enter 键确认输入，利用 Excel 的自动填充技术定义 E5:E9 单元格区域和 E11:E16 单元格区域中各单元格的公式，如图 10-52 所示。

步骤 4　在 D2 单元格中输入"4%"，在 F4 单元格中输入公式"=-PV($D$2,B4, ,1)"，按 Enter 键确认输入，然后将公式复制到 F5:F9 和 F11:F16 单元格区域中，如图 10-53 所示。

图 10-52　得到肯定现金流量(确定)

图 10-53　得到现值系数

步骤 5　在 G4 单元格中输入公式"=C4*F4"，按 Enter 键确认输入，然后将公式复制到 G5:G9 和 G11:G16 单元格区域中，如图 10-54 所示。

步骤 6　在 H4 单元格中输入公式"=E4*F4"，按 Enter 键确认输入，然后将公式复制到 H5:H9 和 H11:H16 单元格区域中，如图 10-55 所示。

图 10-54　得到未调整现值　　　　　　　　　图 10-55　得到调整后现值

步骤 7　在 G10 单元格中输入公式"=SUM(G4:G9)"，按 Enter 键确认输入，如图 10-56 所示。

步骤 8　在 H10 单元格中输入公式"=SUM(H4:H9)"，按 Enter 键确认输入，如图 10-57 所示。

图 10-56　得到甲项目的未调整现值总和　　　图 10-57　得到甲项目的调整后现值总和

步骤 9　在 G17 单元格中输入公式"=SUM(G11:G16)"，按 Enter 键确认输入，如图 10-58 所示。

步骤 10　在 H17 单元格中输入公式"=SUM(H11:H16)"，按 Enter 键确认输入，如图 10-59 所示。从图中可以看出，在调整前和调整后，甲、乙两个投资项目的净现值有较大变化。调整前，甲项目的净现值大于乙项目的净现值，甲项目优于乙项目，调整后则相反。

Excel 在市场营销与销售管理中的应用

图 10-58　得到乙项目的未调整现值总和　　　　图 10-59　得到乙项目的调整后现值总和

10.6　通货膨胀风险条件下的投资决策

投资的目的在于获取投资收益，而投资收益与投资风险往往又是相伴而生的，所以在一定的风险下，好的投资决策方法尤为重要。

10.6.1　通货膨胀条件下的利率和现金流量

通货膨胀是指在一定时期内，物价水平持续、普遍上涨的经济现象。在通货膨胀形势下，投资理财必须考虑通货膨胀对投资项目现金流量和资本成本产生的影响。

通货膨胀时期，客观上存在着名义资本成本和实际资本成本、名义现金流和实际现金流的区别。名义资本成本就是没有扣除通货膨胀影响的资本成本，名义现金流就是没有扣除通货膨胀影响的现金流，扣除通货膨胀影响之后的资本成本和现金流则分别为实际资本成本和实际现金流。

名义利率与实际利率之间的关系为

$$名义利率=(1+实际利率)(1+通货膨胀率)-1$$

或　　　　　　　　　　$$实际利率=(1+名义利率)/(1+通货膨胀率)-1$$

通货膨胀时期，投资项目净现金流量的计算公式为

$$[Q_tP_t(1+r_1)^t-Q_tV_t(1+r_2)^t-F_t(1+r_3)^t]\times(1-T)+D_tT$$

其中：Q_t 为第 t 年的销售量；P_t 为第 t 年的产品价格；V_t 为第 t 年的单位变动成本；F_t 为第 t 年的付现固定成本；T 为所得税税率；D_t 为第 t 年的折旧率；r_1 为因通货膨胀引起的产品价格年增长率；r_2 为因通货膨胀引起的单位变动成本年增长率；r_3 为因通货膨胀引起的付现固定成本年增长率。

10.6.2　通货膨胀条件下的投资决策

在通货膨胀条件下进行投资决策分析，评估指标的计算应遵循一致性原则。

在通货膨胀条件下，投资决策要考虑的第一个问题是现金流与折现率一致性问题，即名义现金流以名义资本成本进行折现，实际现金流以实际资本成本进行折现，以维持现金流与折现率的一致性。

与此相对应，通货膨胀条件下的投资决策方法主要有剔除法和吸纳法两种。剔除法是指在对投资方案折现率和现金流量进行分析的过程中，同时将通货膨胀因素的影响从现金流量和折现率中予以剔除，在此基础上采用实际资本成本对各年的实际现金流量进行折现，计算净现值等评价指标，最后做出相应的决策。吸纳法是指在对投资方案现金流量和折现率进行分析的过程中，同时将通货膨胀因素的影响加入到现金流量和折现率的估计中，在此基础上采用名义资本成本对各年的名义现金流量进行折现，计算净现值等评价指标，最后做出相应的决策。无论采用哪种方法，最终决策结论是一致的。

建立在通货膨胀风险条件下的投资决策分析模型的具体操作步骤如下。

步骤 1　打开"投资风险分析"工作簿，新建一张工作表，并将其重命名为"投资决策分析"。

步骤 2　在该工作表中创建"通货膨胀风险条件下的投资决策分析"表格，如图 10-60 所示。

步骤 3　按照实际情况，向其中录入相关数据，如图 10-61 所示。

步骤 4　在 D5 单元格中输入公式 "=-B3"。

步骤 5　在 D6 单元格中输入公式 "= IF(C6<>5,($B$8*$B$9*POWER(1+$B$13,C6)-$B$8*$B$10*POWER(1+$B$14,C6)-$B$11*POWER(1+$B$15,C6))*(1-$B$7)+($B$3-$B$5)/$B$4*$B$7,($B$8*$B$9*POWER(1+$B$13,C6)-$B$8*$B$10*POWER(1+$B$14,C6)-$B$11*POWER(1+$B$15,C6))*(1-$B$7)+($B$3-$B$5)/$B$4*$B$7+$B$5)"，然后利用 Excel 自动填充技术，拖动 D6 单元格右下角的填充柄至 D10 单元格，完成 D7、D8、D9、D10 单元格公式的定义。

图 10-60　创建表格

图 10-61　录入数据

步骤 6　在 D12 单元格中输入公式 "=(1+B6)*(1+B12)-1"，在 D13 单元格中输入公式 "=NPV

(D12,D6:D10)+D5",在 D14 单元格中输入公式"=IRR(D5:D10)",在 D15 单元格中输入公式"=IF(D13>0,"投资项目可行","投资项目不可行")",决策结果如图 10-62 所示。

图 10-62   决策结果

10.7   专家指导

10.7.1   恢复未保存的工作簿

在 Excel 2010 中,用户可以手动恢复未保存的工作簿,其方法主要有三种,下面将进行详细介绍。

- 方法一:选择"文件"|"信息"命令,然后在右侧单击"管理版本"按钮,从弹出的菜单中选择"恢复未保存的工作簿"选项,如图 10-63 所示。此时会弹出一个对话框,在其中选择要恢复的工作簿即可。
- 方法二:选择"文件"|"最近所用文件"命令,然后在右侧单击"最近的位置"列表框下方的"恢复未保存的工作簿"按钮,如图 10-64 所示,然后在弹出的对话框中选择要恢复的工作簿即可。

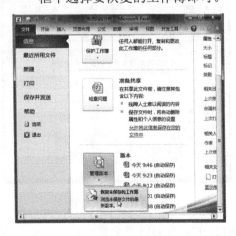

图 10-63   选择"恢复未保存的工作簿"选项

图 10-64   单击"恢复未保存的工作簿"按钮

- 方法三：由于保存的工作簿存储在一个名为"UnsavedFiles"的文件夹中，所以用户可以在电脑中找到该文件夹，直接选择并打开需要恢复的工作簿，用户可通过电脑的搜索功能直接搜索到该文件夹，如图10-65所示。

图 10-65　找到 UnsavedFiles 文件夹

10.7.2　添加可打印背景

通常直接添加的背景图是无法打印的，下面介绍如何添加可打印背景，具体操作步骤如下。

步骤1　打开工作表，单击"页面布局"选项卡下的"页面设置"组中的"背景"按钮，如图10-66所示。

步骤2　弹出"工作表背景"对话框，在其中选择一张图片，单击"插入"按钮，如图10-67所示。

图 10-66　单击"背景"按钮

图 10-67　单击"插入"按钮

步骤3　此时工作表中已经插入了背景图片，选择要打印的区域，按住Shift键不放，在"开始"选项卡下的"剪贴板"组中,单击"复制"按钮右侧的下拉按钮,从弹出的菜单中选择"复制为图片"选项,如图 10-68 所示。

步骤 4 弹出"复制图片"对话框,在"格式"选项组中选中"图片"单选按钮,然后单击"确定"按钮,如图 10-69 所示。

图 10-68 选择"复制为图片"选项

图 10-69 "复制图片"对话框

步骤 5 按住 Shift 键不放,单击"开始"选项卡下的"剪贴板"组中的"粘贴"下拉按钮,从弹出的菜单中选择"选择性粘贴"选项,如图 10-70 所示。

步骤 6 弹出"选择性粘贴"对话框,选择"图片(增强型图元文件)"选项,单击"确定"按钮,如图 10-71 所示。

图 10-70 选择"选择性粘贴"选项

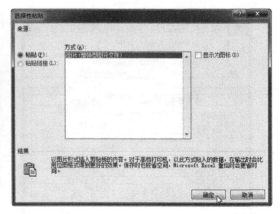

图 10-71 "选择性粘贴"对话框

步骤 7 返回到工作表中,背景图片已被粘贴,如图 10-72 所示。

步骤 8 若想删除背景图片,可单击"页面布局"选项卡下的"页面设置"组中的"删除背景"按钮,如图 10-73 所示。

图 10-72　粘贴完成

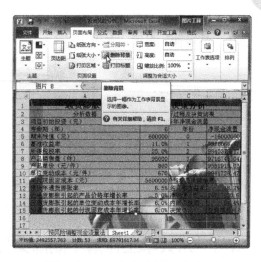

图 10-73　单击"删除背景"按钮

10.7.3　将工作簿标记为最终状态

将工作簿标记为最终状态，不仅标志着该工作簿已经编辑完成，还可以防止别人对文件进行更改，具体操作步骤如下。

步骤 1　选择"文件"|"信息"命令，然后在右侧单击"保护工作簿"按钮，从弹出的菜单中选择"标记为最终状态"选项，如图 10-74 所示。

步骤 2　弹出 Microsoft Excel 对话框，提示该工作簿将被标记为最终版本并保存，单击"确定"按钮，如图 10-75 所示。

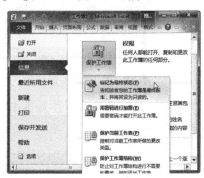

图 10-74　选择"标记为最终状态"选项

图 10-75　Microsoft Excel 对话框

步骤 3　弹出如图 10-76 所示的对话框，提示工作簿已完成编辑，并被标记为最终状态，单击"确定"按钮。

图 10-76　提示文档已被标记为最终状态

步骤 4　这时可以发现工作簿当前处于"只读"状态，若要继续编辑文档，用户可以单击"仍然编辑"按钮，如图 10-77 所示。

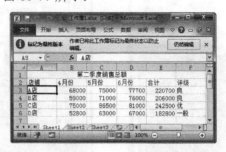

图 10-77　查看被标记为最终状态的工作簿

10.7.4　从共享工作簿中删除某位用户

在共享工作簿的过程中，如果需要，可以删除某位用户，从而断开他与共享工作簿的连接。但是在删除用户之前，一定要确保共享用户都已经完成了在共享工作簿上的操作，否则这些用户所有未保存的工作将会丢失。从共享工作簿中删除某位用户的具体操作步骤如下。

步骤 1　打开共享工作簿，在"视图"选项卡下的"工作簿视图"组中单击"自定义视图"按钮，如图 10-78 所示。

步骤 2　弹出"视图管理器"对话框，在"视图"列表框中选择要删除的用户，再单击"删除"按钮，如图 10-79 所示。

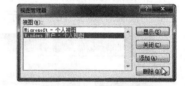

图 10-78　单击"自定义视图"按钮　　　　图 10-79　"视图管理器"对话框

步骤 3　弹出 Microsoft Excel 对话框，单击"是"按钮，确认删除用户，如图 10-80 所示。

图 10-80　Microsoft Excel 对话框

10.7.5　设置固定光标

设置固定光标的具体操作步骤如下。

步骤 1　打开 Excel 工作簿，选择"文件"|"Excel 选项"命令。

步骤 2　弹出"Excel 选项"对话框，在左侧窗格中选择"高级"选项，在右侧窗格中取消选中"按 Enter 键后移动所选内容"复选框，如图 10-81 所示。

步骤3　单击"确定"按钮完成操作，即可设置固定光标。

图 10-81　"Excel 选项"对话框

10.8　实战演练

一、选择题

1. 下列项目投资决策评价指标中，没有考虑资金时间价值的指标是(　　)。

    A. 净现值　　　　　　　　　　　　B. 现值指数

    C. 内部收益率　　　　　　　　　　D. 会计收益

2. 某投资方案年营业收入 240 万元，年付现成本 170 万元，年折旧 70 万元，所得税率 40%，则该方案年营业现金净流量为(　　)万元。

    A. 70　　　　　　　　　　　　　　B. 112

    C. 140　　　　　　　　　　　　　　D. 84

3. 现值指数与净现值指标相比，其优点是(　　)。

    A. 便于投资额相同的方案的比较　　B. 便于投资额不同的方案的比较

    C. 考虑了现金流量的时间价值　　　D. 考虑了投资风险

4. 如果其他因素不变，一旦贴现率提高，则下列指标中数值将会变小的是(　　)。

    A. 净现值　　　　　　　　　　　　B. 投资报酬率

    C. 内部收益率　　　　　　　　　　D. 静态投资回收期

5. 对原始投资额不同的互斥投资方案进行决策时，可以采用的方法之一是(　　)。

    A. 差别损益分析法　　　　　　　　B. 差额投资内部收益率法

    C. 净现值法　　　　　　　　　　　D. 静态投资回收期法

二、实训题

1. 设计在通货膨胀风险条件下的相关投资决策(参考图 10-82)。

提示：该项目初始投资为 15000000 元，寿命期为 5 年，期末残值为 500000 元，基准收益率为 10%，所得税税率为 25%，产品销售量为 93000 件，产品单价为 850 元/件，单位变动成本为 660 元/件，年付现固定成本为 5500000 元，预计年通货膨胀率为 6.5%，因通货膨胀引起的产品价格增长率为 5%，因通货膨胀引起的单位变动成本年增长率为 6%，因通货膨胀引起的付现固定成本年增长率为 6%。

	A	B	C	D
1	通货膨胀风险条件下的投资决策分析			
2	分析数据		分析过程及决策结果	
3	项目初始投资（元）		各年净现金流量	
4	寿命期（年）		年份	净现金流量（元）
5	期末残值（元）			
6	基准收益率			
7	所得税税率			
8	产品销售量（件）			
9	产品单价（元/件）			
10	单位变动成本（元/件）			
11	年付现固定成本（元）		评价指标及决策结果	
12	预计年通货膨胀率		名义年收益率	
13	因通货膨胀引起的产品价格年增长率		净现值（元）	
14	因通货膨胀引起的单位变动成本年增长率		内部收益率	
15	因通货膨胀引起的付现固定成本年增长率		决策结论	

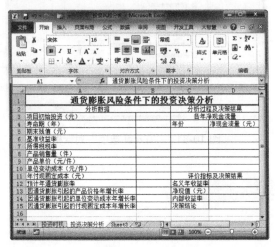

图 10-82 “通货膨胀风险条件下的投资决策分析”表格

2. 根据公司实际情况，在资金有限的情况下，做出最佳投资组合的决策(参考图 10-83)。

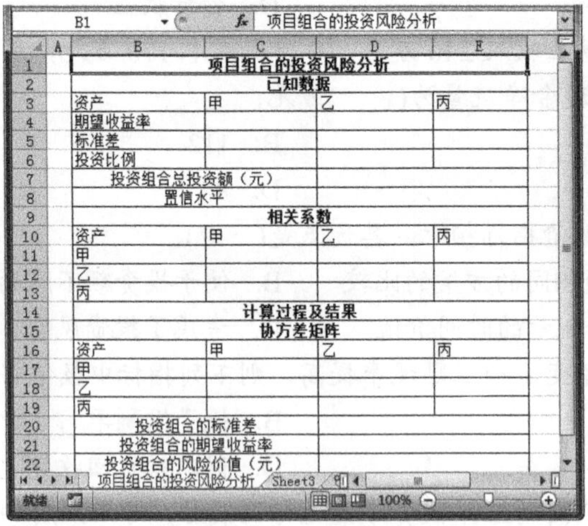

	B	C	D	E
1	项目组合的投资风险分析			
2	已知数据			
3	资产	甲	乙	丙
4	期望收益率			
5	标准差			
6	投资比例			
7	投资组合总投资额（元）			
8	置信水平			
9	相关系数			
10	资产	甲	乙	丙
11	甲			
12	乙			
13	丙			
14	计算过程及结果			
15	协方差矩阵			
16	资产	甲	乙	丙
17	甲			
18	乙			
19	丙			
20	投资组合的标准差			
21	投资组合的期望收益率			
22	投资组合的风险价值（元）			

图 10-83 “项目组合的投资风险分析”表格

第 11 章

经典实例：预测筹资分析

【本章学习重点】

- 资金需要量预测分析
- 资本成本预测分析
- 杠杆作用分析
- 筹资方法选择
- 筹资风险分析

筹资是通过一定渠道、采取适当方式筹措资金的财务活动，是财务管理的首要环节。本章将介绍企业资金需要量、资本成本的预测分析方法，以及筹资方法的选择和风险分析等内容。

【本章实例展示】

每股利润分析法

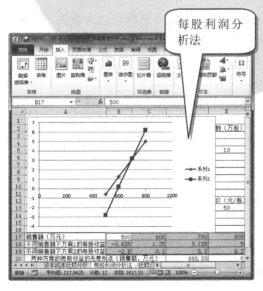

甄选销售利润增长方案

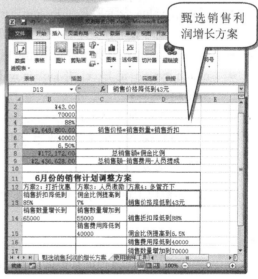

11.1 要点分析

本章通过几个实例介绍如何使用 Excel 进行筹资预测分析，包括资金需要量预测分析、资本成本预测分析、杠杆作用分析、筹资方法选择和筹资风险分析等，其中会用到 MIN 函数、MAX 函数、MATCH 函数、SMALL 函数和 RANDBETWEEN 函数等。

1. MIN 函数

MIN 函数用于返回一组值中的最小值。其语法结构如下：

```
MIN(number1,number2,…)
```

其中：参数 number1,number2,…表示要从中查找最小值的 1～255 个参数。

2. MAX 函数

MAX 函数用于返回一组值中的最大值。其语法结构如下：

```
MAX(number1,number2,…)
```

其中：参数 number1,number2,…表示要从中找出最大值的 1～255 个参数。

3. MATCH 函数

MATCH 函数用于在单元格范围中搜索指定项，然后返回该项在单元格区域中的相对位置。其语法结构如下：

```
MATCH (lookup_value,lookup_array,match_type)
```

其中：

- lookup_value 表示需要在 lookup_array 中查找的数值。其值可以为数值、文本、逻辑值，或对数字、文本、逻辑值的单元格引用。
- lookup_array 表示要搜索的单元格区域。
- match_type 指定 Excel 将 lookup_value 与 lookup_array 中的数值进行匹配的方式，其值可以为-1、0 或 1。若取值为-1，函数将查找大于或等于 lookup_value 的最小值；若取值为 0，函数将查找等于 lookup_value 的第一个值；若取值为 1 或省略，函数将查找小于或等于 lookup_value 的最大值。

4. SMALL 函数

SMALL 函数用于返回数据组中的第 k 个最小值。其语法结构如下：

```
SMALL(array,k)
```

其中：

- array 表示需要找到第 k 个最小值的数组或数据区域。
- k 表示要返回的最小值在数组或数据区域中的位置(从小到大)。

5．RANDBETWEEN 函数

RANDBETWEEN 函数用于返回介于指定的两个数之间的一个随机整数。其语法结构如下：

RANDBETWEEN(bottom,top)

其中：

- bottom 表示 RANDBETWEEN 函数将返回的最小整数。
- top 表示 RANDBETWEEN 函数将返回的最大整数。

11.2　资金需要量预测分析

以发展求生存是企业的追求，而企业发展的财务意义是资金增长，资金需要量预测是企业财务预测的重要组成部分，科学地分析、预测企业资金需要量是提高经济效益的重要保证。

11.2.1　资金需要量预测的主要方法

资金需要量预测主要是对未来一定时期进行生产经营活动或业务扩展所需资金进行预计和推测，主要包括定性预测法和定量预测法两种。

1．定性预测法

定性预测法是指根据调查研究所掌握的情况和数据资料，凭借预测人员的知识和经验，对资金需要量所做的判断。该方法一般不能提供有关事件确切的定量概念，而是定性地估计某一事件的发展趋势、优劣程度和发生的概率。预测是否正确，完全取决于预测者的知识和经验。

定性预测法一般包括德尔菲法、市场调查法和相互影响预测方法。

2．定量预测法

定量预测法是指以资金需要量与有关因素的关系为依据，在掌握大量历史资料的基础上选用一定的数学方法加以计算，并将计算结果作为预测结果的一种方法。定量预测方法很多，如销售百分比法、资金习性法、趋势分析法、相关分析法、线性规划法等。

11.2.2　利用销售百分比法进行预测

销售百分比法是指假设资产负债表中的敏感项目与销售收入存在稳定的百分比关系，在此基础上预测未来需要追加的资金量。敏感项目是指与销售额的关系较为敏感的项目，如货币资金、应收账款、存货等，它们一般都会因销售额的增长而相应地增长。

用预计资产总量，减去已有的资金来源、负债的自然增长和内部提供的资金来源，可以预测出外部融资的需要量。具体可以从销售总额、销售增加额、销售增长率三个方面来确定

融资量。

1．根据销售总额确定融资量

根据销售总额确定融资量需要使用的公式如下。

- 确定资产负债表中各项目与销售额的百分比：

  资产项目销售百分比=资产项目的金额/销售额

- 预计资产：预计资产=预计销售额×该项目的销售百分比
- 预计负债：预计负债=预计销售额×该负债项目的销售百分比
- 预计所有者权益：预计所有者权益=预计实收资本+预计资本公积+预计留存收益

  预计留存收益=基期留存收益+留存收益增加

  留存收益增加=预计净收益−预计支付股利

  =预计销售额×销售净利率×(1−股利支付率)

- 预计资金追加量：预计资金追加量=增加的资产=预计总资产−基期总资产
- 预计融资需求量：预计融资需求量=预计总资产−预计总负债−预计所有者权益

下面将举例进行说明，具体操作步骤如下。

步骤 1 新建一个名为“预测筹资分析”的工作簿，将 Sheet1 重命名为“资金需要量预测”，然后在其中设计“某公司资金需要量预测表”表格，如图 11-1 所示。

步骤 2 根据该公司的实际情况录入相关数据，如图 11-2 所示。

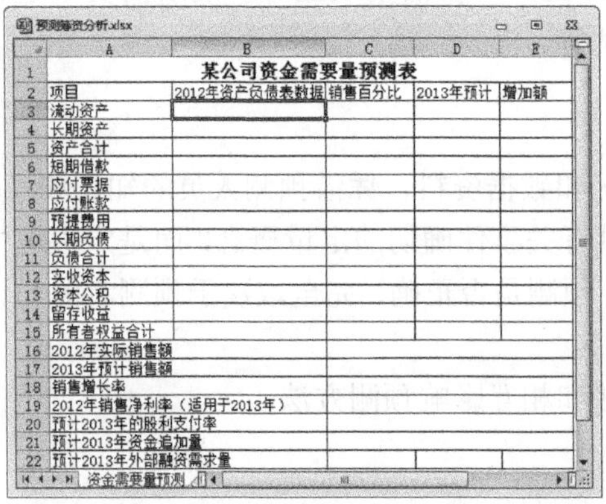

	A	B	C	D	E
1	某公司资金需要量预测表				
2	项目	2012年资产负债表数据	销售百分比	2013年预计	增加额
3	流动资产				
4	长期资产				
5	资产合计				
6	短期借款				
7	应付票据				
8	应付账款				
9	预提费用				
10	长期负债				
11	负债合计				
12	实收资本				
13	资本公积				
14	留存收益				
15	所有者权益合计				
16	2012年实际销售额				
17	2013年预计销售额				
18	销售增长率				
19	2012年销售净利率（适用于2013年）				
20	预计2013年的股利支付率				
21	预计2013年资金追加量				
22	预计2013年外部融资需求量				

图 11-1 创建“某公司资金需要量预测表”表格

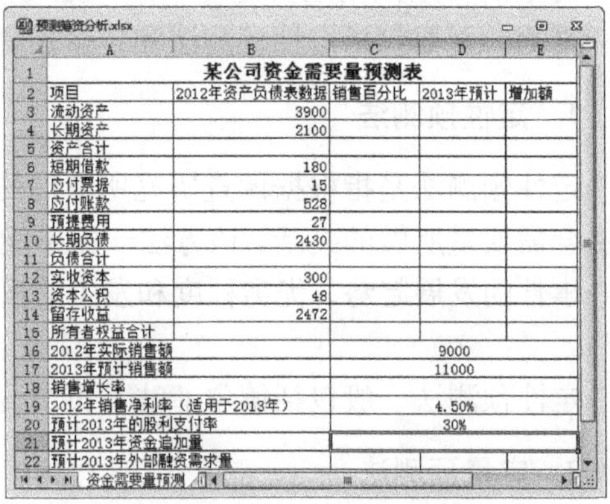

	A	B	C	D	E
1	某公司资金需要量预测表				
2	项目	2012年资产负债表数据	销售百分比	2013年预计	增加额
3	流动资产	3900			
4	长期资产	2100			
5	资产合计				
6	短期借款	180			
7	应付票据	15			
8	应付账款	528			
9	预提费用	27			
10	长期负债	2430			
11	负债合计				
12	实收资本	300			
13	资本公积	48			
14	留存收益	2472			
15	所有者权益合计				
16	2012年实际销售额		9000		
17	2013年预计销售额		11000		
18	销售增长率				
19	2012年销售净利率（适用于2013年）		4.50%		
20	预计2013年的股利支付率		30%		
21	预计2013年资金追加量				
22	预计2013年外部融资需求量				

图 11-2 录入数据

步骤 3 选中 C3:C14 单元格区域，然后单击“开始”选项卡下的“数字”组中的对话框启动器按钮，打开“设置单元格格式”对话框，切换到“数字”选项卡，接着在“分类”列表框中选择“百分比”选项，并在右侧设置“小数位数”为 2，再单击“确定”按钮。

步骤 4 计算资产负债表中各项目与销售额的百分比。在 C3 单元格中输入公式“=B3/C16”，在 C8 单元格中输入公式“=B8/C16”，在 C9 单元格中输入公式“=B9/C16”，结果如图 11-3 所示。

步骤 5 计算预计资产。在 D3 单元格中输入公式“=C17*C3”，在 D4 单元格中输入公式“=B4”，在 D5 单元格中输入公式“=D3+D4”，结果如图 11-4 所示。

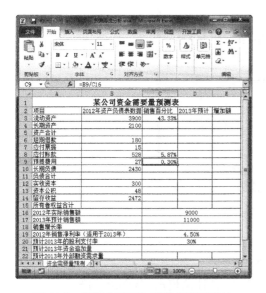

图 11-3　得到各项目与销售额的百分比　　　　　图 11-4　得到预计资产

步骤 6　计算预计负债。在 D6 单元格中输入公式 "=B6"，在 D7 单元格中输入公式 "=B7"，在 D8 单元格中输入公式 "=C17*C8"，在 D9 单元格中输入公式 "=C17*C9"，在 D10 单元格中输入公式 "=B10"，在 D11 单元格中输入公式 "=SUM(D6:D10)"，结果如图 11-5 所示。

步骤 7　计算预计所有者权益。在 D12 单元格中输入公式 "=B12"，在 D13 单元格中输入公式 "=B13"，在 D14 单元格中输入公式 "=C17*C19*(1-C20)+B14"，在 D15 单元格中输入公式 "=SUM(D12:D14)"，结果如图 11-6 所示。

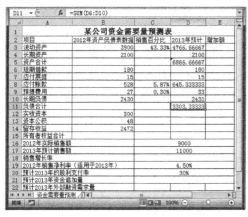

图 11-5　得到预计负债

图 11-6　得到预计所有者权益

步骤 8　在 B5 单元格中输入公式 "=B3+B4"，计算资产合计；在 C21 单元格中输入公式 "=D5-B5"，按 Enter 键计算出预计资金追加量。

步骤 9　在 C22 单元格中输入公式 "=D5-D11-D15"，按 Enter 键计算出预计外部融资需求量，最终效果如图 11-7 所示。

C22 =D5-D11-D15

	A	B	C	D	E
1	某公司资金需要量预测表				
2	项目	2012年资产负债表数据	销售百分比	2013年预计	增加额
3	流动资产	3900	43.33%	4766.66667	
4	长期资产	2100		2100	
5	资产合计	6000		6866.66667	
6	短期借款	180		180	
7	应付票据	15		15	
8	应付账款	528	5.87%	645.333333	
9	预提费用	27	0.30%	33	
10	长期负债	2430		2430	
11	负债合计			3303.33333	
12	实收资本	300		300	
13	资本公积	48		48	
14	留存收益	2472		2818.5	
15	所有者权益合计			3166.5	
16	2012年实际销售额		9000		
17	2013年预计销售额		11000		
18	销售增长率				
19	2012年销售净利率（适用于2013年）		4.50%		
20	预计2013年的股利支付率		30%		
21	预计2013年资金追加量		866.6666667		
22	预计2013年外部融资需求量		396.83		

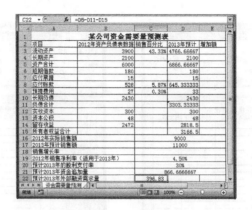

图 11-7　计算结果

2. 根据销售增加额确定融资量

根据销售增加额确定融资量需要使用到以下公式。

- 资金追加量：预计资金追加量=增加的资产=预计总资产-基期总资产
- 自然增加的负债：自然增加的负债=基期负债销售百分比×新增销售额
- 留存收益增加：留存收益增加=预计净收益-预计支付股利
  =预计销售额×销售净利率×(1-股利支付率)
- 预计融资需求量
  预计融资需求量=预计资金增加总量-自然增加的负债-留存收益增加
  =基期资产销售百分比×新增销售额-基期负债销售百分比×新增销售额-基期销售净利率×预计销售额×(1-股利支付率)

下面将举例进行说明，具体操作步骤如下。

步骤 1　在“资金需要量预测”工作表中选中 E5 单元格，然后输入公式“=D5-B5”，按 Enter 键计算出资金追加量。

步骤 2　在 E11 单元格中输入公式“=D11-B11”，按 Enter 键计算出自然增加的负债。

步骤 3　在 E14 单元格中输入公式“=D14-B14”，按 Enter 键计算出留存收益增加额。

步骤 4　在 D22 单元格中输入公式“=C21-E11-E14”，按 Enter 键计算出预计外部融资需求量，如图 11-8 所示。

D22 =C21-E11-E14

	A	B	C	D	E
1	某公司资金需要量预测表				
2	项目	2012年资产负债表数据	销售百分比	2013年预计	增加额
3	流动资产	3900	43.33%	4766.66667	
4	长期资产	2100		2100	
5	资产合计	6000		6866.66667	866.6667
6	短期借款	180		180	
7	应付票据	15		15	
8	应付账款	528	5.87%	645.333333	
9	预提费用	27	0.30%	33	
10	长期负债	2430		2430	
11	负债合计	3180		3303.33333	123.3333
12	实收资本	300		300	
13	资本公积	48		48	
14	留存收益	2472		2818.5	346.5
15	所有者权益合计			3166.5	
16	2012年实际销售额		9000		
17	2013年预计销售额		11000		
18	销售增长率				
19	2012年销售净利率（适用于2013年）		4.50%		
20	预计2013年的股利支付率		30%		
21	预计2013年资金追加量		866.6666667		
22	预计2013年外部融资需求量		396.83	396.83	

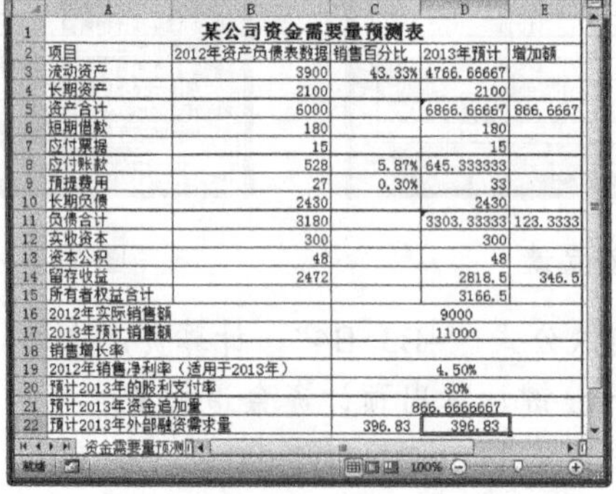

图 11-8　计算结果

3. 根据销售增长率确定融资量

根据销售增长率确定融资量需要使用到以下公式。

- 销售增长率：销售增长率=(预计销售额-基期销售额)/基期销售额
- 预计融资需求量：

  预计融资需求量=基期资产销售百分比×新增销售额-基期负债销售百分比×新增销售额-基期销售净利率×预计销售额×(1-股利支付率)
  =基期资产销售百分比×基期销售额×销售增长率-基期负债销售百分比×基期销售额×销售增长率-基期销售净利率×基期销售额×(1+销售增长率)×(1-股利支付率)
  =基期销售额×(基期资产销售百分比×销售增长率-基期负债销售百分比×销售增长率-基期销售净利率×(1+销售增长率) ×(1-股利支付率))

例如，在“资金需要量预测”工作表中选中 C18 单元格，然后输入公式“=(C17-C16)/C16”，在 E22 单元格中输入公式 “=C16*(C3*C18-(C8+C9)*C18-C19*(1+C18)*(1-C20))”，结果会发现 E22 单元格中的数值与前两个方法得到的结果一致，如图 11-9 所示。

E22　=C16*(C3*C18-(C8+C9)*C18-C19*(1+C18)*(1-C20))

	A	B	C	D	E
1	某公司资金需要量预测表				
2	项目	2012年资产负债表数据	销售百分比	2013年预计	增加额
3	流动资产	3900	43.33%	4766.66667	
4	长期资产	2100		2100	
5	资产合计	6000		6866.66667	866.6667
6	短期借款	180		180	
7	应付票据	15		15	
8	应付账款	528	5.87%	645.333333	
9	预提费用	27	0.30%	33	
10	长期负债	2430		2430	
11	负债合计	3180		3303.33333	123.3333
12	实收资本	300		300	
13	资本公积	48		48	
14	留存收益	2472		2818.5	346.5
15	所有者权益合计			3166.5	
16	2012年实际销售额		9000		
17	2013年预计销售额		11000		
18	销售增长率		22.22%		
19	2012年销售净利率（适用于2013年）		4.50%		
20	预计2013年的股利支付率		30%		
21	预计2013年资金追加量		866.6666667		
22	预计2013年外部融资需求量		396.83	396.83	396.83

资金需要量预测　就绪　100%

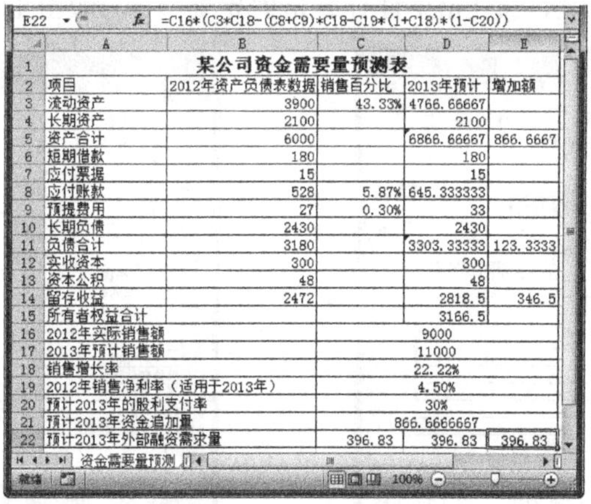

图 11-9　计算结果

不论通过上述哪种方法，分析结果都是一样的。分析结果说明，该公司 2013 年要完成 11000 万元的销售额，需要追加资金 866.67 万元来支持，除去负债自然增长形成以及留存收益可提供资金，另外还需从外部融资 396.83 万元。

11.2.3　利用资金习性法进行预测

资金习性法是指根据资金同业务量之间的依存关系来预测未来资金需要量。使用该方法的条件是需要将企业的总资金划分为随业务量成正比例变动的变动资金和不受业务量变动影响而保持固定不变的固定资金两部分。

资金习性法具体又包括高低点法、回归分析法和散布图法等，下面以高低点法为例进行介绍。高低点法的原理是在业务量与资金变动的历史数据中，找出业务量最高和最低的两点及其所对应的资金占用，根据这两组数据求出直线方程，作为预测资金需要量的模型。资金需要量与业务量存在如下的一元线性关系：

$$y=a+bx$$

其中：因变量 y 代表资金需要量；a 为直线的截距，代表固定资金；b 为直线的斜率，代表单位变动资金；自变量 x 代表业务量。

a 和 b 的计算公式为

b=(最高资金占用量-最低资金占用量)/(最高业务量-最低业务量)

a=最高点资金占用量-b×最高业务量

或　　　　　　　　　　　a=最低点资金占用量-b×最低业务量

下面将举例进行说明，具体操作步骤如下。

步骤 1　在"预测筹资分析"工作簿中将 Sheet 2 重命名为"高低点法预测"，然后在该工作表中设置预测资金需要量的计算模型表格，并根据实际情况录入相关数据，如图 11-10 所示。

步骤 2　在 B8 单元格中输入公式"=(MAX(C3:C7)-MIN(C3:C7)/MAX(B3:B7)-MIN(B3:B7))"，按 Enter 键计算出单位变动资金 b；在 B9 单元格中输入公式"=MAX(C3:C7)-B8*MAX(B3:B7)"，按 Enter 键计算出固定资金 a，如图 11-11 所示。

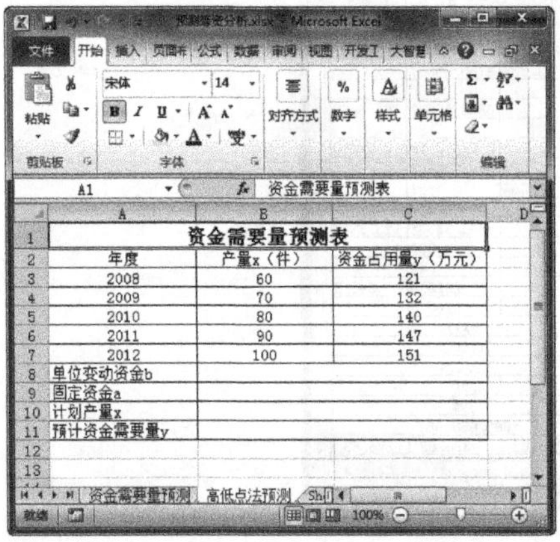

图 11-10　设置预测资金需要量的计算模型表格　　图 11-11　计算出单位变动资金 b 和固定资金 a

步骤 3　在 B11 单元格中输入计算公式"=B9+B8*B10"，接着在 B10 单元格中输入计划产量数据，此时 B11 单元格就会自动显示预测数据，如图 11-12 所示。

图 11-12　预测出资金需要量

11.3 资本成本预测分析

11.3.1 资本成本预测的方法

资本成本是财务管理中的重要概念，是企业筹资决策和投资决策的基础。企业筹集和使用资金都要付出代价，这个代价被称为资本成本。

在筹资时，企业力求选择成本最低的筹资方式，资本成本就成为衡量筹资方案的重要依据。在分析各种单一筹资方式时，需要对比个别资本成本；在分析多渠道筹资时，要对资本结构进行评价，需要借助综合资本成本进行衡量。

资本成本作为投资资本的机会成本，是衡量企业投资收益的最低极限标准，只有投资项目的收益率高于对应筹资的资本成本才是可以接受的。

1．债务资本成本

债务资本成本主要是利息和筹资费用，利息因计入税前成本费用而具有抵税作用，企业实际负担的利息为：利息×(1−所得税税率)。

- 长期借款资本成本。不考虑资本的时间时，有

  长期借款资本成本=借款年利息×(1−所得税税率)/借款本金×(1−借款筹资费率)

  =借款利率×(1−所得税税率)/(1−借款筹资费率)

- 债券资本成本。当债券平价(按票面价)发行时，债券资本成本的计算方式与长期借款资本成本的计算方式相同；当债券溢价或折价发行时，债券筹资额为债券的实际发行价格，利息按票面利率和票面价格计算，以此为依据计算资本成本。

2．权益资本成本

- 优先股成本：包括支付的股息和筹资费用。发行优先股筹集资金需支付发行费用，而且优先股的股息通常是固定的，类似于债券，但是优先股的股息只能从税后利润中支付，不像债券利息具有抵税作用。优先股成本的计算公式为

  优先股成本=优先股年股息/[按发行价确定的优先股筹资额×(1−优先股筹资费率)]

- 普通股成本：包括筹资费和使用费(指股份公司支付给股东的股息)两部分。普通股的资本成本可以看作是投资者购买某一风险水平的普通股所要求得到的最低收益率。普通股成本的计算公式为

  普通股成本=第一年股利/[普通股筹资额×(1−普通股筹资费率)]+普通股股利年长增长率

- 留存收益成本：留存收益在资本成本中一般被作为机会成本，与普通股成本相比，留存收益没有筹资费用。留存收益成本的计算公式为

  留存收益成本=预期年股利率+普通股股利年增长率

3．综合资本成本

综合资本成本通常是以各种资本占全部资本的比重为权数，对个别资本成本进行加权平均后确定的成本，因此，综合资本成本又称为加权平均资本成本。

11.3.2　综合资本成本预测分析

由于受多种因素的制约，企业不可能只使用单一的筹资方式，而是需要通过多种方式筹集所需资金，这就需要测算企业全部长期资金的综合成本。下面通过实例介绍综合资本成本预测分析的方法，具体操作步骤如下。

步骤 1　在"预测筹资分析"工作簿中将 Sheet 3 重命名为"综合资本成本"，然后在该工作表中创建"综合资本成本的计算"表格，如图 11-13 所示。

图 11-13　创建"综合资本成本的计算"表格

步骤 2　根据具体情况向其中录入数据，如图 11-14 所示。

图 11-14　录入数据

步骤 3　在 G3 单元格中输入公式"=SUM(B3:F3)"，按 Enter 键计算出总的筹资金额。

步骤 4　计算各个筹资比重。在 B5 单元格中输入公式"=B3/G3"，在 C5 单元格中输入公式"=C3/G3"，在 D5 单元格中输入公式"=D3/G3"，在 E5 单元格中输入公式"=E3/G3"，在 F5 单元格中输入公式"=F3/G3"，在 G5 单元格中输入公式"=SUM(B5:F5)"，在 B6 单元格中输入公式"=SUMPRODUCT(B4:F4,B5:F5)"，最后结果如图 11-15 所示。

图 11-15　得到计算结果

11.3.3　边际资本成本预测分析

边际资本成本是指每增加一个单位的资本而增加的成本。如果企业追加的资本不是某种个别资本，而是具有一定的目标资本结构的混合成本，那么边际资本成本就是几种个别资本的加权平均资本成本。当企业追加筹资时，追加资本的边际成本呈现出一种阶梯式上升的变化趋势，为了明确筹资额在多大数额范围内会引起资本成本发生什么样的具体变化，需要在分析企业内外各种条件的基础上，确定追加筹资过程中个别资本的筹资突破点，再进一步计算出各个不同筹资范围所对应的边际资本成本。

有了边际资本成本的计算结果，企业可以据此选出最有利的筹资规划方案。同时，将边际资本成本与投资报酬率进行比较，还可以作为判断投资机会是否有利的底线，企业筹集到的资本必定要用于报酬率最大的项目，但如果投资项目的报酬率低于为其筹集资本的边际资本成本，那么该投资项目是不可取的。

在 Excel 中进行边际资本成本预测分析的具体操作步骤如下。

步骤 1　在"预测筹资分析"工作簿中新建一张工作表，并重命名为"边际资本成本"；然后在工作表中创建表格并根据实际情况向其中录入数据，如图 11-16 所示。

步骤 2　计算"不同筹资范围个别资本成本"。在 G16 单元格中输入公式"=IF(C16<=$G$4,$F$4,IF(C16<=$G$5,$F$5,$F$6))"，然后拖动 G16 单元格的填充柄向下至 G21 单元格，快速复制得到 G17、G18、G19、G20、G21 单元格的公式，在 G22 单元格中输入公式"=IF(B22<=$G$4,$F$4,IF(B22<=$G$5,$F$5,$F$6))"，得到"长期借款"的计算结果，如图 11-17 所示。

步骤 3　在 H16 单元格中输入公式"=IF(C16<=$G$7,$F$7,IF(C16<=$G$8,$F$8,$F$9))"，然后拖动 H16 单元格的填充柄向下至 H21 单元格，快速复制得到 H17、H18、H19、H20、H21 单元格的公式，在 H22 单元格中输入公式"=IF(B22<=$G$7,$F$7,IF(B22<=$G$8,$F$8,$F$9))"，得到"长期债券"的计算结果，如图 11-18 所示。

步骤 4　在 I16 单元格中输入公式"=IF(C16<=$G$10,$F$10,IF(C16<=$G$11,$F$11,$F$12))"，

然后拖动 I16 单元格的填充柄向下至 I21 单元格，快速复制得到 I17、I18、I19、I20、
I21 单元格的公式，在 I22 单元格中输入公式 "=IF(B22<=$G$10,$F$10,
IF(B22<=$G$11,$F$11,$F$12))"，得到"普通股"的计算结果，如图 11-19 所示。

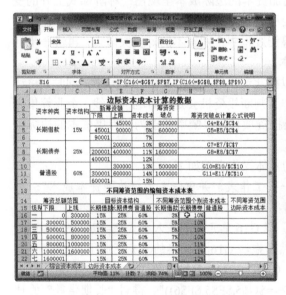

图 11-16　创建表格　　　　　图 11-17　得到"长期借款"的计算结果

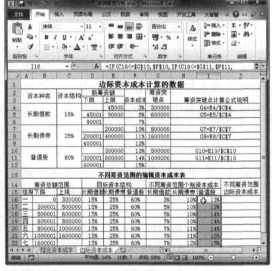

图 11-18　得到"长期债券"的计算结果　　　图 11-19　得到"普通股"的计算结果

步骤 5　在 J16 单元格中输入公式 "=SUMPRODUCT(D16:F16,G16:I16)"，然后拖动 J16 单
元格的填充柄向下至 J22 单元格，快速复制得到 J17、J18、J19、J20、J21、J22 单
元格的公式，得到"不同筹资范围边际资本成本"的计算结果，如图 11-20 所示。

	J16	▼	fx	=SUMPRODUCT(D16:F16,G16:I16)				

	B	C	D	E	F	G	H	I	J
1				**边际资本成本计算的数据**					
2	本种类	资本结构	新筹资额		资本成本	筹资突	筹资突破点计算公式说明		
3			下限	上限		破点			
4	期借款	15%		45000	3%	300000	G4=E4/$C$4		
5			45001	90000	5%	600000	G5=E5/$C$4		
6			90001		7%				
7	期债券	25%		200000	10%	800000	G7=E7/$C$7		
8			200001	400000	11%	1600000	G8=E8/$C$7		
9			400001		12%				
10	普通股	60%		300000	13%	500000	G10=E10/$C$10		
11			300001	600000	14%	1000000	G11=E11/$C$10		
12			600001		15%				
13				**不同筹资范围的编辑资本成本表**					
14	筹资总额范围		目标资本结构			不同筹资范围个别资本成本			不同筹资范围
15	下限	上线	长期借款	长期债券	普通股	长期借款	长期债券	普通股	边际资本成本
16	0	300000	15%	25%	60%	3%	10%	⑨%	10.750%
17	300001	500000	15%	25%	60%	5%	10%	13%	11.050%
18	500001	600000	15%	25%	60%	5%	10%	14%	11.650%
19	600001	800000	15%	25%	60%	7%	10%	14%	11.950%
20	800001	1000000	15%	25%	60%	7%	10%	14%	12.200%
21	1000001	1600000	15%	25%	60%	7%	11%	15%	12.800%
22	1600001		15%	25%	60%	7%	12%	15%	13.050%

综合资本成本 / 边际资本成本

就绪　　　平均值：11.921%　计数：7　求和：83.450%　　　100%　　　自动填

图 11-20　得到"不同筹资范围边际资本成本"的计算结果

11.4　杠杆作用分析

杠杆作用能够产生盈亏放大效应，企业在享受到一定利益的同时也增大了风险。杠杆作用的大小通常用杠杆系数来表示，手工计算杠杆系数多有不便，而利用 Excel 即可轻松完成。

11.4.1　本量利之间的关系及有关的几个基本概念

本量利分析是成本—业务量—利润关系分析的简称，也称为 CVP 分析，是在成本性态分析、变动成本计算法的基础上发展而来的一种短期经营决策方法。

本量利分析建立数学化的模型和图式，揭示变动成本、固定成本、销售量、销售单价和利润之间的关系，为企业进行预测、决策、规划和控制提供有效信息。在本量利分析中，为了分析的简便，经常简化一些基本概念的含义。因此，我们需要了解相关概念在本量利分析中的含义及其基本关系。

- 单位贡献毛益：是指产品的销售单价减去单位变动成本后的差额，代表新增销售一个产品给企业增加的"贡献"大小。其计算公式为
  单位贡献毛益=单价-单位变动成本=贡献毛益总额/销售量=销售单价×贡献毛益率
- 贡献毛益总额：是指产品的销售收入与相应变动成本总额之间的差额。其计算公式为
  贡献毛益总额=销售收入-变动成本=单位贡献毛益×销售量=销售收入×贡献毛利率
  　　　　　　=固定成本+息税前利润
- 变动成本率：是指变动成本占销售收入的百分比。其计算公式为
  变动成本率=变动成本/销售收入=单位变动成本/单价=1-贡献毛益率
- 贡献毛益率：是指贡献毛益的相对数形式，反映每一元销售收入所产生的贡献毛益数额，反映产品为企业做出贡献的能力。其计算公式为

贡献毛益率=贡献毛益总额/销售收入=单位贡献毛益/单价=1−变动成本率

> **注意** 本量利分析中的量是销售数量。在销售价格不变的条件下，这个量就是销售收入。本量利分析的核心是分析收入与成本的对比关系。

11.4.2 经营杠杆作用

在企业的生产经营活动中，由于固定性的生产成本的存在，而使企业的利润变化率大于产销变化率的经济现象称为经营杠杆，它用来分析利润变动与业务量变动之间的关系。

经营杠杆作用通常通过经营杠杆系数来体现。经营杠杆考察营业收入变化对息税前利润的影响程度，反映出两方面的问题：固定成本是引发经营杠杆效应的根源，营业收入水平与盈亏平衡点的相对位置决定了经营杠杆系数的大小。经营杠杆系数的计算公式为

经营杠杆系数=息税前利润变动率/营业收入变动率=销售量/(销售量−固定成本)

经营杠杆系数能反映企业的经营风险，根据公式"经营杠杆系数=利润变动率/产销量变动率"可知，当产销量变动率增加时，利润将以经营杠杆系数倍数的幅度增加；反之，当产销量减少时，利润又将以经营杠杆系数倍数的幅度下降。由此可见，经营杠杆系数扩大了市场、生产和成本等不确定因素对利润变动的影响。经营杠杆系数越大，利润的变动越剧烈，企业的经营风险也就越大。总之，经营杠杆系数的变动，能反映出企业经营风险的大小。

在 Excel 中计算经营杠杆系数的具体操作步骤如下。

步骤 1　在"预测筹资分析"工作簿中新建一张工作表，重命名为"计算经营杠杆系数"，在其中创建表格并根据实际情况录入相关数据，如图 11-21 所示。

图 11-21　创建表格

步骤 2　在 B11 单元格中输入公式 "=B5/(B3-B4)"，在 D4 单元格中输入公式 "=C4*($B$3-$B$4)/(C4*($B$3-$B$4)-$B$5)"，并向下填充公式至 D11 单元格；在 E4 单元格中输入公式 "=C4*($B$3-$B$4)-$B$5"，并向下填充公式至 E11 单元格，结果如图 11-22 所示。

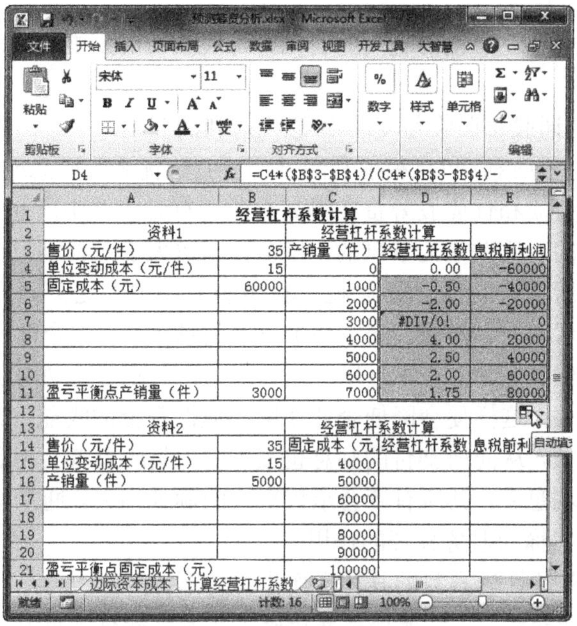

图 11-22　得到计算结果

步骤 3　在 B21 单元格中输入公式 "=B16/(B14-B15)"；在 D15 单元格中输入公式 "=$B$16*($B$14-$B$15)/($B$16*($B$14-$B$15)-C15)"，并向下填充公式至 D21 单元格；在 E15 单元格中输入公式 "=$B$16*($B$14-$B$15)-C15"，并向下填充公式至 E21 单元格，结果如图 11-23 所示。

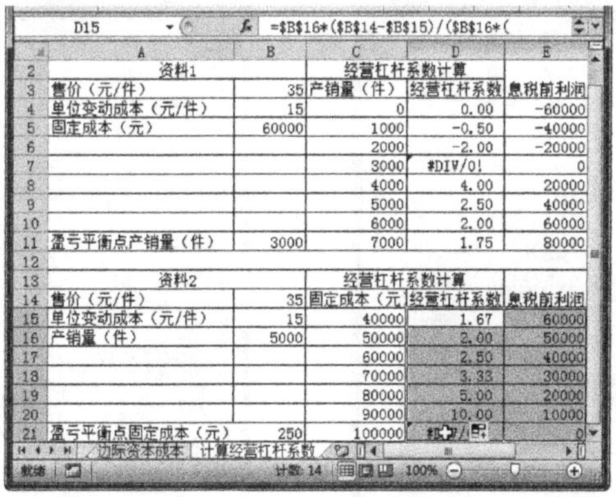

图 11-23　最终结果

成本不变时，产销量增加，经营杠杆系数变小，息税前利润会以较大幅度增加；产销量下降，经营杠杆系数变大，息税前利润会以较大幅度下降。产销量不变时，成本构成决定了经营杠杆系数的大小，固定成本越高，经营杠杆系数越大，息税前利润对产销变动的敏感程度越大，经营风险就越大。

11.4.3 财务杠杆作用

财务杠杆用于考察企业息税前利润的变化对每股收益的影响程度。财务杠杆系数的计算公式为

财务杠杆系数=普通股每股收益变动率/息税前利润变动率

=息税前利润/(息税前利润−债务利息−优先股股息/(1−所得税税率))

财务杠杆作用是负债和优先股筹资在提高企业所有者收益中所起的作用，是以企业的投资利润与负债利息率的对比关系为基础的。投资利润率大于负债利息率，此时企业盈利，企业所使用的债务资金所创造的收益(即息税前利润)除债务利息之外还有一部分剩余，这部分剩余收益归企业所有者所有。投资利润率小于负债利息率，此时企业所使用的债务资金所创造的利益不足以支付债务利息，对不足以支付的部分，企业便需动用权益性资金所创造的利润的一部分来加以弥补，这样便会降低企业使用权益性资金的收益率。由此可见，当负债在全部资金所占比重很大，从而所支付的利息也很大时，其所有者会得到更大的额外收益，若投资利润率小于负债利息率，其所有者会承担更大的额外损失。通常把利息成本对额外收益和额外损失的放大效应称为财务杠杆的作用。

在 Excel 中计算财务杠杆系数的具体操作步骤如下。

步骤 1　在"预测筹资分析"工作簿中新建一张工作表，并将其重命名为"计算财务杠杆系数"，然后在工作表中创建"资料"表格，并根据实际情况向表格中录入相关数据，如图 11-24 所示。

步骤 2　计算得到相关数据。在 B11 单元格中输入公式"=(B8−B5*B6)*(1−25%)/B7"，在 B12 单元格中输入公式"=B8/B3"，在 B13 单元格中输入公式"=(B8−B5*B6)*(1−25%)/B4"，在 B14 单元格中输入公式"=B8/(B8−B5*B6)"，计算结果如图 11-25 所示。

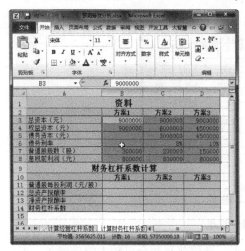

图 11-24　创建"资料"表格

图 11-25　计算方案 1 的有关项目

步骤 3　获得方案 2 和方案 3 有关项目的计算公式。用鼠标拖动 B11 单元格的填充柄至 D11 单元格，拖动 B12 单元格的填充柄至 D12 单元格，拖动 B13 单元格的填充柄至 D13 单元格，拖动 B14 单元格的填充柄至 D14 单元格，得到相关结果，如图 11-26 所示。

	A	B	C	D
1	资料			
2		方案1	方案2	方案3
3	总资本（元）	9000000	9000000	9000000
4	权益资本（元）	9000000	6000000	4500000
5	债务资本（元）		3000000	4500000
6	债务利率		8%	10%
7	普通股股数（股）	300000	200000	150000
8	息税前利润（元）	800000	800000	800000
9	财务杠杆系数计算			
10		方案1	方案2	方案3
11	普通股每股利润（元/股）	2.00	2.10	1.75
12	总资产报酬率	8.89%	8.89%	8.89%
13	净资产报酬率	6.67%	7.00%	5.83%
14	财务杠杆系数	1.0000	1.4286	2.2857
15				

C11　=(C8-C5*C6)*(1-25%)/C7

图 11-26　计算方案 2 和方案 3 的有关项目

根据得到的结果可知，当企业没有负债和优先股时，债务利率和优先股股息为零，财务杠杆系数等于 1，此时普通股每股利润会与息税前利润同幅度增减变动；当企业的总资产报酬率大于债务利率时，借债能产生有利的财务杠杆作用，股东享受到一定好处；当企业的总资产报酬率低于债务利率时，借债会产生不利的财务杠杆作用，有损股东利益。无论何种情况，借债都会使财务杠杆系数升高，并且财务杠杆系数越大，财务风险也越大。企业管理层在控制财务风险时，不应简单地考虑负债融资的绝对量，而应关注负债利息成本与盈利水平的相对关系。

11.4.4　复合杠杆作用

复合杠杆是指由于固定成本和固定财务费用的存在而导致的普通股每股利润变动率大于产销量变动率的杠杆效应。由于存在固定的生产经营成本，产生经营杠杆(DOL)，使息税前利润的变动率大于业务量的变动率；同时，由于存在固定财产费用，产生财务杠杆(DFL)，使企业每股利润的变动率大于息税前利润的变动率。如果两种杠杆共同起作用，那么销售额稍有变动就会使每股收益产生更大的变动。通常将这两种杠杆的连锁作用称为复合杠杆(DCL)，其计算公式为

复合杠杆=每股利润变动率/产销业务量变动=经营杠杆×财务杠杆

11.5　筹资方法选择

短期资金的需要量是经常变化的，不列入资本结构的管理范围，而作为营运资金管理，因此，通常情况下企业的资本结构由长期债务资本和权益资本构成，资本结构是指长期债务资本和权益资本的比例关系。建立在资本结构理论基础上的简单的量化方法主要有比较资本成本法、每股利润分析法和比较总价值法。

Excel 在市场营销与销售管理中的应用

11.5.1　比较资本成本法

运用比较资本成本法进行筹资分析时，首先应计算出各个备选方案的综合资本成本(加权平均资本成本)，然后进行比较，选择综合资本成本最低的方案作为最优方案，具体操作步骤如下。

步骤 1　在"预测筹资分析"工作簿中新建一张工作表，并将其重命名为"资本成本比较分析"，然后在工作表中创建"比较资本成本法"表格，并根据实际情况录入相关数据，如图 11-27 所示。

步骤 2　在 B8 单元格中输入公式"=SUM(B4:B7)"；在 C4 单元格中输入公式"=B4/$B$8"，然后向下填充公式至 C8 单元格；在 E8 单元格中输入公式"=SUM(E4:E7)"；在 F4 单元格中输入公式"=E4/$E$8"，然后向下填充公式至 F8 单元格；在 D8 单元格中输入公式"=SUMPRODUCT(C4:C7,D4:D7)"，在 G8 单元格中输入公式"=SUMPRODUCT(F4:F7,G4:G7)"；在 B9 单元格中输入公式"=IF(D8<G8,"方案1","方案2")"，最终结果如图 11-28 所示。如果情况变化，需要改变方案的来源数据，决策结果自动实时更新。

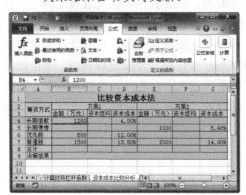

图 11-27　创建"比较资本成本法"表格

图 11-28　得出决策结果

11.5.2　每股利润分析法

每股利润分析法是指以每股收益的变化来衡量和判断资本结构是否合理，能提高每股收益的资本结构是合理的，反之则不够合理。每股收益的高低不仅受资本结构的影响，还受到销售水平的影响。每股利润分析法是利用每股收益的无差别点进行的，所谓每股收益的无差别点，是指每股收益不受融资方式影响的销售水平。

应用每股利润分析法的具体操作步骤如下。

步骤 1　在"预测筹资分析"工作簿中新建一张工作表，并将其重命名为"每股利润分析法"，然后在工作表中创建如图 11-29 所示的表格，并根据实际情况向表格中录入相关数据。

步骤 2　在 B18 单元格中输入公式"=((B17−B17*$B$7−$B$8−$C$3*$D$3)*(1−$B$9)−$C$4*$D$4)/($E$5+$C$13/$E$13)"，然后向右填充公式至 E18 单元格。

步骤 3　在 B19 单元格中输入公式"=((B17−B17*$B$7−$B$8−$C$3*$D$3−$C$14*$D$14)*

340　Excel 行业应用经典教程系列

(1-$B$9)-$C$4*$D$4)/$E$5"，然后向右填充公式至 E19 单元格。

步骤 4　在 B17:E17 的四个单元格中分别输入"500"、"600"、"700"、"800"。

步骤 5　在 E20 单元格中输入公式"=((D20-D20*B7-B8-C3*D3)*(1-B9)-C4*D4)/(E5+C13/E13)-
　　　　((D20-D20*B7-B8-C3*D3-C14*D14)*(1-B9)-C4*D4)/E5"，接着打开"单变量求解"
　　　　对话框，将目标单元格定义为 E20，目标值确定为 0，可变单元格定义为 D20，再连
　　　　续单击"确定"按钮，对 E20 单元格进行求解，结果如图 11-30 所示。

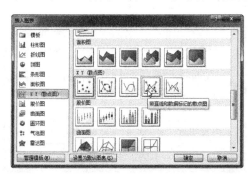

图 11-29　创建表格

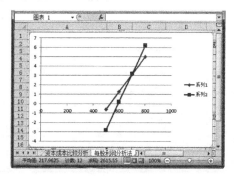

图 11-30　计算得出的决策

　　通过计算结果可以发现，两种增资方案的每股收益无差别点销售额为 693.33 万元。当
销售额低于 693.33 万元时，发行普通股比较有利；当销售额超过 693.33 万元时，通过长期
借款筹资比较有利。

　　根据实际情况绘制图表也能直观地反映出相关问题，具体操作步骤如下。

步骤 1　选择单元格区域 B17:E19，在"插入"选项卡下的"图表"组中，单击右下角的对
　　　　话框启动器按钮，打开"插入图表"对话框。

步骤 2　在该对话框的左侧窗格中选择"XY(散点图)"选项，然后在右侧窗格中选择其中一
　　　　个类型，这里选择的是"带直线和数据标记的散点图"选项，如图 11-31 所示。

步骤 3　单击"确定"按钮，即可看到直观的图表，如图 11-32 所示。

图 11-31　"插入图表"对话框

图 11-32　图表

11.5.3　比较总价值法

每股利润分析法是以每股收益的高低作为衡量标准对筹资方案进行选择，其缺陷是没有考虑风险因素。

财务管理的目标在于追求公司价值最大化或股价最大化，然而只有在风险不变的情况下，每股收益的增长才会直接导致股价的上升。实际上，随着每股收益的增长，风险往往也在加大，如果每股收益的增长不足以补偿风险增加所需的报酬，尽管每股收益增加，股价仍然会下降。因此，公司的最佳资本结构应该是可以使公司总价值最高的资本结构，而不一定是使每股收益最大的资本结构。

公司总价值等于其股票价值加上债券价值，债券的市场价值等于其面值。股票价值和股票资本成本的计算公式为

股票价值=(年息税前收益-年利息额)×(1-所得税税率)/权益资本成本

股票资本成本=无风险报酬率+股票的β系数×平均风险股票必要报酬率

应用比较总价值法的具体操作步骤如下。

步骤 1　在"预测筹资分析"工作簿中新建一张工作表，并将其重命名为"比较总价值法"，然后在工作表中创建如图 11-33 所示的表格，并根据实际情况向表格中录入相关数据。

步骤 2　在 E3 单元格中输入公式"=C3+B3*(D3-C3)"，然后向下填充公式至 E8 单元格。

步骤 3　在 I3 单元格中输入公式"=(F3-G3*H3)*(1-25%)/E3"，然后向下填充公式至 I8 单元格。

步骤 4　在 J3 单元格中输入公式"=H3+I3"，然后向下填充公式至 J8 单元格。

步骤 5　在 K3 单元格中输入公式"=G3*H3/J3*(1-25%)+E3*I3/J3"，然后向下填充公式至 K8 单元格。

步骤 6　在 E9 单元格中输入公式"=MAX(J3:J8)"，在 J9 单元格中输入公式"=MATCH(E9, J3:J8,0)"，在 E10 单元格中输入公式"=MIN(K3:K8)"，在 J10 单元格中输入公式"=MATCH(E10,K3:K8,0)"，得出决策结果，如图 11-34 所示。

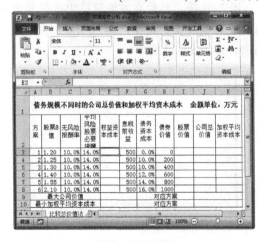

图 11-33　创建表格

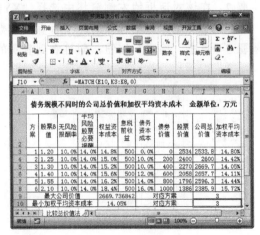

图 11-34　得出决策结果

11.6　筹资风险分析

筹资风险又称财务风险，它是指企业因借入资金而产生的丧失偿债能力的可能性和企业利润的可变性。筹资决策除了要规划资金需求量，并以合适的方式筹措到所需资金以外，还必须正确权衡不同筹资方式下的风险程度，并提出规避和防范风险的措施。

11.6.1　资本结构风险分析

企业要进行正常的生产经营活动必须拥有一定的资本金，并通过最初资本金的运用获得盈利和积累，以扩大和增强企业的实力。企业资本金不仅要有稳定的来源，同时要有合理的构成，且符合国家有关方针、政策和法律法规的规定，符合企业有关章程、制度的规定，满足企业生产经营的需要，符合企业发展方向，体现稳健经营、减少风险的原则；反之，如果企业资金来源及构成混乱，企业的内部功能便会减弱，各种风险便会滋生、蔓延。如果一个企业接受的投资多数为小轿车、室内装修、高级办公用品等非生产性资产，这种方式虽然增强了企业的实力，扩大了企业固定资产比重，但是企业实际生产能力并没有提高，反而降低了企业的资金利用率，相对减少其盈利，进而增加其财务风险。

1．确定最佳资本结构

所谓最佳资本结构是指在企业可接受的最大筹资风险以内，总资本成本最低的资本结构。一个企业只有股权资本而没有负债资本，虽然没有筹资风险，但是资金成本较高，收益也不能最大化。反之，如果没有股权资本，企业也不可能接收到负债资本。如果负债资本多，企业的资金成本虽然可以降低，收益可以提高，但风险却加大了。因此，应确定一个最佳资本结构，在筹资风险和筹资成本之间进行权衡，使企业价值最大化。

2．筹资期限组合方式

企业对筹资期限结构的安排主要有两种方式：中庸筹资法和保守筹资法。

- 中庸筹资法是经常使用的筹资方法，是指企业根据资产的变现日期，安排相应的筹资期限结构，使资产的偿付日期与资产的变现日期相匹配。在采用中庸筹资法的情况下，企业流动资产的短期性变动资金与季节性变动资金用短期负债筹措，长期性流动资产与固定资产则通过长期负债、股东权益等长期性资金予以解决。企业在采用中庸筹资法时，除安排长期借款外，淡季时可以用多余的现金替代以前要进行的短期借款。当企业经营进入旺季需要资金时，可以进行短期借款，这样企业就可以只在需要资金的场合才去筹资。采用此种筹资政策，可使企业降低其无法偿还即将到期负债的风险。
- 采用保守筹资法，企业不但以长期资金来满足永久性流动资产和固定资产的资金需求，而且还以长期资金来满足由于季节性或循环性波动而产生的部分或全部暂时性资产的资金需求。这样，企业在淡季时，由于对资金的需求下降，可以将闲置的资金投到短期有价证券上。通过这种方式，企业不但可以赚到若干报酬，还可以将其部分变现，储存起来以备旺季时使用。而在旺季时，由于资金需求增加，因此，这时除了出售企业所储存的有价证券外，仍然还要使用少量的短期信用才能筹措到足够的资金，以满足其对临时性资金的需求。

11.6.2 财务结构风险分析

在企业总资产报酬率大于债务利率的情况下，通过财务杠杆的作用，利用负债经营，可以为股东带来更多的利益，与此同时，企业的财务风险也增大了。

财务风险主要是通过对净资产收益率变动程度的计算来进行确定的：

净资产收益率=净利润/平均净资产×100%

$\qquad$=(总资产报酬率+债务资本/权益资本×(总资产报酬率−债务利率))×

$\qquad$(1−所得税税率)×100%

总资产报酬率=(利润总额+利息支出)/资产平均总额×100%

$\qquad$=息税前利润/资产平均总额×100%

在企业负债经营的情况下，当总资产报酬率大于债务利率时，股东期望获得的净资产收益率的高低主要取决于企业愿意承担的财务风险的大小，也就是利用财务杠杆的程度。股东期望的净资产收益率越高，企业就必须利用越多的债务资金，并承担越高的风险。企业负债经营的财务风险一般用净资产收益率分布的期望值、标准差以及标准离差率进行衡量：

期望值=$\sum$某种情况的可能值×该种情况发生的概率

标准差=$\sqrt{(某种情况的可能值−期望值)^2×该种情况发生的概率}$

标准离差率=标准差/期望值

概率用来表示随机事件发生的可能性大小，必然发生事件的概率为1，不可能发生事件的概率为0，一般随机事件的概率介于0和1之间。期望值是反映随机变量取值的平均化指标。标准差反映概率分布中各种可能结果对期望的偏离程度。在期望值相同的情况下，标准差越大，意味着风险越大。对于期望值不同的方案，需运用标准离差率来评价。

进行财务结构风险分析的具体操作步骤如下。

步骤 1　在"预测筹资分析"工作簿中新建一张工作表，并将其重命名为"财务结构风险分析"，然后在工作表中创建如图 11-35 所示的表格，并根据实际情况向表格中录入相关数据。

步骤 2　在 D10 单元格中输入公式 "=B10*$B$4"，然后向下填充公式至 D12 单元格，接着将 D10 单元格中的公式复制到 D18:D20,D26:D28 单元格区域中。

步骤 3　在 E10 单元格中输入公式"=(F4−D10)*(1−$B$6)"，然后向下填充公式至 E12 单元格。

步骤 4　在 E18 单元格中输入公式"=(F4−D18)*(1−$B$6)"，然后向下填充公式至 E20 单元格。

步骤 5　在 E26 单元格中输入公式"=(F4−D26)*(1−$B$6)"，然后向下填充公式至 E28 单元格。

步骤 6　在 F10 单元格中输入公式 "=F4/$B$2"，然后向下填充公式至 F12 单元格。

步骤 7　在 F18 单元格中输入公式 "=F4/$B$2"，然后向下填充公式至 F20 单元格。

步骤 8　在 F26 单元格中输入公式 "=F4/$B$2"，然后向下填充公式至 F28 单元格。

步骤 9　在 G10 单元格中输入公式“=E10/C10”，然后将公式复制到 G11、G12、G18、G19、G20、G26、G27、G28 单元格中。

步骤 10　在 F13 单元格中输入公式“=SUMPRODUCT(F10:F12,$G$4:$G$6)”，然后将公式复制到 F21、F29 单元格中。

步骤 11　在 F14 单元格中输入公式“=SQRT(SUMPRODUCT((F10:F12−F13)^2,$G$4:$G$6))”，然后将公式复制到 F22、F30 单元格中。

步骤 12　在 F15 单元格中输入公式“=F14/F13”，然后将公式复制到 F23、F31 单元格中。

步骤 13　在 G13 单元格中输入公式“=SUMPRODUCT(G10:G12,$G$4:$G$6)”，然后将公式复制到 G21、G29 单元格中。

步骤 14　在 G14 单元格中输入公式“=SQRT(SUMPRODUCT((G10:G12−G13)^2,$G$4:$G$6))”，然后将公式复制到 G22、G30 单元格中。

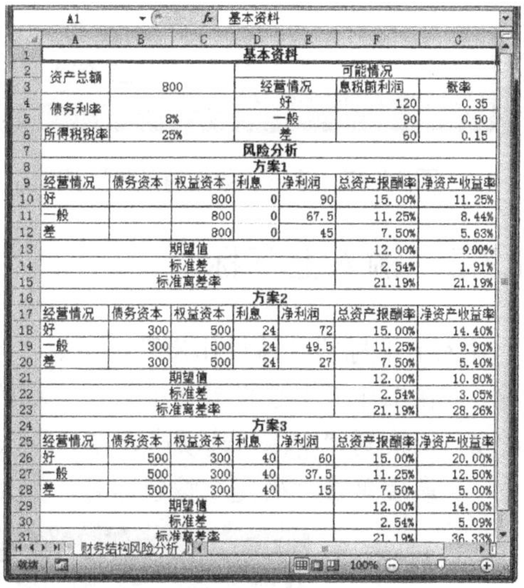

步骤 15　在 G15 单元格中输入公式“=G14/G13”，然后将公式复制到 G23、G31 单元格中，结果如图 11-36 所示。

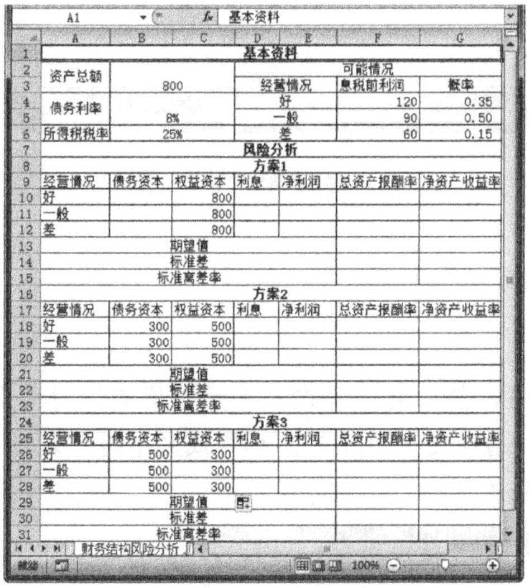

	A	B	C	D	E	F	G
1	基本资料						
2	资产总额	800		可能情况			
3				经营情况		息税前利润	概率
4	债务利率	8%		好		120	0.35
5				一般		90	0.50
6	所得税税率	25%		差		60	0.15
7	风险分析						
8	方案1						
9	经营情况	债务资本	权益资本	利息	净利润	总资产报酬率	净资产收益率
10	好		800				
11	一般		800				
12	差		800				
13	期望值						
14	标准差						
15	标准离差率						
16	方案2						
17	经营情况	债务资本	权益资本	利息	净利润	总资产报酬率	净资产收益率
18	好	300	500				
19	一般	300	500				
20	差	300	500				
21	期望值						
22	标准差						
23	标准离差率						
24	方案3						
25	经营情况	债务资本	权益资本	利息	净利润	总资产报酬率	净资产收益率
26	好	500	300				
27	一般	500	300				
28	差	500	300				
29	期望值						
30	标准差						
31	标准离差率						

图 11-35　创建表格

	A	B	C	D	E	F	G
1	基本资料						
2	资产总额	800		可能情况			
3				经营情况		息税前利润	概率
4	债务利率	8%		好		120	0.35
5				一般		90	0.50
6	所得税税率	25%		差		60	0.15
7	风险分析						
8	方案1						
9	经营情况	债务资本	权益资本	利息	净利润	总资产报酬率	净资产收益率
10	好		800	0	90	15.00%	11.25%
11	一般		800	0	67.5	11.25%	8.44%
12	差		800	0	45	7.50%	5.63%
13	期望值					12.00%	9.00%
14	标准差					2.54%	1.91%
15	标准离差率					21.19%	21.19%
16	方案2						
17	经营情况	债务资本	权益资本	利息	净利润	总资产报酬率	净资产收益率
18	好	300	500	24	72	15.00%	14.40%
19	一般	300	500	24	49.5	11.25%	9.90%
20	差	300	500	24	27	7.50%	5.40%
21	期望值					12.00%	10.80%
22	标准差					2.54%	3.05%
23	标准离差率					21.19%	28.26%
24	方案3						
25	经营情况	债务资本	权益资本	利息	净利润	总资产报酬率	净资产收益率
26	好	500	300	40	60	15.00%	20.00%
27	一般	500	300	40	37.5	11.25%	12.50%
28	差	500	300	40	15	7.50%	5.00%
29	期望值					12.00%	14.00%
30	标准差					2.54%	5.09%
31	标准离差率					21.19%	36.33%

图 11-36　显示方案分析结果

三种方案的总资产报酬率的期望值均为 12%，标准差都是 2.54%，说明总资产报酬率不受资本结构的影响。但随着负债比重的升高，企业净资产收益率的期望值逐渐增大，净资产收益率的标准差和标准离差率也在增大，说明财务风险正在逐渐增大。

11.7　专家指导

11.7.1　快速切换中英文输入法模式

如果要输入的数据是中文和英文相混合的，不停地在两种输入法之间切换是不是很麻烦呢？这时，用户可以为不同的单元格设置不同的默认输入法功能，当在对应的单元格中输入时，Excel 2010 就会自动地将用户预先设置的输入法打开。其实现方法如下。

步骤 1　在 "数据" 选项卡下的 "数据工具" 组中单击 "数据有效性" 按钮，如图 11-37 所示。

步骤 2　弹出 "数据有效性" 对话框，切换到 "输入法模式" 选项卡，设置输入法模式为 "打开" 或 "关闭(英文模式)" 即可。一般情况下，需要输入英文的单元格或区域会设置为 "关闭(英文模式)"，否则设置为 "打开"，最后单击 "确定" 按钮即可，如图 11-38 所示。

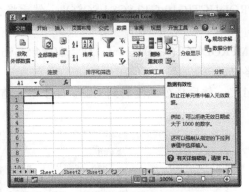

图 11-37　单击 "数据有效性" 按钮

图 11-38　"数据有效性" 对话框

11.7.2　输入上下标

输入上下标的具体操作步骤如下。

步骤 1　在工作表中选择需要输入上下标的单元格，然后打开 "设置单元格格式" 对话框。

步骤 2　切换到 "字体" 选项卡，在 "特殊效果" 选项组中选中 "上标" 或 "下标" 复选框，最后单击 "确定" 按钮即可，如图 11-39 所示。

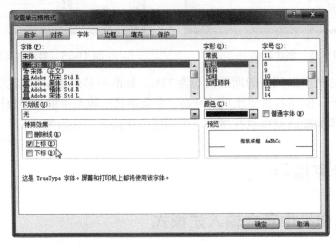

图 11-39　设置上下标

11.7.3　利用通配符进行查找

在"查找和替换"对话框中可以使用的通配符有"*"、"?"和"~"三种，它们的含义分别如下。

- 星号(*)：查找任意数量的字符。
- 问号(?)：查找任意单个字符。
- 波形符(~)：查找问号(?)、星号(*)或波形符(~)。例如，查找问号(?)时应输入"~?"，查找星号(*)时应输入"~*"。

11.7.4　检查 Excel 文档的兼容性

检查 Excel 文档兼容性的具体操作步骤如下。

步骤 1　选择"文件"|"信息"命令，然后在右侧单击"检查问题"按钮，从弹出的菜单中选择"检查兼容性"选项，如图 11-40 所示。

步骤 2　弹出"Microsoft Excel-兼容性检查器"对话框，"摘要"中列出了版本之间的问题，选中"保存此工作簿时检查兼容性"复选框，如图 11-41 所示，在将文件保存为早期版本时，将自动检查兼容性问题。

图 11-40　选择"检查兼容性"选项

图 11-41　"兼容性检查器"对话框

11.8　实战演练

一、选择题

1. "方案管理器"按钮是在(　　)选项卡下。

A. "插入"　　　　　　　　　　　B. "公式"

C. "数据"　　　　　　　　　　　D. "开发工具"

2. “数据分析”按钮是在“数据”选项卡下的(　　)组中。

A. “连接”　　B. “数据工具”

C. “分级显示”　　D. “分析”

3. 表示返回最小随机数的是(　　)参数。

A. RAND　　B. bottom

C. top　　D. RANDBETWEEN

4. “检查兼容性”命令在“文件”|“信息”命令下的(　　)按钮的下拉菜单中。

A. “保护工作簿”　　B. “检查问题”

C. “管理版本”　　D. “属性”

5. DFL 是指(　　)。

A. 经营杠杆　　B. 复合杠杆

C. 总杠杆　　D. 财务杠杆

二、实训题

1. 新建一个空白工作簿，将 Sheet1 工作表重命名为“资金需要量预测”，在其中建立资金需要量预测分析的模型，并录入数据，如图 11-42 所示，然后计算资金需要量。

	A	B	C	D	E
1	某公司资金需要量预测表				
2	项目	2012年资产负债表数据	销售百分比	2013年预计	增加额
3	流动资产	4000			
4	长期资产	2000			
5	资产合计	6000			
6	短期借款	200			
7	应付票据	17			
8	应付账款	536			
9	预提费用	29			
10	长期负债	3000			
11	负债合计	3200			
12	实收资本	300			
13	资本公积	49			
14	留存收益	2670			
15	所有者权益合计				
16	2012年实际销售额			9100	
17	2013年预计销售额			13000	
18	销售增长率				
19	2012年销售净利率（适用于2013年）			4.70%	
20	预计2013年的股利支付率			32%	
21	预计2013年资金追加量				
22	预计2013年外部融资需求量				

图 11-42　资金需要量预测表

2. 利用高低点法预测资金需要量。

第 12 章

经典实例：长期投资决策分析

获得尽可能多的利润是企业经营的目的之一。当企业面临多个投资活动时，必须先进行投资分析，做出全面而正确的投资决策。本章将介绍如何使用 Excel 进行长期投资决策分析。

【本章实例展示】

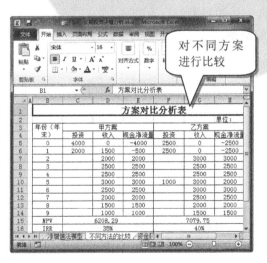

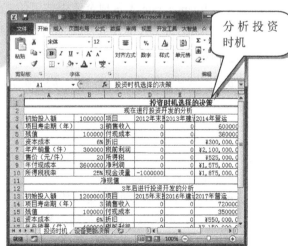

12.1 要点分析

本章围绕长期投资决策问题,通过不同的案例介绍如何使用 Excel 进行长期投资决策分析,其中用到 RANK 函数、MIRR 函数、PMT 函数、SYD 函数和 SLN 函数等。

1. RANK 函数

RANK 函数用于返回某数字在数字列表中相对于其他数值的大小排位。其语法结构如下:

```
RANK(number,ref,order)
```

其中:

- number 表示需要找到排位的数字。
- ref 表示数字列表的数组或对数字列表的引用。ref 中的非数值型参数将被忽略。
- order 指明排位的方式。如果为 0 或省略,则表示降序排列;如果为非零值,则表示升序排列。

2. MIRR 函数

MIRR 函数用于返回某一连续期间内现金流的修正内部收益率。MIRR 函数同时考虑了投资的成本和现金再投资的收益率。其语法结构如下:

```
MIRR(values,finance_rate,reinvest_rate)
```

其中:

- values 表示一个数组或对包含数字的单元格的引用。这些数值代表着各期的一系列支出(负值)及收入(正值)。
- finance_rate 表示现金流中使用的资金支付的利率。
- reinvest_rate 表示将现金流再投资的收益率。

3. PMT 函数

PMT 函数用于基于固定利率及等额分期付款方式,返回贷款的每期付款额。其语法结构如下:

```
PMT(rate,nper,pv,fv,type)
```

其中:

- rate 表示贷款利率。
- nper 表示贷款的付款总数。
- pv 表示现值,或一系列未来付款的当前值的累积和,也称为本金。
- fv 表示未来值,或在最后一次付款后希望得到的现金余额,如果省略 fv,则假设其值为 0,也就是一笔贷款的未来值为 0。
- type 用于指定付息时间是在期初还是期末,其值可以为 0 或 1。如果为 0 或省略,则表示在期末；如果为 1，则表示在期初。

4. SYD 函数

SYD 函数用于返回某项资产按年限总和折旧法计算的指定期间的折旧值。其语法结构如下：

`SYD(cost,salvage,life,per)`

其中：

- cost 表示资产原值。
- salvage 表示资产在折旧期末的价值(有时也称为资产残值)。
- life 表示折旧期限(有时也称为资产的使用寿命)。
- per 表示期间，其单位与 life 相同。

5. SLN 函数

SLN 函数用于返回某项资产在一个期间中的线性折旧值。其语法结构如下：

`SLN(cost,salvage,life)`

其中：

- cost 表示资产原值。
- salvage 表示资产在折旧期末的价值(有时也称为资产残值)。
- life 表示折旧期限(有时也称为资产的使用寿命)。

12.2　投资项目的现金流量构成与计算方法

企业在投资项目时，不仅要有技术支持，还需要有足够的资金保证。这些资金不需要一次全部备齐，但是要有控制、有规划地投入，控制好现金流量。投资项目的现金流量主要有原始投资、固定资产使用中的现金流量和固定资产清理的现金流量。

- 原始投资：是指在开始投资时投入的资金，主要为现金流出量，一般包括固定资产投资(如房屋、机器设备等的购入或建造、运输、安装成本等)、流动资产投资和原有固定资产的变现收入(表现为现金流入)。
- 固定资产使用中的现金流量：是指固定资产在投产后，由于正常业务所引起的现金流量。
- 固定资产清理的现金流量：是指固定资产使用期满，进行清理阶段发生的现金流量，包括收回固定资产的残值、收回原垫付的流动资金等，它们都是企业的现金流入。

现金流量是指投资项目在其计算期内因资本循环而可能或应该发生的多项现金流入量与现金流出量的统称。现金净流量的计算公式为

现金净流量=各年的现金流入量-各年的现金流出量

=销售收入-付现成本-所得税

=净利润+固定资产的折旧额

12.3　长期投资决策方法选择

长期投资决策是指投入大量现金，投资方案获取报酬或收益的时间在一年以上，能在较长时间内影响企业经营获利能力的、涉及企业生产经营全面性和战略性问题的决策。

12.3.1　非贴现现金流量评价方法

非贴现现金流量评价方法是指不考虑资金时间价值(指资金经历一定时间的投资和再投资所增加的价值，一般用增加价值占投入货币的百分数来表示)，直接根据不同时期的现金流量来分析与项目的经济效益相关的各种指标。

非贴现现金流量评价方法包括回收期评价方法和会计收益率法。

- 回收期是指投资引起的现金流入累计到与投资额相等所需要的时间。回收年限越短，项目越有利。回收期分为静态回收期和动态回收期。
- 会计收益率是指投资项目经营期各年平均利润与初始投资额的百分比。会计收益率法是根据投资方案预期平均盈利率大小选择最优方案的方法。

下面以回收期法为例进行介绍。回收期法的核心是计算通过利润来回收投资的年限，将回收期最短的方案选定为最优方案。建立投资回收期法模型的具体操作步骤如下。

步骤 1　新建名为"长期投资决策分析"的工作簿，然后将 Sheet1 工作表重命名为"投资回收期法模型"，接着在该工作表中设计"投资回收期法模型"表格，如图 12-1 所示。

步骤 2　根据实际情况录入相关数据，如图 12-2 所示。

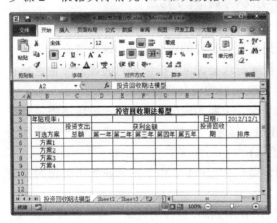

图 12-1　创建表格

图 12-2　录入数据

步骤 3　选中 I6 单元格，然后在"公式"选项卡下，单击"函数库"选项组中的"插入函数"按钮，打开"插入函数"对话框，在"或选择类别"下拉列表框中选择"全部"选项，在"选择函数"列表框中选择 IF 函数，单击"确定"按钮，如图 12-3 所示。

步骤 4　弹出"函数参数"对话框，确定 Logical_test 参数为"D6+C6>0"，Value_if_true 参数为"-C6/D6"，Value_if_false 参数为"IF(E6+D6+C6>0,1+(-C6-D6)/E6,IF(F6+E6+

D6+C6>0,2+(-C6-D6-E6)/F6,IF(G6+F6+E6+D6+C6>0,3+(-C6-D6-E6-F6)/G6,4+(-C6-D6-E6-F6-G6)/H6)))"，单击"确定"按钮，如图12-4所示。

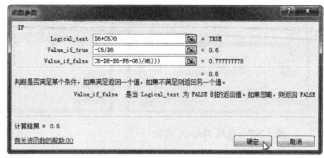

图12-3　"插入函数"对话框　　　　　图12-4　"函数参数"对话框

步骤5　返回到工作表中，得到方案1的投资回收期，如图12-5所示。

步骤6　将鼠标指针移动到I6单元格的右下方，当指针变为黑十字形状时，按住鼠标左键向下拖动至I9单元格，再释放鼠标，得到I7:I9单元格区域的结果，如图12-6所示。

步骤7　从投资回收期的长短来看，方案1的时间最短，资金回收最快。为了更加方便地判断方案的优劣，这里增加了"排序"列，用来对各方案的投资回收期进行排序。选中J6单元格，然后单击"公式"选项卡下的"函数库"组中的"插入函数"按钮，打开"插入函数"对话框，在"或选择类别"下拉列表框中选择"全部"选项，在"选择函数"列表框中选择RANK函数，单击"确定"按钮，如图12-7所示。

图12-5　得到方案1的投资回收期　　　　图12-6　得到所有方案的投资回收期

步骤8　弹出"函数参数"对话框，单击Number文本框右侧的"拾取器"按钮，返回到工作表中选择I6单元格，再使用同样的方法确定Ref参数和Order参数，单击"确定"按钮，如图12-8所示。

图 12-7　选择 RANK 函数　　　　　　　图 12-8　设置函数参数

步骤 9　返回到工作表中，得到 J6 单元格的计算结果，如图 12-9 所示。

步骤 10　选取 J6 单元格，然后向下填充公式至 J7:J9 单元格区域，结果如图 12-10 所示。

图 12-9　得到 J6 单元格的计算结果　　　　　图 12-10　得到所有排序结果

12.3.2　贴现现金流量评价方法

贴现现金流量评价方法需要估计由并购引起的期望的增量现金流量和贴现率(或资本成本)，即企业进行新投资市场所要求的最低的可接受的报酬率。贴现现金流量评价方法包括净现值法、现值指数法和内含报酬率法。

- 净现值是指特定项目未来现金流入的现值与未来现金流出的现值之间的差额，它是评估项目是否可行的最重要的指标。
- 现值指数是未来现金流入现值与现金流出现值的比率，亦称净现值率、现值比率或获利指数。净现值是绝对数，反映投资的效益；现值指数是相对数，反映投资的效率，两者各有自己的用途。
- 内含报酬率是指能够使未来现金流入量现值等于未来现金流出量现值的折现率，或者说是使投资项目净现值为零时的折现率。

下面以净现值法为例介绍贴现现金流量评价方法的应用，具体操作步骤如下。

步骤 1　在"长期投资决策分析"工作簿中将 Sheet2 工作表重命名为"净现值法模型"，然后在该工作表中设计"净现值法模型"表格，如图 12-11 所示。

步骤 2 根据实际情况录入相关数据，如图 12-12 所示。

图 12-11　创建表格　　　　　　　　　　图 12-12　录入数据

步骤 3 选中 J3 单元格，单击"公式"选项卡下的"函数库"组中的"插入函数"按钮，打开"插入函数"对话框，在"或选择类别"下拉列表框中选择"日期与时间"选项，然后在"选择函数"列表框中选择 TODAY 函数，单击"确定"按钮，如图 12-13 所示。

步骤 4 弹出"函数参数"对话框，提示该函数不需要参数，计算结果是可变的，单击"确定"按钮，如图 12-14 所示。

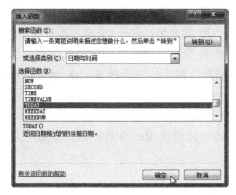

图 12-13　选择 TODAY 函数　　　　　　图 12-14　"函数参数"对话框

步骤 5 返回工作表中，得到 J3 单元格的计算结果，显示当前的系统日期，如图 12-15 所示。

步骤 6 选中 I6 单元格，单击"公式"选项卡下的"函数库"组中的"插入函数"按钮，打开"插入函数"对话框，在"或选择类别"下拉列表框中选择"财务"选项，然后在"选择函数"列表框中选择 NPV 函数，单击"确定"按钮，如图 12-16 所示。

步骤 7 弹出"函数参数"对话框，设置 Rate 参数为"$C$3"，Value1 参数为"C6:H6"，再单击"确定"按钮，如图 12-17 所示。

步骤 8 将鼠标指针移动到 I6 单元格的右下方，当指针变为黑十字形状时，按住鼠标左键向下拖动至 I9 单元格，再释放鼠标，得到 I7:I9 单元格区域的净现值，如图 12-18 所示。

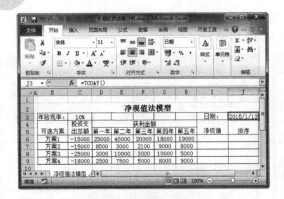

图 12-15　得到当前日期

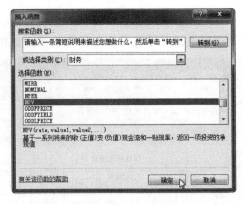

图 12-16　选择 NPV 函数

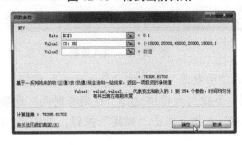

图 12-17　设置 NPV 函数参数

图 12-18　计算净现值

步骤 9　从净现值的大小来看，首先可以排除方案 3，因为它的净现值是负值，即采用该方案的话，将会亏损。为了更加方便地判断方案的优劣，这里增加了"排序"列，用来对各方案所获得的净现值进行排序。选中 J6 单元格，单击"公式"选项卡下的"函数库"组中的"插入函数"按钮，打开"插入函数"对话框，在"或选择类别"下拉列表框中选择"全部"选项，在"选择函数"列表框中选择 RANK 函数，最后单击"确定"按钮，如图 12-19 所示。

步骤 10　弹出"函数参数"对话框，单击 Number 文本框右侧的"拾取器"按钮，返回到工作表中选择 I6 单元格，再使用同样的方法确定 Ref 参数，然后单击"确定"按钮，如图 12-20 所示。

图 12-19　选择 RANK 函数

图 12-20　设置 RANK 函数参数

步骤 11　选取 J6 单元格，然后向下填充公式至 J7:J9 单元格区域，结果如图 12-21 所示。

图 12-21 得到排序结果

12.3.3 不同评价方法的比较

下面以净现值法和内含报酬率法为例进行不同评价方法的比较，具体操作步骤如下。

步骤 1　在"长期投资决策分析"工作簿中重命名 Sheet3 工作表为"不同方法的比较"，然后在工作表中设计"方案对比分析表"表格，如图 12-22 所示。

步骤 2　根据实际情况录入相关数据，如图 12-23 所示。

图 12-22 创建表格

图 12-23 录入数据

步骤 3　在 E5 单元格中输入公式"=D5-C5"，拖动 E5 单元格右下角的填充柄至 E14 单元格，得到 E6:E14 单元格区域的结果，如图 12-24 所示。

步骤 4　在 H5 单元格中输入公式"=G5-F5"，拖动 H5 单元格右下角的填充柄至 H14 单元格，得到 H6:H14 单元格区域的结果，如图 12-25 所示。

步骤 5　在 C15 单元格中输入公式"=NPV($I$4,E6:E14)+E5"，拖动 C15 单元格右下角的填充柄至 F15 单元格，得到 F15 单元格的结果，如图 12-26 所示。

步骤 6　在 C16 单元格中输入公式"=IRR(E5:E14)"，拖动 C16 单元格右下角的填充柄至 F16 单元格，得到 F16 单元格的结果，如图 12-27 所示。

357

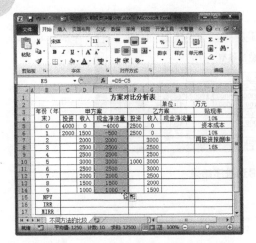

图 12-24　计算得到甲方案的现金净流量

图 12-25　计算得到乙方案的现金净流量

图 12-26　计算得到净现值

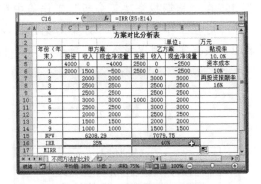

图 12-27　计算得到内含报酬率

步骤 7　在 C17 单元格中输入公式 "=MIRR(E5:E14,$I$6,$I$8)"，拖动 C17 单元格右下角的填充柄至 F17 单元格，得到 F17 单元格的结果，如图 12-28 所示。

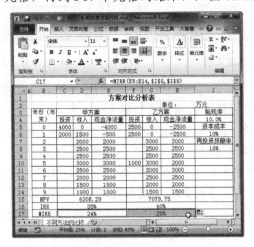

图 12-28　计算得到修正内含报酬率

12.4　特殊长期投资决策方法选择

12.4.1　寿命期不同的互斥方案的决策

投资项目互斥方案主要基于净现值法和内部报酬率法进行评价决策。在评价过程中，不仅要考察各个方案自身的经济效果，更为重要的是还要考察各个方案的相对优劣问题，这两种检验缺一不可。

对互斥方案进行比较，不同方案之间必须具有可比性。而寿命期不同的方案之间，显然缺乏时间上的可比性，这就有可能会出现运用净现值法和内部报酬率法得出的结论不一致的情况，下面将举例进行说明。

步骤 1　在"长期投资决策分析"工作簿中新建一张工作表，将其重命名为"寿命期不同的互斥方案的决策"，然后在工作表中创建如图 12-29 所示的表格。

步骤 2　根据实际情况录入相关数据，如图 12-30 所示。

图 12-29　创建表格　　　　　　　　　　　　　图 12-30　录入数据

步骤 3　选中 C8 单元格，然后打开"插入函数"对话框，在"或选择类别"下拉列表框中选择"财务"选项，在"选择函数"列表框中选择 NPV 函数，然后单击"确定"按钮，如图 12-31 所示。

步骤 4　弹出"函数参数"对话框，设置 Rate 为"C4"，设置 Value1 为"C7:F7"，如图 12-32 所示。

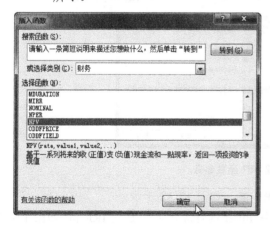

图 12-31　选择 NPV 函数　　　　　　　　　　图 12-32　设置 NPV 函数参数

步骤 5   单击"确定"按钮，得到方案 A 的 NPV 值，如图 12-33 所示。

步骤 6   在 G8 单元格中输入公式"=NPV(G4,G7:I7)"，按 Enter 键计算出方案 B 的 NPV 值，如图 12-34 所示。

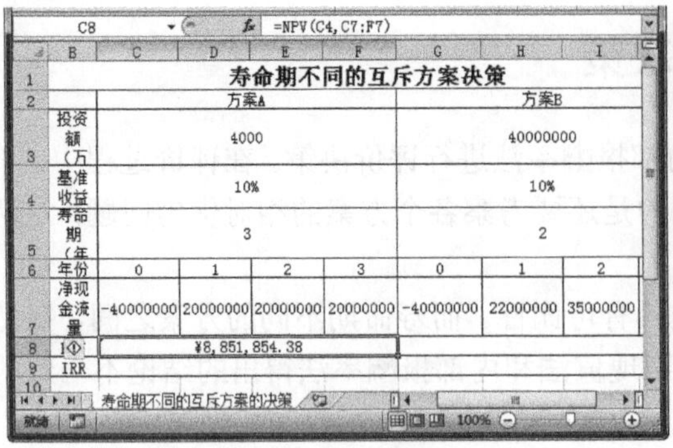

图 12-33   得到方案 A 的 NPV 值 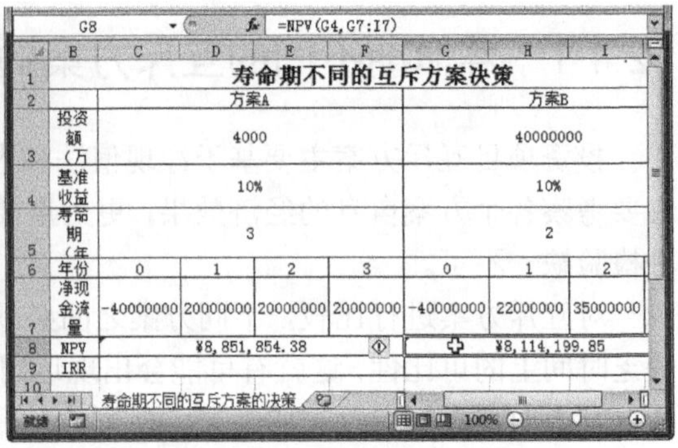　　　　　图 12-34   得到方案 B 的 NPV 值

步骤 7   选中 C9 单元格，然后打开"插入函数"对话框，在"或选择类别"下拉列表框中选择"财务"选项，在"选择函数"列表框中选择 IRR 函数，再单击"确定"按钮，如图 12-35 所示。

图 12-35   选择 IRR 函数

步骤 8   弹出"函数参数"对话框，设置 Values 为"C7:F7"，如图 12-36 所示。

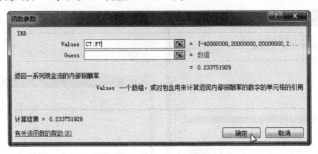

图 12-36   设置 IRR 函数参数

步骤 9   单击"确定"按钮，得到方案 A 的 IRR 值，如图 12-37 所示。

步骤 10   在 G9 单元格中输入"=IRR(G7:I7)"，按 Enter 键计算出方案 B 的 IRR 值，如图 12-38 所示。

图 12-37　得到方案 A 的 IRR 值

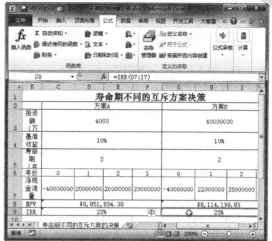

图 12-38　得到方案 B 的 IRR 值

通过 Excel 的 NPV 和 IRR 函数求解，得到的结果为：$NPV_A=885.1$ 万元，$IRR_A=23\%$；$NPV_B=811.4$ 万元，$IRR_B=25\%$，方案 A、B 都通过了绝对效果检验，且用绝对效果检验结论是一致的。但是，$NPV_A>NPV_B$，而 $IRR_A<IRR_B$，在进行相对效果检验时，NPV 和 IRR 出现了不一致的情况，原因在于两方案的寿命期不同。

12.4.2　资金有限额情况下的最佳投资组合决策

在企业的投资活动中，经常会遇到多个投资项目组合问题。如果一定时期内的多个投资项目都是可行的，但又由于资金筹建数额、时间等条件的制约，不可能同时接受全部投资项目，这时就需要从备选投资项目中选择某些投资项目，组成最优投资组合。解决多项目投资组合决策问题的基本思路是，首先分析投资项目的基本情况及相应的限制条件，建立相应的多项目投资组合决策问题的线性规划数学模型，即以多个投资项目构成的投资组合的净现值为目标函数，以一定时期的资金限额等限制条件为约束条件，建立线性规划模型，再利用 Excel 中的"规划求解"工具求出目标函数最大时的最优解。下面根据资料建立资金限额情况下的最佳投资组合决策模型，具体操作步骤如下。

步骤 1　在"长期投资决策分析"工作簿中新建一张工作表，将其重命名为"资金限额情况下最佳投资组合决策"，接着在工作表中创建如图 12-39 所示的表格。

步骤 2　根据实际情况录入相关数据，如图 12-40 所示。

步骤 3　在 D14 单元格中输入公式"=B14-B15"。

步骤 4　在 D15 单元格中输入公式"=B15+B16"。

步骤 5　在 B19 单元格中输入公式"=SUMPRODUCT(D5:D9,B14:B18)"。

步骤 6　在 C20 单元格中输入公式"=SUMPRODUCT(B5:B9,B14:B18)"。

步骤 7　在 C21 单元格中输入公式"=(B10-C20)*(1+B11)+C10"。

步骤 8　在 C22 单元格中输入公式"=SUMPRODUCT(C5:C9,B14:B18)"。

步骤 9　在 C23 单元格中输入公式"=C20+C22"。

步骤 10 在 C24 单元格中输入公式 "=C21-C22"。

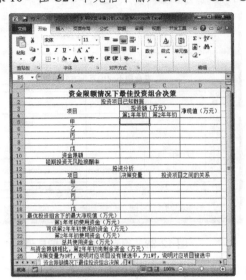

图 12-39 创建表格   图 12-40 录入数据

步骤 11 进行规划求解。单击"数据"选项卡下的"分析"组中的"规划求解"按钮,打开"规划求解参数"对话框,设置目标单元格为"$B$19",选中"最大值"单选按钮,设置可变单元格为"$B$14:$B$18",然后单击"添加"按钮添加约束条件,如图 12-41 所示。

步骤 12 弹出"添加约束"对话框,如图 12-42 所示。在其中添加的约束条件为: $B$14:$B$18<=1, $B$14:$B$18=整数, $B$14:$B$18>=0, $C$20<=$B$10, $C$22<=$C$21, $D$14=0, $D$15=1。全部添加完成后,单击"确定"按钮。

图 12-41 "规划求解参数"对话框   图 12-42 "添加约束"对话框

步骤 13 返回到"规划求解参数"对话框,单击"求解"按钮,弹出"规划求解结果"对话框,再单击"确定"按钮,如图 12-43 所示。

步骤 14　返回到工作表中，得到决策结果，如图 12-44 所示。结果表明当 B14 单元格到 B18
　　　　单元格的决策变量分别为 1、1、0、0、1 时，目标函数最大，即选取甲、乙、戊
　　　　投资项目组合，放弃丙项目和丁项目。

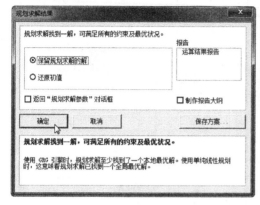

图 12-43　"规划求解结果"对话框

图 12-44　得到规划求解结果

12.4.3　有杠杆条件下的投资决策方法

财务杠杆又称为筹资杠杆或融资杠杆，它是投资者在制定资本结构决策时对债务筹资的
利用，而在这种利用中，只要企业在筹资中通过适当举债调整资本结构，就可以给企业带来
额外收益。财务杠杆在企业的现实经营中具有重要的作用，如果企业投资收益率大于负债利
率，财务杠杆作用会使得资本收益由于负债经营而绝对值增加，从而使得权益资本收益率大
于企业投资收益率，且债务资本比例越高，财务杠杆利益越大，所以财务杠杆利益的实质便
是由于企业投资收益率大于负债利率，由负债所取得的一部分利润转化给了权益资本，从而
使得权益资本收益率上升。反之，如果企业投资收益率等于或小于负债利率，那么负债所产
生的利润只能或者不足以弥补负债所需的利息，甚至利用权益资本所取得的利润都不足以弥
补利息，因而不得不以减少权益资本来偿债。

下面举例分析有杠杆条件下的投资决策，具体操作步骤如下。

步骤 1　在"长期投资决策分析"工作簿中新建一张工作表，并将其重命名为"有杠杆条件
　　　　下的投资决策模型"，然后在该工作表中创建表格，如图 12-45 所示。

步骤 2　根据实际情况录入相关数据，如图 12-46 所示。

步骤 3　选中 F5 单元格，然后打开"插入函数"对话框，在"或选择类别"下拉列表框中
　　　　选择"财务"选项，在"选择函数"列表框中选择 PMT 函数，再单击"确定"按
　　　　钮，如图 12-47 所示。

步骤 4　弹出"函数参数"对话框，设置 Rate 为 0.1，Nper 为 6，Pv 为 200，如图 12-48
　　　　所示。

步骤 5　单击"确定"按钮，计算出每期付款额，如图 12-49 所示。通常情况下，每期付款
　　　　额应该是大于或等于 0 的数值，为此，在 F5 单元格公式前添加负号，使计算结果
　　　　为正值。

步骤 6　在 D13 单元格中输入公式"=F2*F4"，按 Enter 键得到第 1 年的付息额，如图 12-50

所示。

图 12-45　创建表格

图 12-46　录入数据

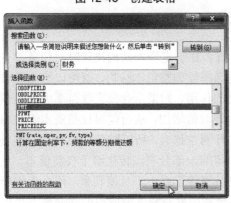

图 12-47　选择 PMT 函数

图 12-48　设置 PMT 函数参数

图 12-49　得到每期付款额

图 12-50　得到第 1 年的付息额

步骤 7　在 C13 单元格中输入公式 "=F5-D13"，按 Enter 键得到第 1 年的还本额，如图 12-51

所示。

步骤 8　在 D14 单元格中输入公式 "=(F2-C13)*F4"，按 Enter 键得到第 2 年的付息额，如图 12-52 所示。

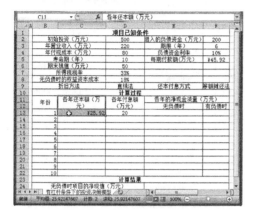

图 12-51　得到第 1 年的还本额

图 12-52　得到第 2 年的付息额

步骤 9　在 C14 单元格中输入公式 "=F5-D14"，按 Enter 键得到第 2 年的还本额，如图 12-53 所示。

步骤 10　在 D15 单元格中输入公式 "=(F2-C13-C14)*F4"，按 Enter 键得到第 3 年的付息额，如图 12-54 所示。

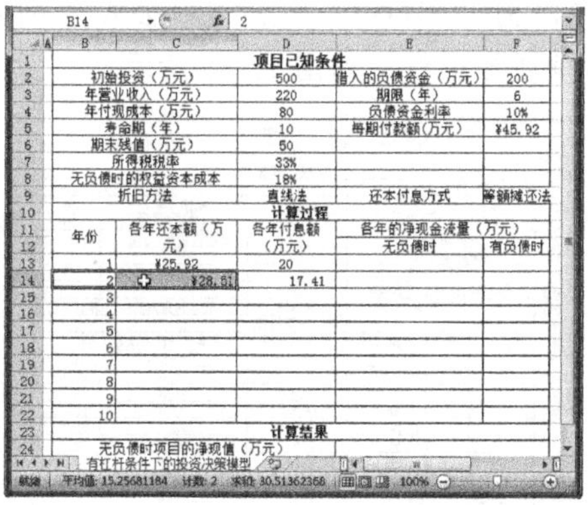

图 12-53　得到第 2 年的还本额

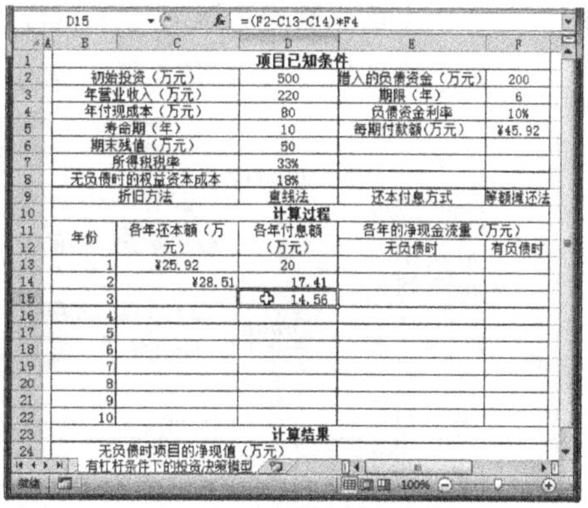

图 12-54　得到第 3 年的付息额

步骤 11　在 C15 单元格中输入公式 "=F5-D15"，得到第 3 年的还本额。

步骤 12　在 D16 单元格中输入公式 "=(F2-C13-C14-C15)*F4"，得到第 4 年的付息额。

步骤 13　在 C16 单元格中输入公式 "=F5-D16"，得到第 4 年的还本额。

步骤 14　在 D17 单元格中输入公式 "=(F2-C13-C14-C15-C16)*F4"，得到第 5 年的付息额。

步骤 15　在 C17 单元格中输入公式 "=F5-D17"，得到第 5 年的还本额。

步骤 16　在 D18 单元格中输入公式 "=(F2-C13-C14-C15-C16-C17)*F4"，得到第 6 年的付息额。

步骤 17　在 C18 单元格中输入公式 "=F5-D18"，得到第 6 年的还本额。

步骤 18　在 D19 单元格中输入公式 "=(F2-C13-C14-C15-C16-C17-C18)*F4"，得到第 7 年的付息额。

步骤 19 由于还款期限为 6 年，所以在 C19:C22 和 D20:D22 单元格区域中输入 0，如图 12-55 所示。

步骤 20 在 E13 单元格中输入公式 "=($D$3-$D$4)*(1-$D$7)"，如图 12-56 所示。

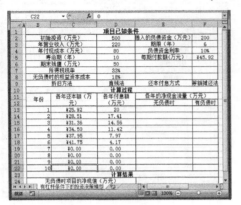

图 12-55　6 年已还清　　　　　　　　　　图 12-56　得到无负债时第 1 年的净现金流量

步骤 21 复制 E13 单元格公式至 E14:E21 单元格区域中，得到无负债时第 2～9 年的净现金流量。

步骤 22 在 E22 单元格中输入公式 "=E21+D6"，得到无负债时第 10 年的净现金流量，如图 12-57 所示。

步骤 23 在 F13 单元格中输入公式 "=($D$3-$D$4-$F$5)*(1-$D$7)"，然后复制公式至 F14:F18 单元格区域，得到有负债时第 1～6 年的净现金流量，如图 12-58 所示。

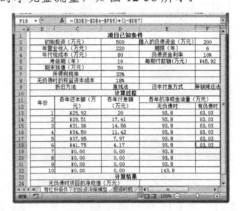

图 12-57　得到无负债时第 10 年的净现金流量　　图 12-58　得到有负债时第 1～6 年的净现金流量

步骤 24 在 F9、F10、F21 单元格中均输入公式 "=(D3-D4)*(1-D7)"，得到第 6 年之后各年净现金流量，如图 12-59 所示。

步骤 25 在 F22 单元格中输入公式 "=F21+D6"，得到计算结果，如图 12-60 所示。

步骤 26 在 E24 单元格中输入公式 "=E13/D8-D2"，得到无负债时项目的净现值，如图 12-61 所示。

步骤 27 在 E25 单元格中输入公式 "=E13/D8-D2"，得到有负债时项目的净现值，如图 12-62 所示。

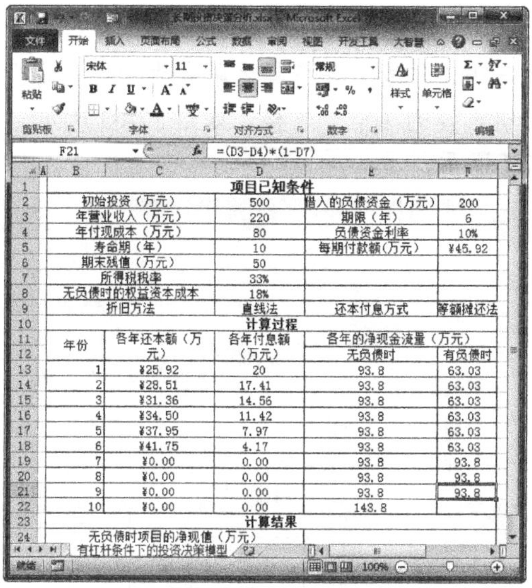

F21 =(D3-D4)*(1-D7)

行	B	C	D	E	F
1	项目已知条件				
2	初始投资（万元）		500	借入的负债资金（万元）	200
3	年营业收入（万元）		220	期限（年）	6
4	年付现成本（万元）		80	负债资金利率	10%
5	寿命期（年）		10	每期付款额(万元)	¥45.92
6	期末残值（万元）		50		
7	所得税税率		33%		
8	无负债时的权益资本成本		18%		
9	折旧方法		直线法	还本付息方式	等额摊还法
10	计算过程				
11	年份	各年还本额（万元）	各年付息额（万元）	各年的净现金流量（万元）	
12				无负债时	有负债时
13	1	¥25.92	20	93.8	63.03
14	2	¥28.51	17.41	93.8	63.03
15	3	¥31.36	14.56	93.8	63.03
16	4	¥34.50	11.42	93.8	63.03
17	5	¥37.95	7.97	93.8	63.03
18	6	¥41.75	4.17	93.8	63.03
19	7	¥0.00	0.00	93.8	93.8
20	8	¥0.00	0.00	93.8	93.8
21	9	¥0.00	0.00	93.8	93.8
22	10	¥0.00	0.00	143.8	
23	计算结果				
24	无负债时项目的净现值（万元）				

图 12-59　得到有负债时的净现金流量

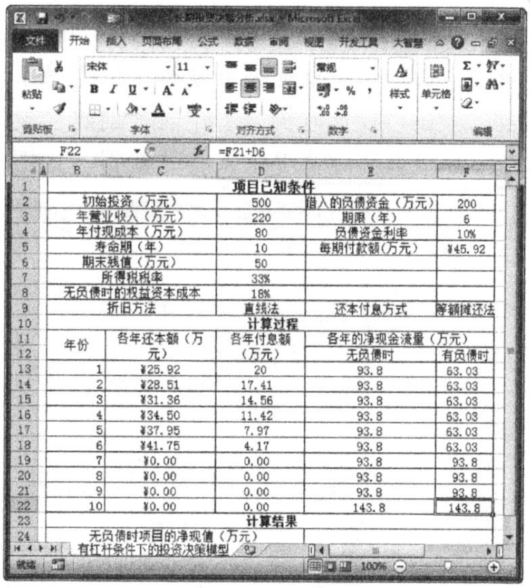

F22 =F21+D6

行	B	C	D	E	F
1	项目已知条件				
2	初始投资（万元）		500	借入的负债资金（万元）	200
3	年营业收入（万元）		220	期限（年）	6
4	年付现成本（万元）		80	负债资金利率	10%
5	寿命期（年）		10	每期付款额(万元)	¥45.92
6	期末残值（万元）		50		
7	所得税税率		33%		
8	无负债时的权益资本成本		18%		
9	折旧方法		直线法	还本付息方式	等额摊还法
10	计算过程				
11	年份	各年还本额（万元）	各年付息额（万元）	各年的净现金流量（万元）	
12				无负债时	有负债时
13	1	¥25.92	20	93.8	63.03
14	2	¥28.51	17.41	93.8	63.03
15	3	¥31.36	14.56	93.8	63.03
16	4	¥34.50	11.42	93.8	63.03
17	5	¥37.95	7.97	93.8	63.03
18	6	¥41.75	4.17	93.8	63.03
19	7	¥0.00	0.00	93.8	93.8
20	8	¥0.00	0.00	93.8	93.8
21	9	¥0.00	0.00	93.8	93.8
22	10	¥0.00	0.00	143.8	143.8
23	计算结果				
24	无负债时项目的净现值（万元）				

图 12-60　得到 F22 单元格的计算结果

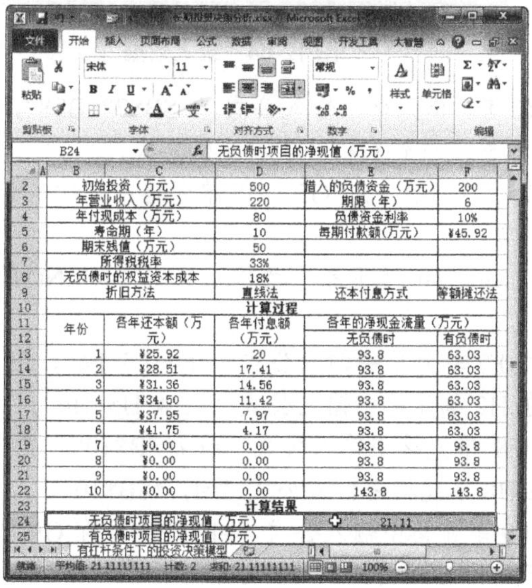

B24 无负债时项目的净现值（万元）

行	B	C	D	E	F
2	初始投资（万元）		500	借入的负债资金（万元）	200
3	年营业收入（万元）		220	期限（年）	6
4	年付现成本（万元）		80	负债资金利率	10%
5	寿命期（年）		10	每期付款额(万元)	¥45.92
6	期末残值（万元）		50		
7	所得税税率		33%		
8	无负债时的权益资本成本		18%		
9	折旧方法		直线法	还本付息方式	等额摊还法
10	计算过程				
11	年份	各年还本额（万元）	各年付息额（万元）	各年的净现金流量（万元）	
12				无负债时	有负债时
13	1	¥25.92	20	93.8	63.03
14	2	¥28.51	17.41	93.8	63.03
15	3	¥31.36	14.56	93.8	63.03
16	4	¥34.50	11.42	93.8	63.03
17	5	¥37.95	7.97	93.8	63.03
18	6	¥41.75	4.17	93.8	63.03
19	7	¥0.00	0.00	93.8	93.8
20	8	¥0.00	0.00	93.8	93.8
21	9	¥0.00	0.00	93.8	93.8
22	10	¥0.00	0.00	143.8	143.8
23	计算结果				
24	无负债时项目的净现值（万元）			21.11	
25	有负债时项目的净现值（万元）				

图 12-61　得到无负债时项目的净现值

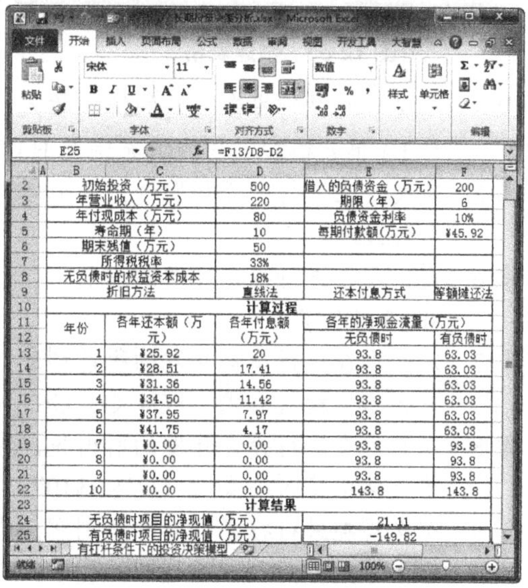

E25 =F13/D8-D2

行	B	C	D	E	F
2	初始投资（万元）		500	借入的负债资金（万元）	200
3	年营业收入（万元）		220	期限（年）	6
4	年付现成本（万元）		80	负债资金利率	10%
5	寿命期（年）		10	每期付款额(万元)	¥45.92
6	期末残值（万元）		50		
7	所得税税率		33%		
8	无负债时的权益资本成本		18%		
9	折旧方法		直线法	还本付息方式	等额摊还法
10	计算过程				
11	年份	各年还本额（万元）	各年付息额（万元）	各年的净现金流量（万元）	
12				无负债时	有负债时
13	1	¥25.92	20	93.8	63.03
14	2	¥28.51	17.41	93.8	63.03
15	3	¥31.36	14.56	93.8	63.03
16	4	¥34.50	11.42	93.8	63.03
17	5	¥37.95	7.97	93.8	63.03
18	6	¥41.75	4.17	93.8	63.03
19	7	¥0.00	0.00	93.8	93.8
20	8	¥0.00	0.00	93.8	93.8
21	9	¥0.00	0.00	93.8	93.8
22	10	¥0.00	0.00	143.8	143.8
23	计算结果				
24	无负债时项目的净现值（万元）			21.11	
25	有负债时项目的净现值（万元）			-149.82	

图 12-62　得到有负债时项目的净现值

12.5　长期投资决策的几种不同类型

12.5.1　最佳投资时机的选择

在企业的投资活动中，有的投资项目建成后便产生了较好的经济效益，而有的投资项目建成后效益不佳，有的经过几年才见效益，还有的甚至造成项目搁浅，带来巨大损失。为此，下面通过建立“投资时机分析”模型来分析投资的最佳时机，决策的一般法则是净现值最大的方案即为最佳方案，具体操作步骤如下。

步骤 1　在"长期投资决策分析"工作簿中新建一张工作表，并将其重命名为"投资时机"。

步骤 2　在"投资时机"工作表中创建"投资时机选择的决策"表格，如图 12-63 所示。

步骤 3　根据实际情况录入相关数据，如图 12-64 所示。

图 12-63　创建表格　　　　　　　　图 12-64　录入数据

步骤 4　定义现在进行投资开发的销售收入。在 F4 单元格中输入公式 "=$B$7*$B$8"，拖动 F4 单元格右下角的填充柄至 H4 单元格，得到 G4、H4 单元格公式。

步骤 5　定义现在进行投资开发的付现成本取数公式。在 F5、G5、H5 单元格中均输入公式 "=$B$9"。

步骤 6　定义现在进行投资开发的折旧。在 F6、G6、H6 单元格中均输入公式 "=SLN($B$3, $B$5,$B$4)"。

步骤 7　定义现在进行投资开发的税前利润。在 F7 单元格中输入公式 "=F4-F5-F6"，在 G7 单元格中输入公式 "=G4-G5-G6"，在 H7 单元格中输入公式 "=H4-H5-H6"。

步骤 8　定义现在进行投资开发的所得税。在 F8 单元格中输入公式 "=F7*$B$10"，在 G8 单元格中输入公式 "=G7*$B$10"，在 H8 单元格中输入公式 "=H7*$B$10"。

步骤 9　定义现在进行投资开发的净利润。在 F9 单元格中输入公式 "=F7-F8"，在 G9 单元格中输入公式 "=G7-G8"，在 H9 单元格中输入公式 "=H7-H8"。

步骤 10　定义现在进行投资开发的净现金流量。在 F10 单元格中输入公式 "=F9+F6"，在 G10 单元格中输入公式 "=G9+G6"，在 H10 单元格中输入公式 "=H9+H6"。

步骤 11　定义现在进行投资开发的净现值。在 F11 单元格中输入公式 "=NPV(B6,E10: H10)+D10"。

步骤 12　定义 3 年后进行投资开发的销售收入。在 F14、G14、H14 单元格中均输入公式 "=$B$17*$B$18"。

步骤 13　定义 3 年后进行投资开发的付现成本取数公式。在 F15、G15、H15 单元格中均输入公式 "=$B$19"。

步骤 14　定义 3 年后进行投资开发的折旧。在 F16 单元格中输入公式 "=SYD($B$13, $B$15,$B$14,1)"，在 G16 单元格中输入公式 "=SYD($B$13,$B$15,$B$14,2)"，在 H16 单元格中输入公式 "=SYD($B$13,$B$15,$B$14,3)"。

步骤 15　定义 3 年后进行投资开发的税前利润。在 F17 单元格中输入公式“=F14-F15-F16”，在 G17 单元格中输入公式“=G14-G15-G16”，在 H17 单元格中输入公式“=H14-H15-H16”。

步骤 16　定义 3 年后进行投资开发的所得税。在 F18 单元格中输入公式“=F17*$B$20”，在 G18 单元格中输入公式“=G17*$B$20”，在 H18 单元格中输入公式“=H17*$B$20”。

步骤 17　定义 3 年后进行投资开发的净利润。在 F19 单元格中输入公式“=F17-F18”，在 G19 单元格中输入公式“=G17-G18”，在 H19 单元格中输入公式“=H17-H18”。

步骤 18　定义 3 年后进行投资开发的净现金流量。在 F20 单元格中输入公式“=F19+F16”，在 G20 单元格中输入公式“=G19+G16”，在 H20 单元格中输入公式“=H19+H16”。

步骤 19　定义 3 年后进行投资开发的净现值。在 F21 单元格中输入公式“=NPV(B16,E20:H20)+D20”。

步骤 20　在 F22 单元格中输入公式“=IF(AND(F11>0,F21>0),IF(F11>F21，"现在投资有利"，"3 年后投资有利"),IF(F11>0，"现在投资有利",IF(F21>0,"3 年后投资有利","现在投资和 3 年后投资都不利")))”(该公式的含义是：若两个方案的净现值都为正值，那么净现值最大的方案为最优方案；如果两个方案的净现值为一正一负，那么净现值为正的方案为最优方案；如果两个方案的净现值都为负值，那么两个方案都不可行)，按 Enter 键确认，结果如图 12-65 所示。

	A	B	C	D	E	F	G	H
1	投资时机选择的决策							
2	现在进行投资开发的分析							金额单位：元
3	初始投入额	1000000	项目	2012年末投入	2013年建设	2014年营运	2015年营运	2016年营运
4	项目寿命期（年）	3	销售收入	0	0	6000000	6000000	6000000
5	残值	100000	付现成本	0	0	3600000	3600000	3600000
6	资本成本	6%	折旧	0	0	¥300,000.00	¥300,000.00	¥300,000.00
7	年产销量（件）	300000	税前利润	0	0	¥2,100,000.00	¥2,100,000.00	¥2,100,000.00
8	售价（元/件）	20	所得税	0	0	¥525,000.00	¥525,000.00	¥525,000.00
9	年付现成本	3600000	净利润	0	0	¥1,575,000.00	¥1,575,000.00	¥1,575,000.00
10	所得税税率	25%	现金流量	-1000000	0	¥1,875,000.00	¥1,875,000.00	¥1,875,000.00
11	净现值					3728205.099		
12	3年后进行投资开发的分析							金额单位：元
13	初始投入额	1200000	项目	2015年末投入	2016年建设	2017年营运	2018年营运	2019年营运
14	项目寿命期（年）	3	销售收入	0	0	7200000	7200000	7200000
15	残值	100000	付现成本	0	0	3500000	3500000	3500000
16	资本成本	6%	折旧	0	0	¥550,000.00	¥366,666.67	¥183,333.33
17	年产销量（件）	400000	税前利润	0	0	¥3,150,000.00	¥3,333,333.33	¥3,516,666.67
18	售价（元/件）	18	所得税	0	0	¥787,500.00	¥833,333.33	¥879,166.67
19	年付现成本	3500000	净利润	0	0	¥2,362,500.00	¥2,500,000.00	¥2,637,500.00
20	所得税税率	25%	现金流量	-1200000	0	¥2,912,500.00	¥2,866,666.67	¥2,820,833.33
21	净现值					6033387.451		
22	决策分析结果					3年后投资有利		

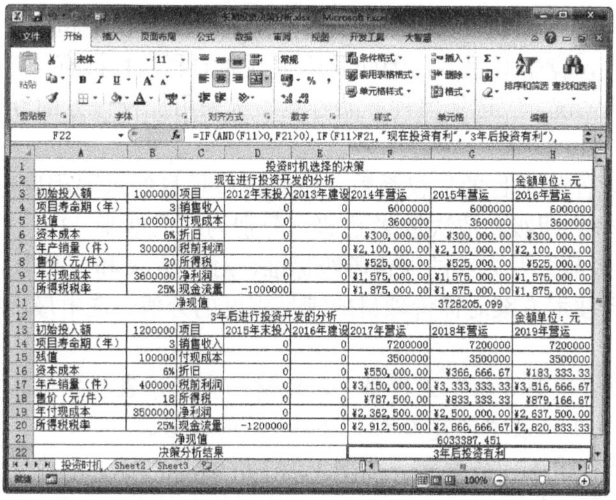

图 12-65　得出分析决策结果

12.5.2　最优工艺方案的选择

生产工艺是指产品生产所采用的工艺流程(指投入物经过有序的生产加工成为产出品的过程)和制作方法。对项目工艺方案进行分析的目的是要确定产品生产全过程技术方法的可行性，并通过不同工艺方案的比较，从中选择出综合效益最佳的工艺方案。

影响项目工艺方案的因素包括需求制约、资源制约和环境制约。

生产工艺方案分析的内容如下。

- 工艺方案市场需求的适应性分析。
- 工艺方案成本的经济性分析。
- 工艺方案原材料的适应性分析。
- 工艺流程的均衡协调分析。
- 工艺过程的连续性分析。
- 工艺方案的成熟性分析。
- 工艺方案满足产品质量要求的分析。
- 工艺方案的环境保护分析。

项目生产工艺方案分析方法包括费用效益分析法、差额投资收益率法、专家评分法、规模经济法、技术经济价值——S 图法，下面将介绍专家评分法。

专家评分法是指利用专家的经验与学识，通过专家评分使评价项目定量化，将多目标评价问题转化为单目标评价问题，进而用单一的综合价值评选技术方案。

下面将举例进行说明。假设某化工联合集团需开发新产品，有两个产品方案可供选择：方案 A 为综合产品方案，方案 B 为纯化纤产品方案。

产品 A 富有独创性，具有强大的销售能力，每年税利能达到预期目标，并比产品 B 增加 0.32 亿元。但是，目前需要增加若干新设备投资，才能在未来市场中当产品进入成长期时增加市场供应量。

产品 B 具有与竞争产品抗衡的销售能力，只要利用现有设备和技术条件就能生产。但由于该产品市场规模大，竞争对手多，因此要达到预期的利润目标有一定的困难。

问题：根据上述情况，应选择何种产品方案？试采用加权评分的专家评分法进行产品方案选择。

分析：确定各项评价项目的加权系数，按照评价项目的重要程度进行级差量化处理(加权)。可把评价项目分为四级，依次按 2^n 进级，分别为：很重要，16；重要，8；应考虑，4；一般，2。然后按照产品开发方案的评价等级标准，对产品 A 和产品 B 两个方案的各项评价项目进行评分，确定技术方案对评价项目的满足程度的分值，选出最优技术方案，具体操作步骤如下。

步骤1 在"长期投资决策分析"工作簿中，新建一张工作表，并将其重命名为"专家评分法"，然后在工作表中创建如图 12-66 所示的表格。

步骤2 根据实际情况录入相关数据，如图 12-67 所示。

步骤3 在 E4 单元格中输入公式"=C4*D4"，得到计算结果，如图 12-68 所示。

步骤4 选中 E4 单元格，将鼠标指针放置于其右下角，当指针变为黑十字形状时，按住鼠标左键并拖动鼠标至 E7 单元格，得到相关得分，如图 12-69 所示。

步骤5 在 G4 单元格中输入公式"=C4*F4"，然后向下填充公式，得到相关得分，如图 12-70 所示。

步骤6 在 D8 单元格中输入公式"=E4+E5+E6+E7"，计算得到方案 A 的总得分；在 F8 单元格中输入公式"=G4+G5+G6+G7"，计算得到方案 B 的总得分，如图 12-71 所示。可以看出，方案 A 得分较高，故应选择方案 A。

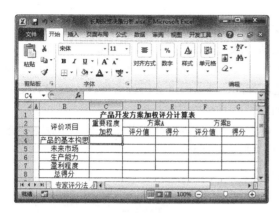

图 12-66　创建表格

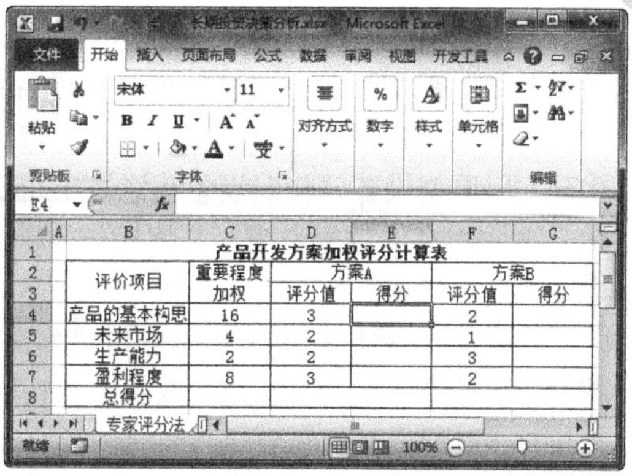

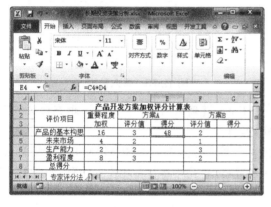

图 12-68　计算得到的结果

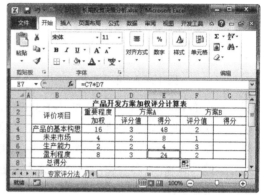

图 12-67　录入数据

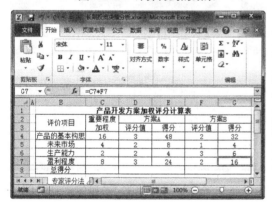

图 12-69　得到方案 A 的相关得分

图 12-70　得到方案 B 的相关得分

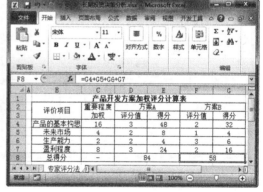

图 12-71　得到各方案的总得分

12.5.3　设备更新方式的决策

设备是生产力的重要组成因素，是现代工业生产的重要物质和技术基础。用技术先进且经济合理的新设备更换不能继续使用或经济上不宜继续使用的技术落后设备，即进行设备更新，对提高企业生产技术水平、适应市场需求和提高经济效益具有重要意义。

设备更新有两种：一种是更换相同的新设备，即设备的原型更新；一种是更换更先进、高效、节能的新型设备，即新型更新。设备更新方式的决策属于技术经济分析的内容之一。

　　设备使用中由于有形磨损，将引起维修费用及其他运行费用不断增加。若无更先进的设备出现，用原型设备替代旧设备在经济上也是可行的，可以通过分析设备经济寿命进行更新决策。下面将举例进行说明，具体操作步骤如下。

步骤 1　打开"长期投资决策分析"工作簿，新建一张工作表，并将其重命名为"设备更新决策"，然后在该工作表中创建如图 12-72 所示的表格。

步骤 2　根据实际情况录入相关数据，如图 12-73 所示。

图 12-72　创建表格　　　　　　　　　图 12-73　录入数据

步骤 3　在 D3 单元格中输入公式"=B3*C3"，按 Enter 键确认输入，然后向下填充该公式至 D8 单元格，得到年运行费现值，如图 12-74 所示。

步骤 4　在 E3 单元格中输入公式"=D3"；在 E4 单元格中输入公式"=SUM(D4,E3)"，按 Enter 键确认输入，然后向下填充该公式至 E8 单元格，得到年运行费现值累计额，如图 12-75 所示。

　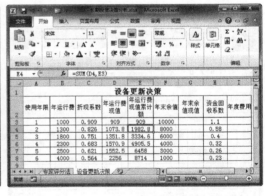

图 12-74　得到年运行费现值　　　　　　图 12-75　得到年运行费现值累计额

步骤 5　在 G3 单元格中输入公式"=F3*C3"，按 Enter 键确认输入，然后向下填充该公式至 G8 单元格，得到年末余值现值，如图 12-76 所示。

步骤 6　在 I3 单元格中输入公式"=(15000+E3-G3)*H3"，按 Enter 键确认输入，然后向下填充该公式至 I8 单元格，得到年度费用，如图 12-77 所示。从图中的数据可以看出，当该设备运行到第 5 年时，使用成本最小，故其经济寿命为 5 年，此时进行原型设备更新较为经济。

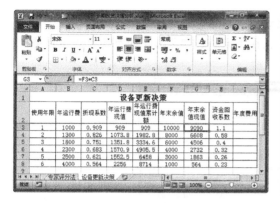

| | | | | 图 12-76　得到年末余值现值 | | | | 图 12-77　得到年度费用 | | | |

图 12-76　得到年末余值现值　　　　　　　图 12-77　得到年度费用

12.6　专家指导

12.6.1　创建 PDF 文档

　　PDF 文档在日常生活中的使用非常广泛，下面就介绍如何将 Excel 文件创建为 PDF 文档，具体操作步骤如下。

步骤 1　在 Excel 窗口中选择"文件"|"另存为"命令，打开"另存为"对话框。

步骤 2　在"保存类型"下拉列表框中选择"PDF(*.pdf)"选项，再单击"保存"按钮，如图 12-78 所示。

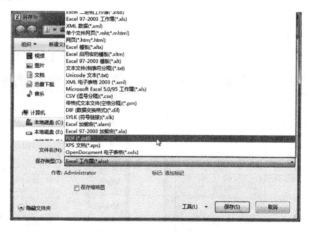

图 12-78　选择保存类型

12.6.2　在打印时替换错误值

　　当工作表中的公式或者函数出现错误的时候，工作表中的相关单元格就会给出该错误的提示，在打印时可以用空白、"--"或"#N/A"替换错误值，具体操作步骤如下。

步骤 1　切换到含有错误值的工作表，然后在"页面布局"选项卡下的"工作表选项"组中单击对话框启动器按钮，弹出"页面设置"对话框。

步骤 2　切换到"工作表"选项卡，然后在"错误单元格打印为"下拉列表框中选择替换选
　　　　项，再单击"确定"按钮，如图 12-79 所示。

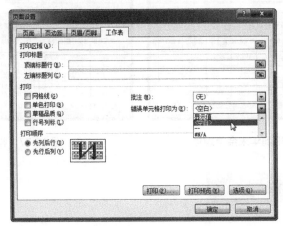

图 12-79　设置错误单元格打印显示方式

12.6.3　互换工作表中的行和列数据

　　在工作表中为了保持整个表的可读性，使工作表的排列更符合逻辑性，有时需要进行行
与列的互换，具体操作步骤如下。

步骤 1　选中需要互换行与列的单元格区域并右击，在弹出的快捷菜单中选择"复制"命令，
　　　　如图 12-80 所示。

步骤 2　选中目标单元格，然后在"开始"选项卡下的"剪贴板"组中单击"粘贴"下拉按
　　　　钮，从弹出的菜单中选择"选择性粘贴"选项，如图 12-81 所示。

图 12-80　选择"复制"命令

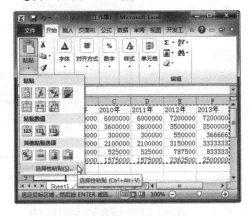

图 12-81　选择"选择性粘贴"选项

步骤 3　弹出"选择性粘贴"对话框，选中"转置"复选框，如图 12-82 所示。

步骤 4　单击"确定"按钮，行、列互换后的效果如图 12-83 所示。

图 12-82 "选择性粘贴"对话框

项目	2009年	2010年	2011年	2012年	2013年
销售收入	6000000	6000000	6000000	7200000	7200000
付现成本	3600000	3600000	3600000	3500000	3500000
税前利润	300000	300000	300000	550000	366666
所得税	2100000	2100000	2100000	3150000	3333333
净利润	525000	525000	525000	787500	833333
现金流量	1575000	1575000	1575000	2362500	2500000
项目	销售收入	付现成本	税前利润	所得税	净利润	现金流量
2009年	6000000	3600000	300000	2100000	525000	1575000
2010年	6000000	3600000	300000	2100000	525000	1575000
2011年	6000000	3600000	300000	2100000	525000	1575000
2012年	7200000	3500000	550000	3150000	787500	2362500
2013年	7200000	3500000	366666	3333333	833333	2500000

图 12-83 查看行、列互换后的效果

12.7 实战演练

一、选择题

1. 下列各项中属于长期投资决策静态评价指标的是( )。
  A. 现值指数   B. 会计收益率
  C. 净现值   D. 内部收益率

2. 下列长期投资评价指标中，其数值越小越好的指标是( )。
  A. 现值指数   B. 投资回收期
  C. 投资报酬率   D. 内部收益率

3. 在单一决策过程中，与净现值评价结论可能发生矛盾的评价指标是( )。
  A. 净现值率   B. 现值指数
  C. 投资回收期   D. 内部收益率

 4. 某方案贴现率为 16% 时，净现值为 6.12，贴现率为 18% 时，净现值为-3.17，则该方案的内含报酬率为( )。

A. 14.68%   B. 17.32%

C. 18.32%   D. 16.68%

5. 在项目生产经营阶段，最主要的现金流出量项目是( )。

 A. 流动资金投资   B. 营运资金投资

 C. 付现成本   D. 无形资产投资

二、实训题

某公司需要购置一台数控机床，需款 600000 元，经济寿命为 10 年，期满无残值。公司使用该机床后，每年可增加销售收入 500000 元，折旧以外的付现成本为 355700 元，所得税率为 40%。这项设备的添置有两个备选方案：方案 1 是向工商银行借款，借款利率为 14%；方案 2 是向北方租赁公司租用，每年末需支付租金 97640 元。

要求：根据上述资料，采用净现值法和内含报酬率法为该公司做出数控机床是举债购置还是租赁的决策分析。